Research on CPC Literature Translations: Theory and Practice

中央文献外译研究

理论与实践

修刚　田海龙 / 主编
陈勇　李钰婧 / 副主编

北京航空航天大学出版社
BEIHANG UNIVERSITY PRESS

天津市高等学校科技成果转化奖励项目
专项经费资助

序言（一）

“落后就要挨打，贫穷就要挨饿，失语就要挨骂。”新中国的发展史告诉我们，毛泽东同志率领我们解决了“挨打”的问题，中国人民从此站立起来，屹立于世界民族之林；邓小平同志率领我们解决了“挨饿”的问题，中国人民融入了世界发展大潮，走上了国富民康之路；习近平同志率领我们开始建设社会主义大国强国、共建人类命运共同体的伟业，此时，解决“挨骂”问题、构建“新时代中国对外话语体系”之任务的迫切性也日益凸显出来。

“话语”一词，最早可溯源于文化语言学。当今时代，话语往往传递表达着特定的价值观。从国际话语角度来论，话语主要是指通过其话语所内含的概念、逻辑、价值观、意识形态因素所产生的国际作用影响力。从意识形态来看，话语是交往的工具，也是文化的神经。话语权背后隐含着国与国之间地位、实力的角逐，记录了国家利益与意识形态的竞技。从马克思主义视角来看，话语体系是反映话语主体的价值、利益与权利的意义表达系统。

从国家话语来看，中国话语本质上是中国道路的理论表达，中国经验的理论提升，中国理论的话语呈现。由天津外国语大学修刚教授、田海龙教授主编的《中央文献外译研究：理论与实践》就是一本体现中国话语的现实文本，它与新时代中国对外话语体系建设和发展的步伐相合拍，这部论文集不仅代表了目前我国在中央文献对外翻译研究方面的前沿水平，还是中共中央编译局中央文献研究基地所承担的国家社科基金重点研究项目《中央文献术语外译词典（中英、中俄、中日）编纂的理论与应用研究》（14AYY003）的系列研究成果之一，具有重要的政治意义与时代意义。

近年来，中央文献对外翻译研究呈现出前所未有的蓬勃发展之势。本论文集是在外交部、中共中央编译局和中国外文局等单位的鼎力支持下完成的，收录了国内学者 2012—2017 年发表在《中国翻译》《中国外语》《对外传播》《探索与争鸣》及《天津外国语大学学报》等刊物上的 28 篇代表性文章，从理论与实践两个层面梳理了中央文献外译研究的最新成果，厘清了中央文献外译研究中的重点与难点，明确了新时期中央文献外译工作的机遇与挑战。

论文集的理论篇部分共收录了 15 篇学术论文，一部分学者专注于中央文献外译研究中宏观上的理论建构、范式探究、路径探索，如：陈明明（2014）提出了在党政文件翻译中构建融通中外的新概念、新范畴、新表述的几点建议；黄友义、黄长奇和丁洁（2014）从政治话语体系建设的建设机制和顶层设计、政治话语翻译与人才的培养和使用等方面探讨了党政文献对外翻译在对外话语体系建设中的重要作用；贾毓玲（2015a）以重要概念的翻译为切入点，分析了外宣工作中文化差异的重要性；田海龙（2017）从超学科的视角探索了中央文献英译研究的新范式。

还有一部分学者以中央文献外译的实践为研究对象，从理论的层面为中央文献外译研究提供了新的启示，如：唐义均（2012）从词语搭配的视角调查了党政文献汉英翻译中的搭配冲突，指出这样的冲突导致译文失去了部分信度与效度；朱义华（2012）通过“争议岛屿”事件分析了外宣翻译工作中的政治意识；王平兴（2014）探讨了新华社时政翻译实践中的政治考量问题；童孝华（2014）以 2014 年政府工作报告翻译实践为基础，强调了翻译的主体意识；王刚毅（2014）结合胡锦涛在庆祝中国共产党成立 90 周年纪念大会上讲话的翻译，提出政治文件翻译应采用“忠实 + 灵活”的翻译策略；贾毓玲（2015b）通过对《求是》英译的解析，从话语构建和话语翻译两个角度阐明，提高原文的外宣适应性和译文的连贯可读性为路径，构建国际社会能听得懂、易理解的对外政治话语体系；王斌华（2015）以翻译中的评价为研究内容，探索了批评翻译学的实证路径；窦卫霖（2016）以认知心理学为理论基础，解析了提高中国时政话语对外传译效果的途径；汪洋（2016）对《政府工作报告》英译进行了历史研究，指出英译策略趋于灵活有利于在忠实于原文与适应目标语读者之间取得平衡；刘宏伟（2017）以“中国梦”英译为例，解析了政治术语文化传播中的语境依赖性；杨平（2017）通过与美国明德大学蒙特雷国际研究学院鲍川运教授的访谈，讨论了“中国关键词”对外传播的重要性与路径。

论文集的实践篇部分共收录了 13 篇学术论文，从政治文本的英译、日译、俄译三个不同语种的翻译实践中，追本溯源，举一反三，探究中央文献对外翻译研究中的机遇与挑战。

英译实践研究主要包括：石蕊（2017）基于纽马克的文本功能划分理论，解析了《2016 年政府工作报告解读》英译中表达型文本功能实现的路径和方法，强调了文本功能对政治文献的翻译策略提供了理论可行性和实践操作性；尹佳（2017）基于批评话语分析有关话语即社会实践的论述，以英译《习近平谈治国理政》过程中的相关资料为分析语料，讨论了外宣翻译过程中译者的能动作用；陈勇（2017）以 2017 年政府工作报告的英译过程为参考，探讨了翻译与再情景化之间的联系，提出了翻译再情景化的分析模式。

日译实践研究主要包括：修刚、米原千秋（2016）以 2015 年《政府工作报告》日译为例，探讨了中日政治文献“同形词”的翻译策略，指出应把忠实于原文的内容和信息放在中央文献外译工作的首位，充分考虑跨文化交际的需要；鲍同、蒋芳婧（2016）全面系统地梳理了建国后65年日译单行本的发展过程，进行了阶段划分，总结了时代特点与对外翻译、传播经验，为我国的外宣工作提供了借鉴；蒋芳婧、段东海（2016）基于德国功能翻译学派诺德提出的“功能加忠诚”原则，对2016年《政府工作报告》进行了深刻的剖析；李钰婧（2016）以《习近平关于实现中华民族伟大复兴的中国梦论述摘编》日译为语料，解读了政治文献翻译中“融通中外的新表述”的内涵与外延。

俄译实践研究主要包括：王铭玉、刘子夜（2016）以2013—2014年中国政府工作报告俄文版与俄罗斯国情咨文为语料，借助词频统计手段对其进行了量化分析与对比研究，从词频量化角度对我国政治文献汉译俄问题提出了对策性建议。姜雅明、李梦雅（2016）通过对政府工作报告俄译本的分析，探究了中央文献俄译本语句结构的特征；刘甜甜（2017）结合功能语篇分析的显化分类，解析了中央文献俄译中的显化现象，指出了中央文献俄译显化的重要性；肖德强（2017）在科米萨洛夫的翻译对应理论框架下，分析了习式话语中俗谚语的俄译翻译等值对应问题；王晔（2017）通过对近年来政府工作报告及其俄译本的对比分析，批判性地运用俄国形式主义学派的陌生化理论，考察了陌生化手法在政治类文献翻译中的必要性和可行性，揭示了政治翻译活动背后那只“看不见的手”。

美国学者萨义德在《东方学》中曾引用马克思的话说：“他们无法表述自己，他们必须被别人表述。”法国后现代学者福柯认为，“话语即权利。”习近平总书记2013年8月在全国宣传思想工作会议上为新时期外宣工作提出了重要任务：“加强话语体系建设，着力打造融通中外的新概念新范畴新表述”。作为我国对外话语体系建设智库的学者，作为工作在教学与科研一线的教师，修刚教授、田海龙教授兼收并蓄，为讲好中国故事、传递好中国声音组稿成集，以飨读者，可谓用心良苦。为此我们感谢两位教授以及各位作者为中央文献对外翻译研究工作做出的杰出贡献。

是为序。

王铭玉
天津外国语大学

序言（二）

2018 年春节后，田海龙老师来函，邀请我给他和修刚老师主编的著作写序，再三推辞后，还是应允下来。之所以推辞，主要原因是我是翻译外行，写序会贻笑方家，甚至殃及编者。应允下来，则是因为自己近年来负责中央编译局的中央文献翻译部工作，亲身参与了多项政治文献的对外翻译工作，积累了一些经验，形成了一些粗浅认识。

中国共产党是一个高度重视理论外宣的政党。早在上个世纪 20 年代，毛泽东的《湖南农民运动考察报告》就被译成俄文和英文，在共产国际执委会机关刊物《共产国际》上发表。延安时期党中央开始较为系统地组织将毛泽东的一些著作翻译成俄文。新中国成立后，为了让国际社会更全面及时地了解中国的建设和发展，党和国家建立了多家专门从事对外翻译和传播的机构，通过组织翻译《毛泽东选集》，培养了一支高水平的翻译队伍，形成了一套至今依然泽被后世的翻译原则、翻译流程和翻译策略。

我所在的中央文献翻译部的前身就是在翻译《毛泽东选集》过程中于 1962 年建立的毛泽东著作翻译室。改革开放以来，改称为中央文献翻译室，承担的工作内容不断充实。除了翻译党和国家领导人著作外，从 1977 年中国共产党第十一次代表大会开始主持翻译党代会文件；从 1978 年第五届全国人民代表大会第一次会议起主持翻译人代会主要文件。此外还翻译党中央全会文件、全国政协会议文件以及其他重要的政治文件。语种从最初的英、俄、法、西、日五个语种，增加到英、俄、法、西、日、德、阿等七个语种。

在党和国家的关心和支持下，经过半个多世纪的奋斗，中央文献部已经成为国内从事政治文献翻译的主力军，培养了一支主要语种完备、政治素质高、业务能力强的翻译队伍，建立了一套分工合理、管理科学的翻译流程，形成了一大批高质量的多语种翻译成果，淬炼出"无私奉献、精益求精、勇于创新"（中央政治局委员、中宣部长黄坤明同志的评价）的中央文献翻译精神。

近年来，按照中央领导提出的紧紧围绕党和国家工作大局开展工作的要求，我们在完成好常规翻译任务的同时，突出了对马克思主义中国化最新成果的翻译和传播。先后翻译出版了《习近平关于实现中华民族伟大复兴的中国梦论述摘编》《习近平关于全面深化改革论述摘编》等著作，出色地完成了党的十九大文件翻译工作。

长期以来，许多领域的翻译实践与翻译研究都存在着脱节的现象，中央文献翻译和研究也不例外。加之，参加翻译实践的人员有限、翻译过程有特殊要求、政治文献读者有限等多种原因，中央文献翻译的实践活动只停留在西斜街 36 号院里，大量凝聚了几代翻译人心血的高质量翻译成果译后就束之高阁，许多在翻译实践中探索总结出来的方法策略、技巧手段只能在自己的团队内传承。这大大限制了翻译成果向研究成果和教学成果的转化，既影响了这项重要工作的社会知晓度，也大大弱化了其社会价值的发挥。

经过四十年的改革开放，中国进入世界舞台的中央，国际社会更加迫切需要全面了解中国的道路、理论、制度以及发展经验。每次党和国家有重大活动后，一些国外同行都会问你们是否有相关文件的译文。当我把同事们辛勤完成的译文转发给他们的时候，他们除了表示感谢后，更赞叹译文的准确达意、语言地道。显然，高质量的政治文献译文是国际社会了解和理解中国的基础性材料，政治文献对外翻译也是提升国际传播能力和国际话语权的基础性工程。

我们深知，在构建大外宣格局的新时代，中央文献翻译被赋予了参与话语体系建设的新职责。对外翻译不仅是语言工作，更是政治使命。因此，要更好地发挥中央文献翻译的作用，就要切实提高翻译工作的开放性，拓展深化与学术界、外宣实务界以及国外相关机构的交流合作，将中央文献翻译融入到整个国家的翻译事业中加以推动，提升到增强国际话语权的高度进行谋划，置于全球跨文化传播背景下开展实践。

从 2011 年开始，我们陆续与天津外国语大学、大连外国语大学、国际关系学院等高校科研机构开始探索人才培养、科研攻关、数据库建设等合作，取得了可喜的效果。例如我们与天津外国语大学共建了中央文献翻译研究基地，共同培养博士、博士后等人才。在我的同事的参与和指导下，一些博士生、博士后增强了问题意识，激发了研究灵感，在中央文献翻译历史、理论、翻译成果传播等多个领域找到了研究的问题，取得了高质量的成果。这些成果反过来也给译者提供了重新审视自己工作的视角，增强了他们进一步做好翻译工作的自信。此外，我们还联合创办了“中央文献翻译与研究论坛”，至今举办了三届，成为扩大中央文献翻译影响，推动相关研究，交流研究成果的高端平台。这些工作正在发挥着促进翻译实践与翻译理论研究的良性互动，共同提升相互水平的作用。

在这本论文集中，我欣喜地看到，既有一些长期支持中央文献工作的专家学者的真知灼见，也有我身边同事对自身工作的理论思考，还有我们培养的博士生、博士后的最新成果，更有一些尚未谋面的专家学者的启发性文章。从某种意义上说，这些文章体现了目前关于中央文献翻译研究的最高水平。

客观地说，中央文献翻译研究依然是一块充满希望的处女地，有着大量需要开拓深耕的空白。比如中央文献翻译史研究、翻译成果对外传播研究、中央文献翻译的策略技法研究、各国政治文献对外翻译比较研究、政治文献译文与原文的对比研究、大数据技术在翻译中的应用研究、翻译人才培养体系研究等。

我希望有越来越多的青年人关注和参与到中央文献翻译和研究之中，以及更大范围的政治文献翻译和研究之中，在翻译和研究的良性互动中探索语言与政治的关系，共同提升中央文献翻译与研究的水平，为中国的国际话语权建设贡献智慧和力量。

是为序。

杨雪冬

2018 年春于北京西斜街 36 号

推进对外传播话语体系建设的思考（代序）

习近平总书记①指出，“落后就要挨打，贫穷就要挨饿，失语就要挨骂。形象地讲，长期以来，我们党带领人民就是要不断解决‘挨打’‘挨饿’‘挨骂’这三大问题。经过几代人不懈奋斗，前两个问题基本得到解决，但‘挨骂’问题还没有得到根本解决。争取国际话语权是我们必须解决好的一个重大问题”（习近平，2015）。当前，中国在国际社会上的地位显著提高，各方面都取得了长足发展，但“在世界上往往有理说不出，或者说了传不开，甚至国家形象屡屡遭到刻意的丑化”（陶文昭，2017）②。究其原因，是我们的对外传播话语体系建设还未达到能够“讲好中国故事，传播好中国声音”的程度。推进对外传播话语体系建设，是解决“挨骂”问题的一个关键因素。

建设中国特色对外传播话语体系，关键是能否构建起能够使外国受众接受与理解的话语体系。习总书记提出要建设一个“融通中外”的对外传播话语体系，顾名思义，该话语体系并不单单是传播者自己的话语体系，而更应该是一个能够使外国受众容易接受的话语体系。如果在翻

① 习近平：《在全国党校工作会议上的讲话》，《求是》2015 年第 9 期。
② 陶文昭：《“穷”与“达”：中国话语权的辩证法》，《北京日报》，2017 年 1 月 9 日。

译的范畴中讨论，那么我们的译文应当能够被听我们说话的人理解，要能够让他们领会我们最想说的、最核心的东西。如果我们埋头翻译半天，对方仍然不明白；或者我们自认为翻译的很清楚，但是外国受众无法像理解本民族的语言一样去理解我们的译文，这都达不到融通的目的。所以我们需要努力的方向是当外国受众读了我们的译文后，他们能够像理解自己的社科文章、政论性文章、讲话等内容一样去理解我们翻译的文章。在这种情况下，翻译的形式要与内容密切结合。用受众文化范围内认同的传播方式，传达我们的内容，即用翻译对象国受众所自然接受的最佳形式传播中国声音、中国文化。

因而传播途径与形式也是非常重要的。若传播好中国声音，就需要采用让外国受众适应、易于理解的表现形式，即建立对外传播话语体系。具以“比喻”的翻译为例，汉语中有一些比喻在外语中并没有，如果在翻译中无视表述习惯差异，强行在译文中照搬我们的意象代指，那么受众就很可能因为这样的表述而产生理解障碍。比如在汉语中，当我们想表达“愚蠢”这一含义时往往会用猪来比喻，但“猪”这一意象在日本受众的认知中，首先是“不干净、懒”的印象，“愚蠢”并非排在首位。同样，代指“愚蠢”的动物意象在西方一般会用“驴”或其他动物来表述，那么我们在翻译时就要适应对方的比喻说法。即传播中各国声音不仅要传播内在的内容，同时在外在上也要选择受众能够接受的形式。

在各类文本中，最能直接体现“中国特色”的声音当属中央文献。在翻译中，无论是中央文献还是其他政论性文章，再或不同类型文本的翻译，它们的核心都是“翻译”这一行为。既然是“翻译”，那么就需要跨越文化之间的障碍。翻译中存在着两种障碍，一个是语言障碍，一个是文化障碍，只有同时跨越了这两个障碍，才能够实现翻译目的。从这个层面来看，中央文献与其他文本的翻译是完全一样的。并且，恰恰因为是代表着中国官方声音的中央文献，所以在翻译过程中就更加需要重视跨文化交际。因为我们领导人讲话时面对的是中国受众，而并非是专门面向国外受众去讲的。所以在讲话中引用的各种中国受众容易理解的习语、俗语等，都是为着让中国受众更加清楚地理解讲话中的思想与价值观。当我们把这些内容翻译成外语时，面对与我们背景不同的外国受众，我们必须要考虑如何既能生动形象地体现中国语言特点，又能跨越跨文化交际中的障碍。所以在处理翻译中的跨文化交际障碍上，绝不会因为中央文献的严肃、正式性，其中跨文化交际障碍就会减少。只有我们把这些语言生动地翻译给外国受众、跨越文化障碍，才能使他们更加了解中央文献的内涵所在。

另外，在中央文献的翻译中，意识形态是必须高度注意的问题，但它并非是指导翻译的唯一准则，因为跨文化交际同样不可忽视。作为中国的官方文献，我们在翻译中央文献的过程中必须坚持中国的核心价值观不动摇，这是毫无疑问的。但为了收到理想的译介效果，中央文献对外翻译的核心往往不在于对“政治和意识形态”的翻译上，而是在于“表述政治和意识形态的语言”上。译文影响外国受众理解的因素往往来自文化障碍，如果我们把这些障碍解决掉，建立起国外受众能理解的话语体系，他们就能更加正确、容易地理解内容。所以，意识形态可以引导翻译的总体方向、助力翻译目的的实现，但是在具体的翻译过程中，却不可成为左右翻译策略的最高准则甚至唯一准则。

说起跨文化交际，也许我们最先想到的就是一些显而易见的文化差异，如中国人结婚突出红色，日本人结婚突出白色等等。在中央文献翻译中除了这些“显性障碍”，还存在许多其他因为对文化的不了解而产生的障碍，比如对中国的政体、中国的国情、中国人的生活习惯等不了解。诺贝尔文学奖获得者莫言的作品中很多中国特色词，如“生产大队”这个词，如果不了解中国那段特殊时期的话，受众就不知道生产大队是什么，大队长是什么。再比如我们的“医保”具体指什么，是如何实施的；我们的分配制度、所有制等等，这些内容都是跨文化交际翻译中需要解决的问题。目前来看，外国受众在理解我们的话语体系上还存在这一些障碍，那么就更需要我们跟对方讲明白、说清楚了。我们要使外国受众了解，不同文化对于同一种事物的看法可能不同，但是这并没有谁对谁错，因为在具体的文化背景中，存在的即是有原因的。并且，中央文献的主要翻译目的并非是向外国受众“宣扬”社会主义制度等思想内容，而是向世界展现我们的发展历程与发展成果，从而树立更加良好的国际形象。

如今，翻译研究的领域在逐步扩大，翻译行业出现了很多新的变化，其受重视程度也在逐渐提高。同样，中央文献的翻译也越来越引人注目，如每年的“两会”翻译都会引起热议，习总书记系列著作的出版与翻译也一直受到海内外广泛关注。

自从十八大以来，我们政府以及党的领导人都特别重视中国特色对外传播话语体系的建设，习总书记也明确提出了“讲好中国故事，传播中国声音”。在这种形势下，我们的对外翻译又迎来了一个春天。当前中央文献翻译上有几个特点，第一个是“快”。我们可以参考以前的翻译工作，比如《毛泽东选集》《邓小平选集》的翻译都是花费了很长时间，但是习近平系列讲话等著作中文版一出现，相关译本就立刻跟了上来。

第二，我们重视翻译理论的研究，并利用这些研究去解决翻译中存在的实际问题。我们意识到了不同的文本在翻译策略、翻译思想上的不同。中日翻译研究中或许少一些，但是在中英翻译研究中我们可以看到，译者和研究者都在积极运用一些翻译理论去思考、解释中央文献翻译中的问题。

第三，我们加大了对于译文受众的研究。比如天津外国语大学中央文献翻译基地的相当一部分老师和同学都致力于研究受众对于某些语言现象、翻译现象的看法，这些都是以前所没有的，我觉得都是非常好的地方。

但同时也存在着一些问题。首先，现行的中央文献翻译中还是过于强调忠实原文，而忘记了翻译跨文化交际的目的。当然这只是一种倾向，而并非全部都有这种问题。我们好像宁愿让译文生僻一些，宁愿让受众对其敬而远之，也不敢在跨越跨文化交际障碍上越雷池半步。我认为德国功能主义翻译理论中的“忠诚”是一种很好的理念，它不主张对原文的一味“忠实”，而是强调翻译过程中人际关系的协调。“忠诚”不只是对原文、原作者忠诚，同时也要对受众忠诚。所以在这一方面，我觉得还需要继续进行借鉴与参考。

第二，翻译的渠道还是偏少。拿中译日为例，当今的译文要么来自于部分网站，要么来自于中央编译局、外文局等国家部门，而其他相关的翻译机构并不多。但是翻译只有在诸种译文之间不断切磋、完善中才能不断提高。如果能有很多不同力量来翻译，我们就能在译文的相互借鉴、参考中，找出解决问题的对策，从而更好、更快地构建起“融通中外”的对外传播话语体系。

第三，当前也存在着如何用好大数据来解决翻译中的新词、用语等等问题。我们生活在信息时代，无时无刻不在更新与变化，适应信息的需求，并且将信息为我所用，以先进的技术指导、助力翻译，则能够加强翻译研究的科学性和系统性。

第四，我认为在翻译研究当中，我们往往喜欢强调不同翻译理论的个性，而忽略了它们之间相互衔接、传承的地方。具体到翻译实践中也是同样，不可一味强调中央文献其本身的特殊性，而是既要注重创新，又要注重传承，从而使翻译工作进行地更好。

以建设中国特色对外传播话语体系为目标，我们在相关的翻译理论研究以及翻译实践上首先要强调理论与实践相结合。很多老一辈翻译家认为实践重于理论，但实际上他们虽然这样说，在翻译实践中还是有自己的理念与原则在其中的，这些理念与原则就是我们在翻译理论研究的一部分。所以我们不可以只强调实践不要理论，或者只强调理论不要实践。同时，我们也要避免产生没有经过翻译实践就大谈特谈理论的现象，所以一定要把翻译实践与理论紧密结合在一起。

第二，任何一种翻译理论都不是放之四海而皆准的，并不能解决所有的问题。我们看德国功能主义翻译理论就知道，不同文本类型有不同功能，有的以信息型为主，有的以操作型为主，还有的以表情型为主。我们以前希望一种类型只突出一个问题，但是我们的领导人讲话绝不能简单地归于某一种单一功能，它是一种复合型文本，不能只强调其中的某一种去进行研究。所以，个性化的翻译与多角度的认知是非常重要的。

中央文献的对外传播存在着很多种形式，比如时常有权威性机构紧贴社会发展，发布对一些新词的阐述与翻译——我们姑且称之为“零星化传播”吧；也有对重要文献的全文翻译、出版等。在译文受众国家，如日本，我们也可以看到有不少研究者与学者紧跟中国步伐，将我国出台的重要文献以自己的表述进行了阐释。建立对外传播中国声音的话语体系、建立中央文献对外翻译的科学理论不是一蹴而就的，这是一个渐进的过程。特别是当一种思想或想法想要被理解时，并不是单单通过某一份译文就能被对方接受的，还要通过翻译之外的因素去辅助，比如我们国力的提升、我们在对外交往中的一些正确措施、我们各种媒体的宣传等。在这个层面，我认为“零星化传播”也是循序渐进传播的一种体现。

从肩负重要传播使命的翻译工作来说，我们希望除了部分国家部门之外，还能有更多的人能参与进来，包括学者、研究者等等。通过这些人的参与形成多版本、多形式的译文才更加有利于中国特色话语体系的建设。我不认为译文只能有一个版本，它是可以存在多种形式的。既然是多种，我们就要看到其中的个性所在。中央文献的翻译也是如此，它的原文思想实际存在，但是译文形式可以多种多样。我认为现在已经有了好的大环境，我们应该充分利用各种便利条件继续努力，把翻译做的更好，也希望有更多的部门与单位去关心这些问题。

建设中国特色话语体系，既然是"体系"，就不只包含词汇、句式，还应有它的语法结构、行文特点等。比如我们拿中日语言来讲，中文喜欢排比句，一个谓语说好几遍。但日文中一个谓语说一遍就够了，宾语反而可以说好几遍。这些也是需要逐渐去摸索的。外国媒体的翻译、中国媒体翻译都是可以借鉴的，需要在融合当中去形成一个好的形式或译文。我们不能因为有一些小问题就不去进行翻译工作了，同时也不能因为翻译的不错就不再精益求精了。

另外，在中央文献对外翻译中，我们不能只强调"翻译"，我觉得还要把"译介"放进去。因为任何一种思想理念，想要理解它的话，就不能只靠一份译文去解决问题。上海外国语大学的谢天振老师近些年的研究一直突出着"译介"对于翻译传播的重要性，虽然他着重的是文学文本的翻译，但其实道理在中央文献翻译的研究中同样适用。[①] 所以我期待未来的译文形式不仅有对领导人讲话的全文翻译，还要有大量的辅助性译介类书籍出现。这一方面有助于宣传，另一方面有助于加深我们对于原文的理解。并且，除了我们有的原汁原味的、以中国人为受众的原文之外，还应该出现适应外国受众话语体系、让外国受众容易理解的一些文章。多个角度齐头并进，才能产生有利的影响，从而更好地传播中国声音，更好地达到对外传播的目的。

---

① 谢天振：《译介学》（增订本），译林出版社2014年版。

近几年，天津外国语大学每年都会有师生参与相关部门的翻译出版工作，从中获益良多。在参与过程中我们发现，有一些沿用已久的“定译”，即固定的译文仍然在沿用，如类似“小康社会”等具有时代性的政策名词。这有利于保持译文在历时上的一贯性，也有利于突出词汇在中国社会发展中所具有的标志性。但是随着时代的发展，词汇本身的含义或许会产生变化，对于这一类“固定译法”，在翻译中固然是有它的稳定性与继承性的，不可以今天用这个译法，明天用那个译法。但译文的核心问题是信息能否准确地传达，受众是否乐意接受。如果这些词的译法太生僻，不管经过多长时间，都不应算是合适的译文。所以我认为，在保持大方向继承的基础上，对于一些影响传播与交流的译法可以进行改动，另外寻找更好的译法。但同时也会有一些词，无论如何改受众都不一定能够理解，所以就需要解释，而不是单凭翻译本身去解决所有的问题。所以最近相关部门一直在进行关于一些词语的解释与翻译，这也是其中一个方面。

但是，我们现在做的解释与翻译还是有一种倾向，即从我们自己的角度去思考，就像“我觉得这个词外国受众听不懂”，这样不行。这种解释很重要，但关键是要逆向思考，让受众指出“这个词我不懂”，所以我们要尽量想办法对受众的情况进行了解。作为天津外国语大学来讲还是很注重这方面研究的，研究者们比较贴近受众，收集各种信息让受众指出哪些词需要解释，哪些词不需要解释，还有哪些词可以换一种更加容易理解的译法等等。

除中央文献以外，新闻、文学作品等的对外翻译同样承担着中国特色话语体系的建设。天津外国语大学与中央编译局共建了以党和国家重要文献翻译为研究对象的“中央文献翻译基地”，同时也担任着天津最具有影响力的报纸《今晚报》的英文版、日文版翻译工作。不同的文本类型在翻译时会呈现不同的特点。比如从内容来说，新闻的内容更加贴近老百姓，但是中央文献就不一定每一篇都贴近了。新闻报道中趣味性的东西比较多，中央文献在这方面肯定是不一样的。另外中央文献属于政治文献，不会在内容上涉及诸如春节习俗的文化内容，而新闻在这方面涉及很多。这是不一样的地方，但是共同的地方都是跨越文化中的障碍，让受众更加容易地理解内容。换言之，都需要有一个合适的话语体系去传达内容，这两者是共通的。所以能把晚报翻译好的译者，如果去翻译中央文献，在对于文化信息的处理策略上是会有优势的。

从各自特点来说，我们在报纸的翻译中不会有过多的解释，更加注重用一个简单的说法让读者马上能够理解；但在中央文献的翻译中，需要我们解释的东西可能会多一些。由于它特有的语言与行文，我们有时就必须使用某个词，或者必须增加解释来进行说明，这些地方就需要尤其重视与作者之间的沟通和交流，充分发挥译者的“忠诚”。

毋庸置疑，在中央文献的翻译中，对于原文信息的忠实是不可撼动的铁则，我们要向译文受众传达的也是原原本本的原文信息。但归根结底，传达原文信息是需要借助符合译入语言的话语规范的译文来实现的。我们需要在译语文化中寻求能够正确、充分传达原文信息的表述，而不是将原文的表述“复制粘贴”到译入语当中。

正如黄友义（2017）在“中国崛起给翻译带来的变化”的演讲①中所言：“翻译永远像一个仆人，同时要服务好原文和受众两个主人。翻译的这种使命，是两种文化不同造成的自然结果。翻译是再创作，不是原创作，忠实于原意是天职。但是，我们需要明确，忠实的是中国文化的本质精华，是中国和平发展的本质愿望，是介绍中国实现和平共赢的本质期待，是反映中国渴望外国受众准确地了解一个真实中国的本质诉

① 黄友义：《中国崛起给翻译带来的变化——从宏观与微观两个角度看当今的翻译》，北京外国语大学2017年3月22日。原文有省略。

求。因此翻译要完成的不是字面的表面转化，而是文章的实质含义的传达。”因此，建设传播中国声音的话语体系是中国翻译者的重要责任，也是光荣的任务。

修　刚
天津外国语大学

目 录

理论篇

中央文献英译的话语研究范式

——超学科视角*

田海龙

（天津外国语大学语言符号应用传播研究中心）

摘　要：中央文献英译一般被认为首要的原则是忠实原文，但灵活的翻译策略也同样有所应用。跳出这样一个“忠实—灵活”孰优孰劣的讨论循环，从超学科的视角探索中央文献英译研究的新范式，提出中央文献英译可以从话语研究中吸取一些有用的概念、理念和框架，进而形成中央文献英译的话语研究范式。

关键词：中央文献英译；翻译研究；话语研究；新范式；超学科

一、引言：几个相关概念的界定

首先需要界定的一个概念是中央文献。依据贾毓玲（2011）的定

---

* 本文原载于《天津外国语大学学报》2017年第5期，本集收录时格式略有改动。该文为国家社会科学基金项目“中国学术话语体系的构建及其与国际学术话语的交流策略研究”（14BYY070）。

义，中央文献是指党和国家领导人的著作和讲话，中国共产党全国代表大会的主要文件，全国人民代表大会和全国政治协商会议的主要文件以及党和国家其他重要政策文件。由此引出第二个概念，即中央文献对外翻译。不言而喻，中央文献对外翻译是指将这些党和国家的重要文献翻译成外国语言的工作。中央文献对外翻译不仅是一个实践性很强的工作，而且对它的研究也很有传统，形成了许多有价值的理论，不仅对中央文献对外翻译实践具有指导意义，而且也丰富着一般的翻译理论研究。我们将对中央文献翻译的理论思考称为中央文献对外翻译研究。这是我们需要明确的第三个概念。

中央文献对外翻译可以帮助世界了解中国，也可以向世界各国传播中国治国理政方面的有效方式和经验，为世界作出中国的贡献。在中国与世界各国之间的政治、经济、文化、外事等方面的交往更加密切，中国近年来的发展令世界瞩目这样新的历史背景下，外国政要、媒体和民众更加渴望了解中国的发展，中央文献对外翻译也更显重要和不可或缺。与此相关联，中央文献对外翻译研究也日益深入和丰富，产生出许多值得借鉴的观点。例如，有观点认为，中央文献对外翻译首要的原则是要忠实原文（如王弄笙，2004）；同时也有观点认为，在中国文化走出去和建立融通中外的话语体系新形势下用外国受众听得懂的方式讲好中国故事也非常重要，因而在中央文献对外翻译中需要采用灵活的翻译策略（如赵祥云，2017）。这样中央文献对外翻译研究似乎集中在对忠实与灵活的孰优孰劣以及为何优为何劣等问题的讨论上，使研究的视野局限于“忠实—灵活”之间，因而容易陷入一个无休止的讨论循环。

本文从话语研究的理论思想出发，从超学科的视角讨论话语研究与中央文献对外翻译（主要是英译）研究之间展开对话的可行性，探索通过彼此将对方的逻辑和原理内化于自身而发展出新的中央文献英译研究范式的可能性。

我们看到，在致力于建立融通中外的话语体系过程中，学者对话语这个概念的理解和解读更为关注，这也对形成有价值的学术思想尤为重要。而建立融通中外的话语体系这一新形势也对中央文献翻译英译研究提出了新的要求。这样，话语研究与中央文献英译研究便在建立融通中外的话语体系以及中国文化走出去的背景下形成了许多共同关注的研究课题，为我们在话语研究的基础上探讨中央文献英译研究的新范式提供了基础。我们将从讨论话语及话语研究开始探讨这一新的研究范式。

二、话语研究：后现代视阈下的语言学研究

作为人文社会科学研究领域的一个术语，“话语”的使用频率在当下远远超过了“语言”这个术语。“话语”之所以成为学界的热词，一方面是由于当下社会生活的方方面面产生出许多前所未有的新问题，另一方面也是人文社会科学领域的学者对这些新问题的思考所致。就前者而言，当下世界政治经济全球化日益深入，互联网技术日益发达，而科技创新与全球化飞速发展带给社会的不仅是生活的便捷，还有调节社会契约的那些传统手段的失灵且无从翻新（克里斯蒂娃，2016：2）。这些新的社会问题促使学者的思考不再关心研究对象是由什么构成的这样的问题，甚至不关心我们如何认识研究对象这样的问题，而是关心我们如何表述研究对象，语言如何呈现研究对象这样的问题。这些思考对试图用自然科学的标准衡量一切事物，普遍认为一切有意义的问题都可以通过科学手段得到实验检验并获得确定答案的现代主义进行质疑，并且越来越清楚地认识到语言在社会生活中的建构作用（刘亚猛，2008），形成从本体论到认识论再到语言论的转变（高玉，2009：65）。

然而，“语言”这个术语脱离不开它现代主义的思想根基。在已经过去的20世纪，现代语言学将语言作为研究的对象，为现代主义的发展立下了汗马功劳。语言学将语言作为客体（object）进行研究，观察它的各个层面，发展出音系学、句法学、形态学、语义学等。在20世纪主流语言学的研究中，语言是与语言使用者分离的一个系统，也是与

研究者无关的一个客体，这样的语言学研究为现代主义思想和科学实证主义的研究方法提供了有力的支撑。在学者更加关注社会生活中的人如何表述社会事实这样的问题时，语言作为人们传情达意的交流工具，其与使用者分离的特性已不能体现后现代主义的思想。因此，后现代主义的思想家（如福柯、德里达、布迪厄、哈贝马斯）把研究的对象转向话语，并提出一套关于话语的概念和理论。他们把话语提升到建构知识的首要位置，认为知识是由话语生成的，同时话语又通过对知识的运用来控制社会实践。在后现代主义的思想中，话语对社会实践的控制体现出权力在知识话语建构中的重要性（Foucault，1972，1984）。

受后现代主义思潮的影响，一些接受过现代语言学训练的语言学家（如范代克、沃达克）也把研究的重点转向话语，并发展出话语研究的语言学范式（田海龙，2016a），如批评话语分析（critical discourse analysis，简称 CDA）。在批评话语分析者看来，话语首先是语言运用，是人们在社会生活中实际运用的语言，但更重要的是与语言运用相关联的社会因素，是人们运用语言的方式和制约人们运用这些语言方式的社会规约（田海龙，2009）。观察社会生活可以看到人们依据自己的社会地位和交流目的，依托不同的机构，选择使用不同的词汇、句式、体裁、模式来传递信息、参与实践、构建身份、再现事实。这些社会实践构成了批评话语分析中的话语概念。话语与权力及意识形态等概念不可分割地纠缠在一起，使得话语与语言的概念产生了本质的区别。如果说语言是语言使用者用来交流思想的工具，因而与使用者可以分开，那么，话语和语言使用者就紧紧地捆绑在一起，话语即是语言使用者，而语言使用者（身份、价值取向、意图、与交流者的关系等）便镶嵌在他使用的话语之中。换言之，语言使用者的意识形态、价值取向、他所依托的机构属性以及与其他交流者的关系全部体现在他的话语之中。

广义上的福柯式话语研究以及狭义的作为话语研究语言学范式的批评话语分析在对话语概念的解读上体现出后现代主义思想。这包括话语是一个动态变化的意义形成过程，在这个过程中某个意义的形成是相对的，受到各种因素的制约，而且形成后也并非不可变化；话语是一个权力斗争的场所，不同利益集团通过所掌握的话语资源和话语手段参与建构意义的社会实践，处于主导地位的一方会利用话语维持现状，处于非主导地位的一方也会利用话语争取主导地位。话语的这些后现代主义思想特征对翻译研究是有借鉴和启发意义的。

三、话语研究对翻译研究的启示

翻译研究的许多理论，如奈达（Eugene A. Nida）的功能对等理论、格特（Ernst-August Gutte）的关联翻译理论（杨建华，2009）对认识翻译的内在规律都有所帮助。也有一些理论，如以勒菲弗尔（Lefevere，2004）为代表的翻译研究文化学派的理论考察意识形态、经济状况、赞助机构及其社会地位等多种来自翻译本身之外因素对翻译的影响，提出“翻译即是改写”的命题，认为任何改写无论动机如何都源自某种意识形态并且用某种方式操纵翻译在某个社会中发挥作用。沿着这一思路从话语研究的视角看翻译研究，可以发现以上讨论的一些话语研究的思想特征亦体现在对译文、译者和翻译过程的认识上面。

首先，从话语研究的理论思想出发，译文被认为是一部译者再创作（许钧，2003）的作品，它可以趋于完美，但并非绝对忠实反映原作者的创作意图。这一方面是因为译者对原作者概念在理解上存在不确定的因素，另一方面也是因为译者在翻译过程中体现出自己的意图。就前者而言，译者源语和目标语的水平、语言风格、所受当时历史环境的影响甚至是受教育的背景都可能使译者对原文中的一些概念在理解上产生偏颇。就后者而言，译者的价值取向以及对翻译目的的强调都可以影响翻译。极端的情况是译者操纵译本为一定的社会政治目的服务。因此，翻译研究中对译文的评判不再产生简单和客观的结果，相反因为译者在翻译过程中的主体作用被凸显出来，对译文的评判也充满了话语层面的斗争，体现出各种意识形态力量的角逐。

其次，从话语研究的理论思想出发，译者在翻译过程中的主观能动作用被进一步认识。译者不再被认为是一个介于两种语言之间的一个中立的、科学客观的转码器，而是一个有思想、有自身价值取向和翻译意图的社会人。随着后现代主义关于话语的认识日益为学者所接受，译者在翻译过程中发挥的主观能动作用也越来越受到翻译研究学者的关注。译者在翻译过程中的选择性、知识上的创造性以及他的社会参与性越来越得到认可。正如提莫志克和根茨勒所指出的，对于源文中哪些部分需要在译文中进行调换，哪些部分必须强调，译者在翻译过程中必须不断地作出选择，而这些选择对源文本来说是一种有倾向的再现。这种有倾向的再现不应被认为是缺陷和不足，或被认为不应存在于翻译之中。这是翻译本身所无法回避和摆脱的问题，无论是否明显，译者在翻译过程中的主观能动作用已清楚地将翻译从中立的地位解放出来，赋予了它有立场、有目的的特征。

再次，从话语研究的理论思想出发，翻译过程可以被认为具有动态性和不确定性的特征，是译者参与的社会实践。作为一个过程，翻译"涉及语篇的产出者与语篇的接受者之间意义的协调"，是"译者作出决定的各种程序"（Hatim & Mason，1990：4）。从后现代主义阐释学派来看，翻译始终是解释的过程，一切翻译皆为解释（陈大亮，2005）。不论是从译者选择的角度定义翻译过程还是从翻译皆为解释的角度定义翻译，都表明翻译过程不是一个静止和确定的过程，而是一个动态和充满不确定因素的过程。基于此认识，田海龙（2017）将翻译过程看做是译者参与社会生活的一个社会实践，是译者通过自己的翻译活动将某些结构性的可能因素变成具体的社会事件活动。译者的身份就如同社会活动的参与者。社会活动的参与者（如政治家）通过自己的政治话语（如演讲）来参与社会实践，或建构自己的身份，或再现已发生的事件。译者也是通过自己的翻译话语（如译文）来参与社会实践，在译文中通过选择的特定文体构建自己的身份，通过选择的特定词汇表达自己的价值取向并体现话语的意识形态意义。

基于话语研究的理论思想重新认识译文、译者和翻译过程，对于丰富中央文献英译研究的理论和实践十分必要。这不仅可以使研究者摆脱忠实和灵活二元对立的困境，还可以使中央文献英译研究在理论上寻求一种新的研究范式，在实践上更加推崇取决于语境的、具有个性化的翻译策略。

四、中央文献英译研究的新范式

中央文献英译的重要不仅表明它是一项实践性很强的工作，如可以向西方介绍中国改革和发展的成果，“增强外界对中国发展的理解，提升中国特色社会主义道路的国际认同，提高国家文化软实力”（黄友义、黄长奇、丁洁，2014），同时也表明这是一个值得深入研究的学术领域。就中央文献翻译研究而言，有两种观点受到关注。一种观点认为，中央文献翻译应该首先遵循忠实和准确的原则。例如，王弄笙（2004）曾强调中央文献中的“每一句话、每一个词均有准确的定义，译文必须确切无误地反映原文。不能偏离原意，更不能曲解原意。”甚至有学者（程镇球，2003）强调“政治文章涉及国家大政方针、基本政策等，稍一疏忽，后果严重”。与这种观点不同，另一种观点认为，中央文献翻译在忠实原文的同时要尽可能采用译入语的习惯用法灵活翻译文献的内容。例如，孟威（2014）提倡“用世界的语言讲中国的故事……要把‘讲故事’和‘讲道理’结合起来……要善用生动地表述，而不是照本宣科、僵化地宣教”。赵祥云（2017）更是明确地表明要在正确理解原文的前提下采取灵活的翻译方法及受众喜闻乐见的表达方式讲好中国故事。

在中央文献英译研究实践中，对于忠实与灵活这两个翻译原则而言，并非是以舍弃其中任何一个作为代价来坚持另一个。而更趋于一致的观点是将中央文献英译的准确性与灵活性有机地结合在一起，但这种结合是一种有侧重的结合。参考程镇球（2003）和王弄笙（2004）的观点，或许可以认为20世纪初的中央文献翻译研究更注重对原文的忠实，而近年的中央文献翻译研究则更多地倾向于在翻译中采取一些灵活的翻译策略。例如，赵祥云（2017）通过考察《习近平谈治国理政》的英译，发现翻译策略上体现出“尽量用目的语读者愿意听、听得进的表达形式来讲好中国故事”的特征。作者还通过引用习近平（2014：162）关于“要加强国际传播能力建设，精心构建对外话语体系，发挥好新兴媒体作用，增强对外话语的创造力、感召力、公信力，讲好中国故事，传播好中国声音，阐释好中国特色”的论述说明总书记的讲话对中央文献翻译的启迪意义在于“为了更好地向世界传播中国声音，翻译工作者在正确理解原文的前提下采取灵活的翻译方法，采用受众喜闻乐见的表达方式讲好中国故事”（赵祥云，2017）。

与讨论中央文献英译中的忠实与灵活孰轻孰重不同，从话语研究的理论思想出发研究中央文献英译中的一些理论和实践问题可以把翻译实践看成是一种社会实践。所谓社会实践，是一个多种成分相互作用的社会活动，包括生产活动、生产方式、社会关系、社会身份、文化价值、意识以及话语。这些成分彼此不同，但又不是决然分开，它们彼此相互联系，在不失去自身的同时将其他成分内化于自身（Fairclough，2012：187）。在话语研究领域学者关注的是社会实践中的话语与其他成分之间相互作用的辩证关系，具体来讲就是研究话语是如何产生、如何传播以及如何被接受这样的一个话语实践。将话语研究的这些观点投射到中央文献翻译研究上可以对翻译研究产生一个新的认识，可以认为对翻译的研究即是研究译文如何产生、如何被传播和如何被接受这样的翻译实践。在这个研究过程中，考察译文如何产生可以考察译本与源文本的互文、互语关系，考察译本如何传播可以考察译者权威、渠道主流、覆盖面广等问题，考察译本如何被接受可以考察受众的语境模式，即大众认知译本内容方式（田海龙，2017）。通过这样对翻译实践的研究可以探索社会结构因素如何通过译者的翻译导致具体的社会活动，进而更深刻地认识译者在翻译过程中的主观能动作用以及通过翻译所实现的社会价值。

在中央文献英译中注重探索译者的翻译实践，讨论译文如何在与原文相互作用的过程中产生，讨论译文如何通过不同分量和权重的渠道和媒介来实现传播，讨论如何通过观察读者的语境模式来研究译文被接受和认可，实际上是摆脱了忠实和灵活之间的困境，用一种新的研究范式来看待中央文献英译研究。这种新的研究范式更多地体现出话语研究的学术思想，如译文是一个互文和互语过程的产物，译者在翻译过程中可以发挥主观能动作用，因而翻译过程也是一个动态、变化的过程。这种新的研究范式更多地依赖翻译所处的社会历史语境，也更多地依赖译者（机构的或者个人的）自身的能力与素质，因而使中央文献英译更多地采用取决于语境的、具有个性化的翻译策略。

五、基于超学科的中央文献英译研究

赵祥云（2017）在考察《习近平谈治国理政》英译本的翻译时发现让读者向作者靠拢这种异化方法和让作者向读者靠拢这种归化方法在中央文献英译中都有运用，并从翻译目的、文本类型和文化自觉几个方面为这样的翻译策略提供学理支撑。这项研究提出在中央文献翻译中要采取灵活的翻译方法和受众喜闻乐见的表达方式讲好中国故事。这样中央文献翻译研究在构建融通中外的话语体系中便发挥了作用。然而，尽管对中央文献英译中的灵活性给予重视，这样的中央文献翻译研究还没有摆脱在忠实与灵活之间摇摆的格局，还没有把中央文献翻译与社会文化历史语境结合起来进行研究。

从话语研究的理论思想中汲取营养可以使中央文献英译研究开拓出一种新的研究范式，不再纠缠于忠实与灵活孰重孰轻的争辩，不再用科学实证主义的研究方法具体讨论哪一种翻译方法更忠实原文，哪一种方

Language [C]. London: Pearson.

Fairclough, N. 2012. The Discourse of New Labour: Critical Discourse Analysis [A]. In Tian Hailong & Zhao Peng (eds.) *Critical Discourse Analysis: Essential Readings* [C]. Tianjin: Nankai University Press.

Foucault, M. 1972. *The Archeology of Knowledge and the Discourse on Language* [M]. New York: Pantheon Books.

Foucault, M. 1984. The Order of Discourse [A]. In M. Shapiro (ed.) *Language and Politics* [C]. Oxford: Blackwell Publishers.

Hatim, B. & I. Mason. 1990. *Discourse and the Translator* [M]. London: Longman.

Lefevere, A. 2004. *Translation, Rewriting and the Manipulation of Literary Fame* [M]. Shanghai: Shanghai Foreign Language Education Press.

Tymoczko, M. & E. Gentzler. 2007. *Translation and Power* [M]. Beijing: Foreign Language Teaching and Research Press.

陈大亮：《翻译研究：从主体性向主体间性转向》，《中国翻译》2005 年第 2 期。

陈勇：《再情景化与政府工作报告英译研究》，《天津外国语大学学报》2017 年第 5 期。

程镇球：《政治文章的翻译要讲政治》，《中国翻译》2003 年第 3 期。

朵宸颉：《中央文献对外翻译中意识形态的影响》，《天津外国语大学学报》2014 年第 5 期。

高玉：《"话语"视角的文学问题研究》，北京：中国社会科学出版社 2009 年版。

黄友义，黄长奇，丁洁：《重视党政文献对外翻译，加强对外话语体系建设》，《中国翻译》2014 年第 3 期。

贾毓玲：《对中央文献翻译的几点思考》，《中国翻译》2011 年第 1 期。

克里斯蒂娃：《主体、互文、精神分析：克里斯蒂娃复旦大学演讲集》，祝克懿，黄蓓译，北京：生活·读书·新知三联书店 2016 年版。

刘亚猛：《西方修辞学史》，北京：外语教学与研究出版社 2008 年版。

孟威：《构建全球视野下中国话语体系》，《光明日报》2014 年第 9 期。

田海龙：《语篇研究：范畴、视角、方法》，上海：上海外语教育出版社 2009

年版。

田海龙：《话语研究的语言学范式——从批评话语分析到批评话语研究》，《山东外语教学》2016 年第 6 期。

田海龙：《跨文化交际的话语解读——再情景化模式》，《福州大学学报》2016 年第 2 期。

田海龙：《作为社会实践的翻译——基于批评话语分析的理论思考和方法探索》，《外语研究》2017 年第 3 期。

王弄笙：《十六大报告汉英翻译的几点思考》，《中国翻译》2004 年第 1 期。

习近平：《习近平谈治国理政》，北京：外文出版社 2014 年版。

许钧：《翻译的主体间性与视界融合》，《外语教学与研究》2003 年第 4 期。

杨建华：《西方译学理论辑要》，天津：天津大学出版社 2009 年版。

尹佳：《解读、商讨与建构——外宣翻译过程中译者的能动作用》，《天津外国语大学学报》2017 年第 5 期。

赵祥云：《新形势下的中央文献翻译策略研究——以〈习近平谈治国理政〉英译为例》，《西安外国语大学学报》2017 年第 3 期。

子，2003 年胡锦涛上任之后提出了“科学发展观”，这个概念非常不容易被理解，即便现在做一个调查，99% 不懂中国发展的外国人都会认为这是与科学发展有关的进展，而不会想到是社会经济和谐发展。所以，要向外国人介绍科学发展观，就必须得有一些说明。

二、创新党政文件翻译工作的几点建议

如何在党政文件的翻译方面做到加强话语体系建设，打造融通中外的新概念新范畴新表述呢？最重要的一点是要有创新的精神，要有与时俱进的精神。在余地不大的情况下，在忠实原文不漏不减的情况下，尽可能用准确的英文表述，加强外国人的接受度；但同时也要认识到，让外国人对我们党政文件的表述完全满意并接受是不可能的，也是不现实的。

（一）创新要与时俱进

我们在做政治文件翻译的时候，对多年来固定的译法要有一种健康的怀疑态度，可以更新的东西要敢于更新。我们的汉译英在上世纪 50 年代初受到苏联党政文件翻译的严重影响，当时翻译的很多东西，包括经济教科书，都深刻打上了苏联的烙印。现在这些翻译中有很多内容已经被文化抛弃或者不合适，我们要知道哪些是不能再用、需要修改的。举一个例子，去年（2012）我参加党的十八大文件英文翻译的定稿工作，我们就将“cadre”改成了“official”，因为“cadre”这个词，尽管原来是法国词，但被苏联人用过后，西方人就用这个词指代斯大林时代统治苏共的人员，所以是贬义的。

（二）要注意中外文化差别

有些词在中文里面是褒义或中性的表述，但是在英文里却是负面

的。比如“意识形态”，这个词对我们来说是褒义或者中性词，但英文的“ideology”百分之百都是负面的、有争议的，特别是用到中国，完全就是负面的。这是需要注意的方面。还有一个例子就是“精神追求”，这个词按理说没有问题，但是“spiritual pursuit”在英文中百分之百是指宗教信仰。对外国人来说，党的文件中突然提到“精神追求”非常怪，还会引起一些理解混乱，这就需要考虑换一换表述。还有一个词就是“基层”，英文是“grassroots”，是跟政权对立的意思，“基层政权”和“基层法院”理解起来就是老百姓自发组织的法院，这有很大的问题，是需要注意的。还有一些词，如“完善”、“合理化”、“优化”、“保障”等，在文件翻译时使用的对应词都用了过头的表述，这一问题需要解决。

（三）注意从现代英语中吸收有用的词汇

政府工作报告有一个提法是“国有经济要保持控制力”，原来翻成“controlling power”，有点过，后来编译局专家提出“控制”这个词可以用“leverage”，因为杠杆动一下就影响全局，所以这个词的翻译就改过来了。因此，我们可以尝试多用一些新鲜的词汇。

（四）拼音直译不可取

在对外传播时，应该怎样加强自己的话语权呢？有些人认为，用汉语拼音的方式表达我们的概念，比如“户口”就用“hukou”，京剧就用“jingju”，让外国人接受汉语的表达方法，有利于加强话语权。我认为这并不可取，只能起到反效果。在自然、互动、沟通的过程中接受而使用的话语才是可取的，反之，强行推广效果并不好。

（五）重大文件应提早安排翻译

在条件允许的情况下，应该在文件翻译的过程中多听编译局和外文局外国专家的意见，吸收合理意见，这样能够保证译文水平进一步提高。

在党政文件发布我们声音的时候，重大问题要提前发声，要有准备和扩大影响。很遗憾的是，这次党的十八届三中全会没有做到这一点。国外对十八届三中全会的关注度史无前例，外国很多友好人士不断询问，有没有《公报》《决定》的英文版，希望能提供给他们。我问了一下，没有安排翻译外文。后来一位英国汉学家很厉害，把两万多字、六十条、几十页的《决定》全部都翻出来了，而且很忠实，尽管其中有一些硬译，也有一些“惨不忍读”的情况。所以直到现在，对于影响中国今后到2020年发展的这样一份文件还没有给外国人看的译文，这是很大的遗憾，我建议以后应该将这一缺陷补上。（说明：2014年初，外文出版社已将《决定》翻译成英文等几种外文出版）

（六）要多开翻译研讨会

外文局有这样的传统。外文局主管的中国翻译协会组织了二十几届中译英研讨会，外文局还与英国文化委员会举行了政治词汇讨论会，这些都是很好的机会，可以继续做下去。

汉英翻译中的政治考量*

王平兴

（新华通讯社）

一、引言

政治文章的翻译要讲政治，在汉英翻译工作中要坚持这一原则。日前，有位同志给我发电邮，他说：《中国翻译》杂志上刊登过好几篇文章，都认为“中国大陆”译为 mainland China 是政治性错误，可是都没有论证，无法让人信服。他觉得这个观点可疑，因为他在 BNC 语料库和一些西方媒体上看到的这一用语，都没有发现其中隐含“两个中国”或“一中一台”的意义，就此征询我的看法。我回复说，这个问题应该辩证地看，不宜绝对化，可以找机会

详细讨论。在这篇文章中，笔者愿就这一词语及其他例子，探讨汉英翻译特别是时事政治文章翻译中的政治考量问题。

二、mainland China 既是地理名称，又是政治名词，应慎用

笔者认为，有必要指出 mainland China 既是一个地理名称，又是一

---

* 本文原载于《中国翻译》，2014 年第 5 期，本集收录时格式略有改动。

个政治名词。这一双重属性，决定了这一词语不是禁忌语（a taboo），却是敏感词（a sensitive term）。在不会引起误解的情况下可以用 mainland China 来译“中国大陆”，但是在时事政治性翻译中，出于坚持一个中国原则的政治考量，不应使用此词语，以免产生误解或不正确的联想。

对于作为地理名称的 mainland China，各方认识基本一致，不存在争议。在地理意义上 mainland China 与 the Chinese mainland，China's mainland 和 the mainland of China 同义，其含义是“中国大陆”或“中国内地”。

韦氏第三版新国际词典对 mainland 一词释义为 a continuous body of land constituting the chief partof a country or continent，因此不一定全都译为“大陆”。比如 mainland Britain 指的是不列颠岛（译为“英国主体”较合适），与欧洲大陆隔海相望；再如新西兰，主要有南北两岛，较大的南岛习惯上称 the mainland。在香港特别行政区基本法中英两种文本中，“内地”，对应的英文是 the mainland，“中国内地”是 the mainland of China。很多词典注明 mainland 可以用来修饰名词，有些如《朗文当代英语词典》干脆就标出它具有名词和形容词（只能用在名词前面）两种词性。在英语文本中实际用例有：mainland Britain，mainland Canada，mainland Greece，the mainland United States，等等。同理，mainland China 完全成立，是正当的英语表达方式。在此作为地理名称的词语中，核心是作为 thechief part of a country 的“土地”。如果只注意到 mainland China 是地理概念却忽视此用语的政治属性，就无法理解为什么要把它列为敏感词。有一本关于热词新语翻译的书，其作者不认同 mainland China 会引起“两个中国”的错误联想的说法。书中说，英语中常提到（the）continental United States，但是从来没有人提出除了“大陆美国”还有没有什么“岛屿美国”，更没有人说这是搞“两个美国”。人们还说 continental Europe（欧洲大陆），没有人译作“大陆欧洲”，也不意味除了“大陆欧洲”还有“岛屿欧洲”。该书用英语与汉语表达方式即词序不同来解释 mainlandChina，说：中文提到地名时习惯是从大到小，如中国北京市海淀区……而英文则是倒过来从小到大，…Haidian District, Beijing, China；我们通常说“中国大陆”，英美人说 mainland China，表达的是同样的意思。但是该书同时也指出，如果有人说 mainland China and Taiwan China，那就真的是搞“两个中国”了，而说 China and Taiwan 则是搞“一中一台”，在此我们是坚决反对的。[①]

这些疑问也是主张对 mainland China 的使用不要有政治限制的同志经常提出的。这些问题不难回答。为什么（the）continental United States，mainland Britain，mainland Canada，mainland Greece 等不会让人产生“两个美国”“两个英国”“两个加拿大”“两个希腊”的联想，而 mainland China 可能让人产生“两个中国”的联想？答案很简单：美国、英国、加拿大、希腊等国不存在与国家的主体部分（the chief part of a country）在政治上分离的岛屿或地区，因此那些 continental 和 mainland 不具有政治属性，只是地理名称，不会产生“两个（……）国”之类误会。而中国大陆与台湾则不同，“由於种种原因，台湾迄今尚处於与大陆分离的状态”（1993 年台湾问题白皮书语），mainland China 除了地理属性还有政治属性，所以有解读为“中国大陆”或“大陆中国”两种可能。[②]

用英汉词序不同来解释 mainland China 欠妥。英文 mainland China 中 mainland 作为名词或形容词修饰 China，而“Beijing, China”才是按英文习惯由小到大排列的地名，不是用 Beijing 作为名词或形容词来修饰 China，不能写成“Beijing China”。止是这个道理，“Taipei China”或

① 见陈德彰教授编著的《热词新语翻译谭》，中国对外翻译出版公司，2011 年出版。

② 1993 年 8 月国务院新闻办公室发布《台湾问题与中国的统一》，2000 年 2 月国务院台湾事务办公室和国务院新闻办公室发布《一个中国的原则与台湾问题》。这两个关于台湾问题的文件和其他白皮书的中英文都可以在中国政府网 www. gov. cn 找到。

“Taiwan China”有“两个中国”之嫌而不可接受，而“Taipei, China”和“Taiwan, China”和“Beijing, China”一样，是不会产生误解的正当用语。该书在这个地方自相矛盾，否定了自己的解释。这一点也从另外一个角度证明，不能忽视 mainland China 一语中的政治因素。

在英语中 mainland China 具有政治属性并非笔者或任何人所杜撰，而是词典认定的客观事实。请看《牛津英语词典》（*OED* on CD-ROM v. 4. 0）对 mainland China 的定义：在 mainland 一词下有 b. 2. b Special combs, as mainland China, the People's Republic of China, as opposed to Taiwan; hencemainland Chinese。这里明确说 mainland China 指中华人民共和国，与台湾相对而言。众所周知，中华人民共和国在 1949 年 10 月 1 日宣告成立，也就是说这里的 mainland China 是那一天以后才出现的政治概念，与作为地理名称的 mainland China 形同义异。在这个政治词语中，核心不是土地，而是在这片土地上的国家政权。《牛津英语词典》的释义，反映的只是西方话语现实，没有体现一个中国原则。这就是 mainland China 与 mainland Britain 等词语的最关键区别。

这单有必要提一下台海两岸关系及相关词语的历史：1949 年中国共产党领导人民取得革命胜利，建立中华人民共和国，结束了中华民国的历史地位，蒋介石集团败退台湾。从 1949 年 10 月到 1971 年 10 月，蒋介石集团的代表在国际势力支持下以已被推翻的“中华民国”政府的名义窃据中国在联合国的席位。在此期间，美国等西方国家先是拒不承认新中国，以后又企图搞“双重承认”“两个中国”，他们以其话语系统中贬义的 Communist China（即“共产党统治的”中国），Red China（“红色”或恐怖的中国）或略为中性的 mainland China（“大陆上”的中国）来称呼新中国，这种状况一直持续到 20 世纪 60 年代末。到美国总统尼克松面对变化的国际形势试图敲开中国大门的时候，他才第一次公开使用正式名称 the People's Republic of China 来称呼中国。在那个时期，在西方政治话语中，Communist China, Red China 和 mainland China 是与代表台湾当局的 Nationalist China（“国民党统治的”中国）和“the Republic of China”相对而存在的，由此产生西方政治话语中的“two Chinas”概念。在这个话

语系统中，mainland China 强调的不是“中国大陆”那片土地而是“大陆中国”那个国家政权。这就是 mainland China 作为政治词语产生的历史背景与国际背景。

政治词语有特定政治含义，在一定的语境中具有敏感性。美国最有影响的新闻机构美联社在新闻写作手册中就把 mainland China 列为敏感词。手册在 China 条下规定：

> **China** When used alone, it refers to the mainlandnation. Use it in datelines and other routine references
>
> Use People's Republic of China, Communist China, mainland China or Red China only in direct quotationsor when needed to distinguish the mainland and itsgovernment from Taiwan
>
> For datelines on stories from the island of Taiwan, use the name of a community and Taiwan. In the body ofa story, use Nationalist China or Taiwan for referencesto the government based on the island. Use the formalname of the government, the Republic of China, whenrequired for legalprecision（*The AP Stylebook*, 2000, 2005）

美联社的规定，单用 China 的时候，指的就是中国大陆上的那个国家。只有在直接引语中，或者在需要将大陆及其政府与台湾区分开的时候，才使用 People's Republic of China, Communist China, mainland China, Red China 等。下面又规定在新闻中用 Nationalist China 或 Taiwan 来指台湾岛上的那个政府，要求法律意义上准确时，用“the Republic of China”（“中华民国”）。很明显，这里的 mainland 与 Communist，Red 一样是当

形容词来修饰 China，这些词语译为中文就是“（……）中国”。

对这一规定美联社后来作了些修改补充：China 单独使用时指包括大陆、香港和澳门的那个国家；People's Republic of China，Communist China，mainland China 的用法不变；Red China 只在直接引语中才用；Nationalist China 不再使用。也许是因为他们注意到台湾地区政党轮替的现实①。

为了体现新闻的客观性，新闻机构使用直接引语，表明所引话语来自报道的对象，报道只是在陈述客观事实，不代表新闻机构的立场和价值取向。显而易见，如果 mainland China 不带任何政治色彩，美联社就不会把它与 People's Republic of China，Communist China 和 Red China 归在一起做出慎用的规定。这一规定当然是考虑这些词语的政治因素，是为了“political correctness”。但是从中国的立场看，这个规定（在需要把中国大陆及其政府与台湾区分开时使用 mainland China 等）并非“政治正确”，不过我们无法用我们的政治标准来要求西方的新闻媒体。

有的同志提出，外交部和新华社的网站都能找到 mainland China 的译法。外交部的情况我不太清楚，但是我曾见过外交部资深翻译家关于不应使用 mainland China 的提法，而新华社曾规定不得使用此词语。笔者十多年前参与编写《新华社英语新闻写作手册》（*Xinhua News Agency Stylebook*，2002），书中有：mainland of China Never use the term mainlandChina. Say the mainland of China or the ChineseMainland。百密一疏，难免会有因疏忽或不了解相关规定而使用的情况，但肯定是少数而不是普遍如此。个别或少数例子不足为训，不能证明其正当性且值得效仿。

---

① 笔者所见到的 The AP Sylebook 2000 年、2002 年和 2005 年版有关规定都相同，在网上搜索得知 2009 年版有相关修改。

三、汉英翻译特别是时政翻译要做政治考量

汉英翻译特别是时事政治性翻译要做政治考量，这是由翻译的性质所决定的。翻译不是简单的文字转换。用信息论和传播学的话来说，翻译是把信息生成方的信息通过编码传达到信息接收方的手段。其中有不同的编码解码过程：通俗点说，时事政治文章的作者要向读者传达党和国家的理论、路线、方针、政策所蕴含的信息，就要把这些信息形成文字，这是信息生成方的编码，词语就是编码所用的符号。翻译工作者要把这些信息传达到外部世界，首先要准确理解原文使用的词语（符号），把握其中的信息，这是翻译的解码。此后翻译根据自己的理解，选用最恰当的译语文字，形成译文，这是翻译的编码，译文词语就是传达政治信息的符号。翻译作为传播手段的过程要完成，还有待于外部世界译文读者对译文的解码——看他们是否能够通过译文，正确地理解信息产生方所希望传达的信息。这就要求，译者所

使用的词语即符号要正确，能准确地传达预期的政治信息，不会对信息传达产生“噪音”干扰。

那么，英语 mainland China 这个词语即符号可能传达哪些信息呢？通过前面的分析，我们知道，它可以是地理概念，指中国在亚洲大陆的那片土地；也可以指那片土地及那里的政府，指中华人民共和国，是与台湾相对而存在。还可能涉及 Communist，Nationalist，Red 等附带信息，而这些附带信息会造成信息“噪音”。

我们在时政翻译中把“中国大陆”转换成英语，希望给外部世界传达关于中国大陆的正确政治内涵：世界上只有一个中国，台湾是中国的一部分，中国的主体是大陆，台湾与大陆虽然暂时分离，最终要实现统一，我们反对“两个中国”“一中一台”。我们绝不想让人产生“大陆上那个国家”或“大陆中国”的联想。显而易见，用 the Chinese mainland，the mainland ofChina，在上下文明确的时候简单说 the mainland，能

够更好地传达我们的信息而不至于造成误解。由于 mainland China 作为政治词语带有我们所不希望有的政治信息，所以不应使用。

地理名称带有政治含义，在英语中很常见，这就是转喻（metonymy）。如用首都名称 Washington 指代美国政府，Beijing 指中国政府等；又如美联社就用 Taiwan 来指我们所称的“台湾当局”（西方称“the Republic of China”，但是在外交上西方也承认台湾不是一个国家）。因此，有时在非政治性场合的翻译，也需要做政治考量。在关于台湾问题的两个白皮书中，中国政府阐述了中国关于国际组织与台湾的关系的立场和政策，指出：世界上只有一个中国，台湾是中国不可分割的一部分。台湾当局无权“重返”或参加联合国及其机构。原则上它也无权参加其他政府间国际组织，只有根据中国政府与有关方面达成的协议或谅解，中华人民共和国作为主权国家参加，台湾只作为中国一个地区以“中国台北”（如在亚洲开发银行，中文为“中国台北”，英文为 TAIPEI, CHINA；在亚太经济合作组织，英文为 CHINESE TAIPEI）的名称参加活动。在民间性质的国际组织中根据同一原则，台湾可以以“中国台北”（TAIPEI, CHINA）或“中国台湾”（TAIWAN, CHINA）的名称参加。因此，在奥运会上，台湾的奥运队不能称 Taiwan，而只能称 Chinese Taipei。可见，即使是参加非政治性的国际活动，最好也别使用 mainland China 来翻译“中国大陆”。

在联合国等国际组织的文件中，根据一个中国原则，每当提到台湾的时候总是明确台湾是中国的一个省：Taiwan province of China。但是许多国际非政府组织，却没能做到用语正确。2013 年联合国经济和社会理事会讨论非政府组织参加活动问题，中国代表就以有关组织的申请中对中国台湾省所用的 terminology 不正确，要求推迟几十个组织的申请，中国的正当要求被接受。可见，为了国家利益，汉英翻译特别是时事政治翻译中选用词语不能不做政治考量①。

---

① 见联合国网站 www. un. org 发布的新闻，网址为：http://www. un. org/News/Press/docs/2013/ecosoc6581. doc. htm http://www. un. org/News/Press/docs/2013/ecosoc6579. doc. htm

前面说过，美联社对使用 mainland China 有特别规定，其实英美国家主要新闻媒体都有类似对敏感词语的使用加以限制的规定，即涉及 politicalcorrectness 或 sensitivity 的规定。有关性别、年龄、宗教、种族、身体残疾等词语，都要考虑尽可能不引起误解和争议。这是他们新闻用语的政治考量。

翻译中的政治考量问题有时候可能会在意想不到的地方出现。中共十八大报告在谈到对外关系时说：我们将改善和发展同发达国家关系，拓宽合作领域，妥善处理分歧，推动建立长期稳定健康发展的新型大国关系。英译文用 major countries 来译“大国”：We will improve and grow our relations withdeveloped countries by expanding areas of cooperationand properly addressing differences with them；andwe will strive to establish a new type of relations oflong-term stability and sound growth with other majorcountries. 笔者注意到，习近平主席 2013 年 6 月访美与奥巴马总统会晤时，谈到“新型大国关系”，现场用的英文是 a new model of major countryrelationship，但是媒体报道及其他地方有用 a newmodel of major power relationship 甚至 a new modelof great power relationship 的。西方媒体基本上都用 major power 或 great power 来译“大国”，这很符合英语的表达习惯。美国传统词典对 power 的定义之一是：A person，group，or nation having great influenceor control over others：the western powers，而这并不是在谈大国关系时想给外界传达的信息。我们主张：国家不分大小、强弱、贫富一律平等，反对各种形式的霸权土义和强权政治。因此我们用 major country 而不用 major power，更不用 great power（《韦氏大学词典》对 great power 的定义是 one of the nationsthat figure most decisively in international affairs：SUPERPOWER）。很遗憾，我们有些媒体似乎没有注意到 country 与 power 的微妙差别，有的甚至跟着人家说 a new model of great power relationship。这也许与对中国国情的认识不同有关：中国既已经成为世界第二大经济体，却仍然是最大的发展中国家；国内生产总值居世

《求是》等党政文献中。中国特色社会主义事业总体布局历经三位一体、四位一体的内容扩展，但直到党的十八大之后，“五位一体总体布局”作为一个独立概念才反复出现，来强调中国特色社会主义建设的整体性和协同性。如果我们的译文只是在传统译文有关政治、经济、文化、社会建设的基础上，简单地增加第五个方面，即 the overall plan for promoting economic, political, cultural, social, and ecological progress，那么“五位一体”作为一个独立的概念就没有译出，总体布局的译文就会缺少高度。《求是》英文版译者在解读领会十八大政治报告相关文章的基础上，将“中国特色社会主义事业五位一体总体布局”译为“the five-pronged approach to building socialism with Chinesecharacteristics”，five-pronged，一把餐叉的五个齿，来说明总体布局包含了五个方面的内容；approach 指中国特色社会主义建设的思路和方法，a five-pronged approach 表明五个方面要齐头并进，不可偏废。数字 + pronged + 中心词，是英文常用搭配，如 a three-pronged investigation（从三方面进行的调查）；数字 + prongedapproach 更是英语常用搭配。“五位一体总体布局”译为 a five-pronged approach，可以说达到了中英文形式和意思的完全对等，并且作为一个整体性的概念译文，可以拆分组合，用于党和国家事业建设总体部署的方方面面，如“五位一体改革”“the five-pronged approach to China's reform，”“五位一体现代化建设”“the five-pronged approach to China's modernization”。作为重要概念的规范译文，China's five-pronged approach 必将产生良好的国际传播效果。

十八大政治报告还首次把“生态文明建设”纳入中国特色社会主义事业“五位一体”总体布局，“生态文明”作为执政理念由此上升为国家战略，“生态文明”的译文也需要随着中文范畴的变化而改变。过去我们常把“生态文明建设”的译法与经济、政治、文化、社会建设的译文做相同处理，译作“promote ecological progress”（促进生态进步），“文明”省去不译。但是当“生态文明”与“工业文明”相对而言，上升到一个独立的概念时，还保留 ecologicalprogress（生态进步）的译法就不够高度，因为任何大小的进步都可以是 progress，而“生态文明”的建设有总体要求、重点任务和方法路径，表明中国将进入一个经济发展、生态良好的新的建设时期，这时“生态文明”的译文就要体现概念的独立性和完整性，就得采用过去几年一直不敢用的搭配 ecological civilization 才够高度。

三、重要表述的翻译要注意文化差异。

翻译不仅仅是两种语言的转换，文字背后的文化差异是翻译所必须注意和考虑的。尤其是一些比喻性意象，由于中西方历史文化和风土人情的不同，往往会引起完全不同的联想。“老虎”、“苍蝇”一起打，作为中国反腐之声的口号，它的译文也格外引人注意。“打老虎”在中国传统文化中是“为民除害”的壮举，我们有“一二三四五，上山打老虎”的歌谣，有“武松打虎”的故事，中共重拳出手“打虎”反腐，这个比喻形象鲜明，具有浓厚的民族色彩，一经提出更是家喻户晓、深入人心。但是，在西方文化中“打虎”并非大众化的比喻，尤其在老虎已成为濒危动物的今天，“打虎”如果直译成“beat the tigers”，就会太暴力，环保人士看了会很不舒服，作为惩戒腐败的比喻也会让人费解。基于文化差异的考虑，《求是》英文版早在 2013 年翻译中纪委有关文章时，把“老虎”、“苍蝇”一起打，译为“not only cage the tigers but also swat the flies”，意思是“既关老虎又拍苍蝇，”这个译文保留了“老虎”和“苍蝇”的意象，但避开了“打”字，cage the tigers 作为一个比喻，读者经过联想可了解其意而不致产生误解，把贪污腐化分子都关起来也符合事实。现在国内媒体对这个表述多直译为“crack down on both the tigers and the flies,”但 crack down 只能用作打击犯罪，从文法上讲英文并没有 crack down on tigers 这样的动宾搭配。国外媒体对中国“老虎”“苍蝇”一起打的反腐报道有“hunt the tigers and the flies”的译法，

hunt the tigers“猎虎”，很好很主动，但 hunt the flies“猎蝇”就不靠谱了。

四、重要提法的还原性翻译要注意词义本质上的区别

中国现代政治经济话语体系中有不少词汇是从西方吸收引进的，中译外时译文采用还原翻译，既准确又专业，如《求是》英文版译文中“人口红利”demographic dividend，“社会保障网”social safety net，“人口抚养比”dependency ratio 等，都是对英文原有表述的还原。“新常态”虽然是“习式热词”，但也完全可以借用经济学新常态还原翻译为 the new normal。

有的重要新词语新表述严格来讲虽然不属于还原翻译，但也可以在英文中找到意思相对应的表述，来忠实传达原文的修辞风格。例如习近平总书记说，“要打破一亩三分地的思维定式”，《求是》英文版译为“break away from a silo mentality”（打破谷仓思维），中英两种表述都与农业有关，都指克服农民意识、打破人为藩篱、树立合作态度，译文和原文虽是两个不同的比喻但意思完全对等。再如，“改革进入深水区”，《求是》译文“China has entered the deep end of its reform.”“the deep end”（游泳池深水区），要游进去面临巨大挑战，“改革深水区”，改革的实施需要攻坚克难，中英文意思很贴切，形式也对等，是不可多得的形神兼顾的直译。再比如，“改革只有进行时、没有完成时”，《求是》英文版译文“China's reform is an ongoing cause, like a verb that has a progressive tense but not a perfect one.”译文将中文的暗喻变为英文的明喻，比喻功能更加明显，虽然是直译但也不会造成很大的理解障碍。但是，如果去了这个比喻，“改革只有进行时、没有完成时”只译做“China's reform is an ongoing cause.”译文分量就会不够，因为很多事情都可以是一项持续进行的事业。而且，在不影响理解的前提下，译文保留原有比喻，从而对原文进行原汁原味的呈现，也是翻译所应该力求做到的。当

然在遇到“法制建设只有现在时、没有完成时”“保障人权只有现在时、没有完成时”等相同表述时，我们完全可以灵活处理，意译为“There can never be an end to ...”等。

这里需要强调的是，还原性翻译以其貌合神离，有时却会为翻译设下陷阱。“底线思维”是习总书记讲话中有关中国对外政策的重大战略，指处理外交事务要朝最好的方向努力，但也要做最坏的打算，强调中国决不会放弃国家正当利益，绝不能牺牲国家核心利益。“底线思维”与“bottom-line thinking”长得很像，国内媒体也不乏这样的译文，但 the bottom line 的主要意思指的是“账本底线”，企业是亏是盈看看账本低端的结算线就会一目了然。那些只顾逐利不顾社会责任的企业，常被批评为 bottom-line thinking。如果把贯穿新时期中国外交思想的“底线思维”照猫画虎地译为 bottom-line thinking，就会产生中国利益至上舍义取利的负面影响，恰巧迎合了国际上指责中国是一个不负责任的国家的论调。《求是》译者在仔细研究多处“底线思维”所处语境的基础上，提出了“the worst-case-scenarios”（最坏的情况）的译法，如：把“要有底线思维，处理问题既要朝好的方向努力，也要做最坏的打算”，译为“We must always approach our work with worst-case scenarios in mind, working for the best but preparing for the worst.”

同样，“最大公约数”这个表述，能不能做还原翻译，也要看上下文。英文短语“the greatest common divider”是一个含有消极负面意义的表述，指迫不得已把各方捆绑在一起的东西。在翻译“改革的最大公约数”时，指凝聚共识，减少分歧，是可以做还原翻译的。在翻译“中美关系的最大公约数”时，指求同存异、寻找合作共赢的利益汇合点，还原翻译也是可以直接拿来用的。但是，在翻译“核心价值观是我们的最大公约数”“中国梦是我们的最大公约数”等褒义表述时，译文就不能简单还原，试想有哪一个中国人又能反对国家富强、民族复兴呢？显然 the greatest common divisor 在正面褒义的语境中做还原翻译会与原文精神不符，这时候要根据上下文做灵活处理，《求是》英文版就有 the common aspirations, the common ground, the widest possible consensus 等多种译法。

五、重要表达的翻译要格外注意对外宣传的负面影响

中国政治话语体系的对外传播最大的问题之一就是宣传味太浓。正如新华社对外新闻编辑部主任严文斌在其《政治话语传播的难点及突破建议》一文中所说："政治传播最重要的就是对内动员、对外阐释。在对外传播中，如果把对内动员的东西不加过滤地进行传播，不但起不到正面效果，相反还可能在海外助长中国威胁论"。在翻译中如何淡化和减少生硬甚至强加的宣传味道，是外宣翻译的一个难题。例如：《求是》中文版 2014 年 15 期《学好强军理论、干好强军事业》一文中有"建设什么样的军队、怎样建设军队，打什么仗、怎样打仗"的表述。这个句子套用了"什么是社会主义、怎样建设社会主义""什么是小康社会、怎样建设小康社会?"的句式，用于内宣和动员朗朗上口，是完全可以的。但在接下来的《求是》英文版相同文章的翻译中，如果我们将"打什么仗、怎样打仗"按照原文直接译作"What war will China fight and how will we fight it?"，就会让外人觉得中国想打谁就打谁想怎么打就怎么打，这与我国和平崛起的承诺是背道而驰的，只会助长"中国威胁论"。为了避免或减少负面影响，《求是》译文做了迂回处理："What war will China be called upon to fight and how should this war be fought?"译文通过增加词汇"be called upon"，说明要打的仗是必须打的，就像抗战一样，译文后半部分使用被动语态也显得更加客观。译文不像原文那样直截了当，表达更加迂回委婉，这样翻译对外传播的负面影响会少一些、传播效果会好一些。

《求是》英文版类似这样通过翻译对原文进行美化处理的例子还很多，中央编译局《求是》翻译处中外翻译工作者为减少理解障碍、淡化

原文负面影响、加强读者对译文的接受度，做出了许多艰难但卓有成效的尝试。但是，译者这样做有时候感到很纠结，就是在中文没有贬义没有负面的情况下，译者有没有权限去做译文的美化处理？而且，面对通篇话语“以我为主”生硬强势的宣传味，翻译能进行迂回处理的余地又有多少？正如外交部翻译室外语专家陈明明在他《如何在党政文件翻译中构建融通中外的新概念新范畴新表述》一问中指出的那样：“翻译能改变的非常少，能做的只是在忠实原文的基础上尽可能做一些技术上的表述，消除一些障碍。在余地不大的情况下，在忠实原文不漏不减的情况下，尽可能用准确的英文表述，加强外国人的接受度；但同时也要认识到，让外国人对我们党政文件的表述完全满意并接受是不可能的，也是不现实的。”

外宣是一个系统工程，外宣效果好坏首先要取决于外宣文本的创建，取决于选篇是否适合外宣，内容口吻是否能为外国受众接受，编辑是否针对西方读者阅读习惯对文章进行了实质性的改写。中国故事用中文讲好了才可能翻译好，中国政治话语体系的创建融通中外了，它的翻译才有融通中外的前提条件，才能通过翻译环节为外国受众所了解所接受。

论对外政治话语体系的创建与翻译

——再谈《求是》英译*

贾毓玲

（中共中央编译局）

摘　要：对外政治话语体系建设主要靠话语体系的创建单位和翻译单位来协作完成。话语创建的国际适用度越高，话语翻译的有效性就越好；话语创建的中国特色越浓，话语翻译的异化倾向就会越重，译文与受众的距离就会越远。当中国特色的政治话语体系与西方受众相遇时，往往会产生信息迷失与空白，需要话语体系的翻译单位通过各种技术手段来弥补。本文通过对《求是》英文版中文原文的剖析和英文翻译过程中实际案例的分析，从话语构建和话语翻译两个角度阐明，如何通过提高原文的外宣适应性和译文的连贯可读性，来构建国际社会能听得懂、易理解的对外政治话语体系。

关键词：对外政治话语；信息迷失；翻译对策

一、引言

澳大利亚前总理、中国通陆克文（Kevin Rudd）2014 年 12 月在上

---

* 本文原载于《中国翻译》2017 年第 3 期，本集收录时格式略有改动。

海接受澎湃新闻采访时说，“中美双边关系中的许多内容都迷失在了翻译之中”。作为一位精通汉语、深入了解中国的西方国家领导人，陆克文先生谈翻译在国际政治话语体系转换中所造成的问题是有资本的。但是，本文要谈的问题正好相反，那就是中文原文信息迷失所造成的话语体系空白，如何通过翻译来有效弥补，从而把晦涩模糊的中文文本变成较为清晰易懂的英文译文。

笔者曾在《中国翻译》两次撰文，分别从如何通过断句提高译文可读性和如何使重要术语的翻译更加融通中外两个方面探讨《求是》英文版的翻译。本文再次通过对《求是》英文版实际翻译过程的再现，试图说明如何通过逻辑重构、时态语境构建、主语确定与创造、概念释义、背景补充等翻译手段，来解决中国特色政治话语范式时常会有的逻辑缺失、时态语境不明、句子主体不确定、概念内涵不清楚等信息迷失问题，力求以更加连贯和清晰的文字把中国对外政治话语体系呈现给西方受众，提高国际传播效果。

二、原文的国际适用水平

《求是》英文版由《求是》杂志社进行中文选编，由中央编译局负责翻译，文章主要来源是《求是》中文版的重要文章以及部分我国其他重要报刊的理论文章。英文版设有“中国道路”“中国理论”“中国制度”“中国价值”“中国政策”“中国国防”“和平发展”“中国经验”“两岸关系”等栏目，是我国对外政治话语体系建设的一个较为集中的平台，也是我国对外政治话语体系创建单位与翻译单位联手打造对外话语体系精品的一个模本。

在翻译之前，《求是》英文版的中文原文由《求是》杂志社先进行中文编辑，以提高选篇的国际适用水平。可以说，所选文章不乏理论水平高、政策把握准、专业知识精的力作，就中文文章本身来讲瑕疵不多。但是，由于这些用做外宣的稿件大多直接来自用于内宣的文章、中文编辑对原文进行修改的权限有限、传统政治话语范式的惯性干扰等诸多因素，这些经过专业编辑选编的文章往往可译度仍然不高，翻译起来远非自然顺畅，外宣效果也不能尽如人意。再加上中英文两种语言固有的差别，中外受众阅读习惯的差距，中外政治文化、意识形态和价值取向的差异，这些都成了横亘在翻译面前的一道道障碍，使得翻译工作困难重重。归纳起来，可以说文章的选篇是中英文话语转换能否有效完成的决定因素。如果原文题材适合外宣，语言、概念、内涵的清晰度相对较高，译文也会相应地清晰、流畅、可读。相反，如果原文题材本来就不适合外宣，那么一句话翻译起来无论尝试多少个方案，一段话的翻译无论有多折腾，一篇文章的翻译无论译者多么“脑洞大开”，译文往往还是不能完全达到译者所期望的清晰易读、自然流畅的要求。

可以说《求是》英文版在由中文原文向英文目标语言转换过程中所遇到的问题，也是我国政治对内话语体系向对外话语体系转换过程中会遇到的带有普遍性的问题。对外话语体系的创建关键在一个“创”字上，不能也不应该把内宣材料经过简单的删减就拿去做外宣用，而是需要对外话语创建单位根据国外受众的思维模式、阅读习惯、兴趣关切，做有针对性的选篇和有实质意义的改写乃至二次创作，从而提高文章的可译度和国际适用度。比如增加阐释，减少动员；增加叙事，减少说教；增加概念解释和分析，减少概念生硬输出；提供背景铺垫，避免“飞来峰”式的开篇；增强逻辑关系，既要避免列清单式的并置也要避免空洞乏味的车轱辘话；减少句子长度，增加句子连贯度，提高行文清晰度，等等。

对外政治话语体系的创建需要既掌握我国政治理论体系又了解西方受众阅读习惯的专门人才来完成。国家既需要解放思想赋予中文编辑们更大的改写改编权利，也需要增加投入对现有编辑进行对外话语创建的专业培训，以适应新时期对外话语体系建设的需要。

三、翻译对迷失信息的厘清与弥补

现有中国特色政治话语范式在翻译成英文时，往往存在逻辑缺失、主语缺失、时态缺失、语境缺失、概念分析缺失等问题，这些缺失对于了解中国国情熟知本国语言习惯的国人来说，通过对母语字里行间的体会和已有常识的补充，可以形成较为完整的信息获取，一般是构不成理解困难的。但是译成外语，尤其是英语，就会因逻辑关联的缺失和语言单位的残缺妨碍西方读者有效解码。这些缺失需要翻译创造性地利用已有知识储备和语言技巧去弥合，来提高译文的连贯性和文字的清晰度，增加国外受众对译文的理解。逻辑构建、寻找主语、调整时态、概念分析是中央编译局《求是》翻译处中外翻译工作者每天面对的工作难题。下面以《求是》英文版最新几期翻译实例为例，来说明翻译的过程也是对迷失信息的厘清和弥补过程。

（一）逻辑构建

王力先生在《中国语法理论》“欧化的语法”一章中指出：“中国语里多用意合法，联结成分并非必需；西文多用形合法，联结成分在大多数情况下是不可缺少的”（王力，2015 ：369）。英汉两种语言在结构方面的这种区别，决定了汉译英的过程往往也是从“意合”到“形合”的转换过程。解读原文深层意思，分析句与句之间的关系，调整句子顺序，构建逻辑关系，从而把“一片散沙”的中文转换成紧扣逻辑纹理的英文，是《求是》英文版每篇文章甚至每句话翻译过程的规定动作。

例 1. 气候变化与人类生存和各国发展模式密切相关，围绕全球气候治理的谈判从来就不是一个简单的科学问题。

Given how closely related climate change is to human survival and the development models of different countries, negotiations on global climate governance have never been a mere question of science.

例 1 原文的“意合”，通过增加英语关联词 given，就完成了英文需要的“形合”，从而把原文前后句子的关系还原清楚。但这种句子之间的承接关系往往并不明显，需要译者去字里行间挖掘。

例 2. 各国应挖掘气候变化合作潜力，探索符合各自国情的绿色低碳发展道路。

Countries also need to tap into their potential for cooperation on climate change, while exploring modes of green and low-carbon development that are suited to their respective national conditions.

例 2 前后两句的内在转折关系，需要译者分析上下文做出判断才能发现。关联词 while 加进去，强调应对气候变化，各国在探索各自路径的同时，还需要加强合作。从“意合”到“形合”的转变，还需要译者深入了解我国政治政策走向，才能恰到好处地完成。

例 3. 党的十四大提出，我国经济体制改革的目标是建立社会主义市场经济体制。党的十八届三中全会提出全面深化改革的总目标，并在总目标统领下明确了经济体制、政治体制、文化体制、社会体制、生态文明体制和党的建设制度深化改革的分目标。

At the Fourteenth National Congress of the CPC in 1992, we stated that our goal in economic reform was to establish a socialist market economy. However, at the Third Plenary Session of the Eighteenth CPC Central Committee in 2013, we outlined our overall objective in comprehensively deepening reform, establishing specific goals for deepening the reform of economic, political, cultural, social, ecological, and Party building systems under this overall objective.

例3前后两句译者增加了转折连词“但是”，这样我国改革进程就清晰地从十四大的经济领域迈向十八届三中全会的经济、政治、文化、社会、生态各个领域。增加了一个连词，就让中国改革进程的深化跃然纸上。由于我国政治话语范式往往句子偏长、信息量偏大，译者梳理关系、分清层次，就会大大减轻读者解读压力。

例4. 政府以法治的理念、体制、程序解决各种社会矛盾和问题，依靠法治统筹社会力量、平衡社会利益、调节社会关系、规范社会行为，有利于更好地维护人民群众合法权益、实现社会公平正义、保障社会和谐稳定。

A government that addresses social problems with law-based concepts, systems, and procedures, and that relies on the rule of law to coordinate social forces, balance social interests, coordinate social relations, and regulate social behavior, will be better disposed to protect the legitimate rights and interests of the public, achieve social equity and justice, and ensure social harmony and stability.

例4的译文通过引入定语从句，把一个长句分成主次分明的两个层次，突出了“……的政府就可以更好地做到……”的主干结构。当然，每天面对无数个需要理清关系构建逻辑的长句，译者也经常会措手不及，因为有的文章也不见得就有逻辑可言。

例5. 中共十八大以来，习近平主席提出人类命运共同体思想，开辟了国际关系的新愿景，擘画了国际秩序的新蓝图，作出了维护世界和平、促进共同发展的新贡献，向世界展示了中国走向国际舞台中心的责任担当。

这个句子的逻辑，译者是真看不懂。如果说提出了一个思想就可以开辟一种愿景、擘画一幅蓝图，那么提出一个思想就为维护世界和平、促进共同发展做出了贡献，这样的说法实在太牵强。于是，译者通过断句、转换主语等方式，创建了一个从逻辑上讲勉强能讲得通的版本：

Following the 18th National Congress of the CPC in 2012, President Xi Jinping introduced the notion of a community of shared future for all humankind. Creating new prospects for international relations and a new blueprint for the international order, this philosophy not only represents a new contribution that China has made to world peace and common development, but also demonstrates China's strong sense of responsibility as it moves toward the center of the worldstage.

重建逻辑是翻译面对的一个痛苦但必需的过程，即使有时译者对逻辑的搭建过于主观，也必须这样做，因为没有逻辑的译文等于没有完成翻译任务。以句子为单位的翻译，一定要用连接词把逻辑关系搞出来，否则译文就是马赛克，读者会迷失在斑驳利落的条块之中。

（二）寻找主语

翻译界前辈、北京外国语大学庄绎传教授曾于 2012 年在十八大重要文件翻译现场把他当时还未出版的《庄绎传翻译漫谈 20 篇》拷贝给了中央编译局年轻的翻译们。我把这个文档存在了桌面，在工作之余经常翻阅领略其中翻译之道。庄教授在这个电子版的文档中说："一般说来，汉语的主谓关系没有英语那么密切。英语对于主语能否作后面的动作考虑较多。因此，译文以什么作主语，怎样和谓语搭配，是一个经常需要斟酌的问题。"这种疏松的主谓关系在中国政治话语范式中往往表现为它的极端形式，那就是通篇都可以是"无主句"。在英语中，主语被称为句子的"主题"，一句话没有主语就等于没了主题。一个英语句子如果过了 5、6 个单词还不见主语出现，就会被认为不是好句子。面对原文没有主语和目标语主语必出这一对矛盾，翻译必须想方设法寻找或者造一个主语出来，译文的意思才能清楚。

在翻译中，有时候主语的确定是不难的：

例 6. 形成不敢腐的惩戒机制、不能腐的防范机制、不易腐的保障机制。

We need to formulate punitive mechanisms to ensure that officials dare not commit acts of corruption, preventive mechanisms to ensure that they cannot commit acts of corruption, and safeguarding mechanisms to ensure they are not prone to acts of corruption.

“不敢腐”“不能腐”“不易腐”的主语当然是指官员，所以译文用 officials 做了主语。

有时主语的确定需要稍加分析：

例 7. 去年底召开的中央经济工作会议科学分析了中国面临的经济形势，部署了今年的工作任务。

At the Central Economic Work Conference held towards the end of last year, the CPC Central Committee the economic situation facing China and laid out plans for economic work in 2015.

这个句子原文有主语，但是直译成英语却主谓不搭配，严格来讲，分析形势、部署工作的不是会议，而是政府。“中央经济会议”，主语就是“中共中央”。

令人头痛的是，有时无论如何寻寻觅觅，译者都不知道拿什么来做主语。

例 8. 现代资本主义的文化战略是着力在全球层面打造一套资本主义的意识形态体系，其核心是用自由、民主、平等，也就是所谓普世价值评价体系，来覆盖、转换、替代过去为人诟病的“资本主义”一词，完成对“资本主义”的洗名工程，给“资本主义”披上新衣，以在国际政治中抢占道德制高点。资本主义文化专制机器和文化殖民主义制造出“会说话的奴隶”还不够，还要制造出“会识字的文盲”，从思想上把人带往奴役之路。其思想专制体系的核心是一整套普世价值的叙事、评价和规训体系，这套体系制造出一整套绕口令式的自由民主理论，企图将世界的思想一致化、统一化、格式化，彻底形成对人精神上的奴役。一旦你进入其压制性的叙事逻辑，并按照其叙事逻辑来思考，你的独立自由思考之灵魂就会被逐步摄取，被愚化为“会识字的文盲”。它在实践中的推销步骤很有规律性、非常程式化：你有问题求助于它，它会说是因为你没有民主；你按照它打包贩卖的选举模式没有解决问题，它会说你没有市场；你按照它的市场模式把经济搞糟了，它会说你是因为没有自由；你按照它的自由模式仍然失败，它会说你没有宪政；你按照它的宪政还是没有解决问题，而且国家和社会出现动荡、回天无力的时候，它会说你没有执政能力；你向它求救时，它已经撤手不见、无影无踪了。

这一段大概意思可以体会，但严格意义上讲，这段中的任何东西都不能拟人化做主语。这段中的代词“它”用 Capital、capitalism 或者 capitalists 来指代，主谓搭配都很别扭。如果用 western countries，其实倒是文章的言外之意，但译者不敢使用。最后，译文用了 capitalist countries 勉强过关。

The cultural strategy of modern capitalism revolves around the establishment of a capitalist ideological system on the global level. The core of this strategy lies in the use of notions such as freedom, democracy, and equality—the benchmarks of so-called universal values—to cover up, change, and replace the term "capitalism," which in the past has been the subject of public denunciation. By clearing the name of "capitalism" and repackaging it in a shiny new exterior, this strategy aims to endow capitalism with the moral upper hand in international politics. However, the autocratic cultural machine of capitalism and the proponents of cultural colonialism are not content with merely creating "slaves that can talk"; they want to create "literate illiterates" —people who can be led downthe path of ideological enslavement. At the core of this autocratic ideological system is an entire set of systems designed to speak, judge, and discipline according to universal values. With its tongue-twister theories of freedom and democracy, this set of systems attempts to homogenize the ideas of the entire world, subjecting people to utter mental enslavement. Once you have been drawn in by the overbearing logic of its narrative, and begun to think in line with its logic, your soul of independent thinking will gradually be sucked dry, and you will be reduced to a "literate illiterate." In practice, capitalist countries sell themselves according to a fixed and highly formulaic pattern: when you ask them for help, you are told that this is because you are not democratic; when you can't solve problems with the mode of elections they peddle, you are told that this is because you are not a market economy; when you mess up your economy by practicing their market model, you are told that this is because you aren't a free country; when you fail even after adopting their mode of freedom, you are told that this is because you don't practice constitutional government; when you can't solve problems even by practicing constitutional government, and your country and society have descended into irreversible turmoil, you are told that this is because of your incapacity for governance; and finally, when you beg them for help, you find that they have simply upped and gone-vanished without trace.

主语是句子的灵魂，即使原文通篇没有主语，译者也得想方设法引入主语。因为你不能通篇被动语态，那样读者就会因你“不知道、不便说、或不愿说”动作的执行者，而迷茫离去。

（三）确定时态

汉语动词没有时态语态的变化形式，但是大多数语境还是可以告诉读者事情是发生了还是正在发生或者将要发生。在《求是》诸多政治文章的翻译中，有时候译者也会在过去式和完成时之间摇摆不定，但两者取其一总归难度不是太大。但是，就怕有的文章会把一大堆过去现在将来的东西堆放在一起，你弄不清楚是做了、没做，还是做了但没做完。中文没有时态的问题，发生在不同时间的事情似乎也可以放在一起，不同事物的具体进展可以不去深究。但英文动词不同的时态就表示不同的进度，没干的事就不能说干了，才开始的事情就不能说已经完成。这时候，译者必须把每一项任务每一项改革的进展情况做一个深入调查，澄清进度，然后想方设法把一大堆进度不一的事情放在同一个时态的大框架之下。

例 9. 推进实现基础养老金全国统筹，正式启动机关事业单位养老保险制度改革。整合城乡居民基本养老保险制度、基本医疗保险制度。建立健全合理兼顾各类人员的社会保障待遇确定和正常调整机制。建立公开规范的住房公积金制度，改进住房公积金提取、使用、监管机制。加快发展企业年金、职业年金、商业保险，构建多层次社会保障体系。研究制定渐进式延迟退休年龄政策。

这是《社会体制改革多亮点》里的一段有关社会保障制度改革的话。按说“亮点”highlights 所指的应该都是过去的事儿，但是，实际上全文的各项改革进度千差万别。有的只是出台了指导意见，具体落实措施还在讨论之中；有的已经有了试点，尚未全面铺开；有的已经喊了几十年，似乎只有“进行时”，没有“完成时”。在以上段落中，机关事业单位养老保险制度已经全面铺开，这个从我们每月工资单上“基本养老金”代扣一项就可以断定，所以应该是 have done。但是，紧接着的“整合城乡居民基本养老保险制度、基本医疗保险制度”，截至翻译该篇文章的 2016 年初夏，各省市尚未完成规划。所以如果也译为 have done，那就会犯事实性错误。以下是我们译文的处理办法：

First, we have made progress to wards thc nationwide pooling of basic pension funds, and formally launched the reform of the pension system for employees of government organizations and government-affiliated institutions. Second, we have taken action to merge the basic pension systems and basic medical insurance systems forurban and rural residents. Third, we have sought to establish sound mechanisms for the determination and regular adjustment of social security benefits that give due consideration to different social groups. Fourth, we have established an open and standardized provident fund system for housing, improving mechanisms for the withdrawal, use, and supervision of funds. Fifth, we have stepped up the development of enterprise annuities, occupational annuities, and commercial insurance in an effort to build a multi-layered social safety net. Sixth, we have begun formulating policies for the gradual raising of the retirement age.

全文诸如此类的缓冲处理方法还有：we have made it easier to, we have increased our efforts to, we have worked to, we have taken measures to, we have managed to, we have promoted the reform to, we have explored measures to, we have resolved to…等等，这些用词不一而同地表明，我们做了，但是做到什么程度要看你如何去理解。

（四）澄清概念

我们的政治话语体系中包含很多中国政府治国理政的概念、术语、提法。这些概念经常因缺少必要的分析和解释，而使人知其言不知其所以言。译者需要在翻译的时候通过增加解释或分析，增进西方受众对这些中国特色词汇的理解。

例10. 中国特色社会主义制度以人民代表大会为根本政治制度，实行多党合作和政治协商等基本政治制度。

人民代表大会是我国的根本政治制度，多党合作政治协商是我国的基本政治制度，两项制度只有一个字的区别，如果直译很难让外国人了解这两项制度的地位和关系，而且就事论事的翻译还会产生如 The system…takes the system…as a system 的蹩脚句式：

The socialist system with Chinese characteristics takes the system of people's congresses as its fundamental political system and implements a basic political system of multi-party cooperation and political consultations.

相反，译者没有照本宣科囫囵吞枣，而是做了深入调查和多方求证，了解到人民代表大会是我国最根本的政治制度，其他政治制度都是这一根本制度的具体体现。在此基础上，译者产出了使两项制度彼此关系非常清楚的译文：

The socialist system with Chinese characteristics is founded on the fundamental political system of people's congresses. This fundamental political system serves as the basis for China's basic political systems, which include multi-party cooperation and political consultation.

什么是根本？就是其他制度都是在该制度基础上建立的，是其他政治制度的基础，是独一无二的。什么是“基本”，就是该项制度只是构成中国特色政治制度的一个元素，“基本政治制度”译者用了复数，表明“多党合作政治协商”只是我国几项基本政治制度之一。

“两会”年年都开，关于“人大”“政协”《求是》英文版期期都讲，但是，“人大”和“政协”各自的职能还是让许多外国读者分不清楚。《求是》英文版的译者在许多地方都创造性地试图把这两项中国独有的制度体系更加清晰地呈现，以期解除有志于了解中国政治制度人士的困惑。但翻译效果如何，还有待读者的反馈。

中国政治话语体系最大的特点就是中国特色。中国特色也是创建和翻译中国对外话语体系最大的挑战。当然，翻译和传播的价值也正在于不同语言不同制度的差异，没有了特色和差异，也就没有了翻译和传播的价值。这样说来，中国特色政治话语体系的翻译过程，也是克服障碍、缩短差异、弥合缝隙、澄清迷失的过程。用对方的语言讲好自己的故事，是译者不懈的追求。

参考文献：

王力：《中国语法理论》，北京：中华书局 2015 年版。

翻译的主体意识

——2014年政府工作报告翻译心得*

童孝华

（中共中央编译局）

摘　要：政府工作报告翻译是一种基于对政治、政策、事实的全面分析，准确表述报告原义的学术行为。本文从政府工作报告翻译的多重主体出发，剖析翻译如何拒绝停留于原文表面文字，跳出文章羁绊，从文章外面看文章，发现其前前后后、上上下下无穷无尽的事实依据，并以自由的学术精神、从学术的角度体现之。

关键词：政府工作报告；翻译；主体意识；意境

一、引言

译事，有两个中心，抑或两个主体：一是译者，二是作者。

译界既有译者中心论，也有作者主体论。其实，两者之间并无矛盾，他们都是一个问题的两个载体，或一个目的两种驱动，是不可分割的统一体，相生相伴。或者更具体地说，译者肩负反映作者意图的重

---

* 本文原载于《中国翻译》2014年第4期，本集收录时格式略有改动。

任，译者和作者两大主体相互交融，只不过在翻译过程中，译者成为活跃的中心，同时扮演着作者的角色，最终以学术自由的方式、综合平衡地表述作者的一切所指。

2014 年政府工作报告英文翻译，是在中共中央编译局的组织协调下进行的。就其主体而言，当首推作为作者的李克强总理，然后便是主要由包括国务院有关领导、外文局黄有义、外交部陈明明等组成的翻译集体。

从表面上看，这次翻译主体没有跳出传统格局：其仍然是由作者和译者构成的简明二元化结构。但是，随着具有翻译文本复杂构架逐步演进，又不可避免地由作者衍生出更加丰富的翻译主体，使得翻译主体显而易见地具有多元化性质。具体地说，这些翻译主体除了作者之外，还有他所代表的政府，更有党和国家以及人民。

总的来说，政府工作报告翻译的主体意识，主要是在翻译过程中，时刻注重体现主体的地位和角度，维护主体的形象和利益，遵循主体的思维和逻辑，以有助于翻译不跑偏、不产生疏漏而造成问题译文而引起各种意想不到的问题。

那么，政府工作报告英文译者在经营二元化翻译主体结构和多元化翻译主体意识如何无缝衔接的同时，又通过具体例证展现出何等的翻译主体意识呢？

二、总理作为主体

为体现总理作为翻译主体的意识，译文从以下 5 个方面进行努力：

（一）端正文风

1. 现在，我代表国务院，向大会作政府工作报告，请予审议，并请全国政协各位委员提出意见。

译文：On behalf of the State Council, I now present to you the report on the work of the government for your deliberation, and I **welcome** comments on my report from the members of the National Committee of the Chinese People's Political Consultative Conference.

尽管作者开宗明义："现在，我代表国务院，向大会作政府工作报告"，但作报告，仍然是作者的个人行为，是总理在和听众进行形式上的交流、实质上的互动，而不是依样宣读文稿。译文尽量突出报告者与听众之间的交流性，体现总理作为翻译主体的亲民形象，从文风上强调"李氏风格"，因而选用动词"welcome"，使得整个句子虎虎有生气。如果放弃"welcome"，改用介词"for"（On behalf of the State Council, I now present to you the report on the work of the government for your deliberation and **for** comments on my report from the members of the National Committee of the Chinese People's Political Consultative Conference.），尽管行文简练，但缺少交流性，更强调陈述性，因而少了些翻译主体所必需的亲民性。

2. 加强对增长、就业、物价、国际收支等主要目标的统筹平衡。**这里，着重对两个目标加以说明。**

译文：We need to make overall planning for and balance major targets, namely, economic growth, employment, prices and international payments. Here, I will speak more on two of the targets.

原文"这里，着重对两个目标加以说明"，没有提到主语"我"，而译文没有用被动语态，特意用"I"启用主动语态，寓意在于强调"我"与听众的沟通。这样一来，译文意思变得更加直截了当，加强了总理和代表们之间的交流和互动，也更能体现语言的生动性和文章的可读性。

3. 在财政收支矛盾较大的情况下，我们**竭诚尽力**，始终把改善民生作为工作的出发点和落脚点，注重制度建设。

译文：At a time when government expenditures exceeded government revenue by a large amount, we took improving people's wellbeing as the starting point and goal of our work, and gave high priority to improving the relevant systems.

如果将“竭诚尽力”译出，便成了“we **wholeheartedly and energetically** took improving people's wellbeing as the starting point and goal of our work”。相对于汉语，英文本来就很少使用程度副词，将两个程度副词并排使用，更不多见，显得拖泥带水。文如其人，文风体现作风。译文将它们一并省去，意在彰显总理干练作风。

（二）慎用术语

4. 改革是最大的**红利**。

译文：Reform has brought us the greatest **benefits**.

5. 更多释放改革**红利**。

译文：reap more **benefits** from reform

每个时代的中央文献都自己的特色语言，但都热衷于用专业术语表述普通用语。战争年代的文献使用军事术语的频率较高，改革开放时间运用经济术语的几率则很大。自从改革开放以来，把“改革红利”直接书入政府工作报告，这次尚属首次，成为新时代政府话语的一大特点。“红利”（dividend）亦称为股利，是一个严格意义上的金融术语。股份公司通常在年终结算后，公司董事会将盈利的一部分作为红利按股额分配给股东。党和政府发起的改革不是公司，他们也不是公司董事会。人民或其他组织也没有以任何形式或方式入股。红利的分配形式本应该是现金派发或股票送配，而“改革红利”显然既是物质的，又是精神的。综上所述，“改革红利”这种形象说法的最终落脚点是给人们带来实实在在的利益，即 benefits，而不是 dividends。

6. 面对自然灾害等各种突发事件，我们有序有力，坚持以人为本、依法依规、**科学应对**，既进行有效处置，又探索建立新机制，以提高社会治理水平。

译文：In the face of natural disasters and other emergencies, we worked in an orderly and efficient way and in accordance with laws and regulations, put people first, and responded **in a well-planned way**.

译文特意避免滥用科技术语，过于科技性、过于技术性的词汇，没有出现在正常表述之中。译文语言“in a well-planned way”贴近受众，没有用 scientifically。一般而言，科学属于科技范畴，是专业术语。使用 scientifically，国外读者会很自然地想到科技。比如“科学发展”，翻译为“scientific development”，则被理解为“发展科学”，而不是以科学的方式进行发展。

7. 确保“十二五”淘汰任务提前一年完成，真正做到压下来，决不再**反弹**。

译文：We will ensure that the target for reducing outdated production capacity set in the Twelfth Five-Year Plan is met one year ahead of schedule, and make sure that these reductions are permanent and such production capacity does not **increase again**.

“反弹”翻译为很常见的“increase again”，而不是照本宣科地表述为技术性很强、且往往词不达意的专业术语“bounce”。

（三）讲求条理

8. 新开工保障性安居工程 660 万套，基本建成 540 万套，上千万住房困难群众乔迁新居。

译文：Construction of 6.6 million government-subsidized housing units was started, and 5.4 million such housing units were basically completed. As a result, over ten million people with housing difficulties moved into new homes.

原文所陈列的三件事，表面上好像是互不关联的独立事件，而实际上，前两项和后者形成因果关系。译文没有将三者并列起来，而是跳出原文结构。这不仅正确反映原意，而且在表现形式上也很有层次感，不是简单地罗列事实而忽略其中的关系。

9. 农村免费孕前检查让600万个家庭受益。

译文：Six million rural women received free pre-pregnancy checkups.

从逻辑上讲，免费接受孕前检查的孕妇，并不一定代表一个家庭，译文已经不言自明。相反，如果照字面译为 Free pre-pregnancy checkups in rural areas benefited six million households，却会另生歧义。

10. 规模以上工业企业。

译文：industrial enterprises with annual revenue of 20 million yuan or more from their main business operations

究竟什么是规模以上工业企业？这是译者必须讲求的条理、必须做到的功课，不能把疑问留给受众。

（四）凸显政治

政府工作报告政治性极强，译文选词稍有不慎，便会自损家门，贬低国家和政府，使其限于窘境。

11. 在国内外环境错综复杂、宏观调控抉择**两难**的情况下。

译文：in the face of complex international and domestic developments and a **difficult choice** in macro-control

“两难”有一个很好的译文，就是 dilemma，但是含贬义，不能贸然选用，因为其基本含义为：

甲、a situation necessitating a choice between two equal, especially equally undesirable, alternatives

乙、a problem that seems incapable of a solution

两个界定都表示政府已经走投无路，无力解决问题，处于非常被动的境况。而实际上，政府并非走投无路，也并非无力解决问题，只是面临需要解决的困难。

下面一例更是如此。

者，或是要求的提出者，但在加强安全生产具体操作方面并非到现场督战。实际情况是，政府制定加强安全生产政策，企业执行这些政策以加强安全生产，所以对于企业，政府不能越俎代庖。如果本例对政府不能越俎代庖表述得还不算透彻，下面一例可让我们看得更加直观。

22. 加快建成一批旱涝保收高标准农田。

译文：Efforts will be sped up to increase the acreage of high-standard farmland that produces good yields in times of drought or excessive rain.

“建成一批旱涝保收高标准农田”的直接主体应该是农业工作者，其中包括农业科学家和农民。政府当然不能算作农业科学家和农民，政府只是要求的提出者。如果用政府作主语，则会有把政府作为农民之嫌。因此，换个方式表述，用被动语态，以避嫌。

23. 推进依法行政，国务院**提请**全国人大常委会制定修订法律 34 件。

译文：To enhance law-based governance, the State Council **made proposals to** the Standing Committee of the National People's Congress on enacting or revising 34 laws.

就英文行文而言，“made proposals to”改为“proposed”更符合写作对文体简练的要求，之所以去简就繁，因为考虑到政府的实际操作过程：每次提请都不是简单的口头提请，而是提交内容翔实的具体修订建议。了解主体的所作所为，即事实真相，把握主体和它必须负责的全国人大常委会的关系，再将“提请”翻译为“made proposals to”就很贴切。

24. 腐败问题易发**多**发，公职人员中不廉不勤现象仍然存在。

译文：**Some** government employees are prone to corruption and some still do not perform their duties with integrity and diligence.

“腐败问题易发多发”的“多”，应该指的是数量多，而译文先用的是“some government employees”，不是“many government employees”，这是翻译主体意识的直接体现。作为主体的总理不便称同样作为主体的政府多人腐败。

25. 要牢记责任使命，增强忧患意识，敢于担当，毫不懈怠，扎实有效解决问题，决不辜负人民的**厚望**。

译文：We must firmly bear in mind our duties and mission, increase our sense of vigilance against potential dangers, be eager to take on challenges, work tirelessly and effectively to solve problems, and truly live up to people's **expectations**.

“厚望”是中文固有表达方式，落脚点在“望”，“厚”并不说明“望”的程度，只是对“望”的来源的一种敬称，这种情况可不译出。但如果不顾总理和政府是翻译主体，将“厚望”强行直译为“high expectations”，则有人民要求太高的意思。那么，就引出这样的疑问：是政府觉得要求过高，还是人民有意提出过高要求？这样就会导致意义扑朔迷离，在政府与人民的关系上植入不确定性。和老师对学生提出 high expectations 或 lower expectations 不同，人民对政府应该只是有自己的 expectations，无所谓高与低。

26. 加强对增长、就业、物价、国际收支**等**主要目标的统筹平衡。

译文：We need to make overall planning for and balance major targets, **namely**, economic growth, employment, prices and international payments.

在以政府为主体的情况下，从传统意义上讲，其货币政策的最终目标有四个：促进经济增长、实现充分就业、保持物价稳定和平衡国际收支，这四个目标也是基本的宏观经济目标。因此，这里的“等”是虚的，只是中文的习惯用法，具有一定的蒙蔽性。故此译文有意将“等”处理为“namely”，以避开“such as”。

27. 也表明我们**抑制通胀**、保障民生的决心和信心。

译文：It also demonstrates our resolve and confidence to **keep inflation under control** and ensure people's wellbeing.

“抑制通胀”，既可译作“control inflation”，也可以译为“keep inflation under control”，但两者具有本质区别。前者重在动作和过程，成功与否尚不可知，而后者表示一种状态或结果。这里，政府是动作的主体。它的作为不应该是要花腔，而是重在实效，有真实目的。表述不同，对主体的信念和形象的反映则迥然相异。下一例句具有相同功效。

28. 我们要为下一代提供良好的教育，努力使**每一个孩子**有公平的发展机会。

译文：We will provide quality education to the next generation and work hard to ensure that **all children** have an equal opportunity to develop.

“每一个孩子”的译文脱离了原文结构，被表述为“all children”，而不是“every child”。毋庸置疑，两个译文很难分清伯仲，都是好表述。但是，表述方式不一样，效果则有细微差别。“every child”讲的是个体，而“all children”讲的是整体。从政府的角度来讲，为下一代提供良好的教育，对象不是强调个体，而是强调整体。

四、党作为主体

29. 全面贯彻中央八项**规定**精神。

译文：We fully implemented the CPC Central Committee’s eight-point **decision** on improving Party and government conduct.

“规定”一般可译作“regulation”，但 regulation 是长期有效的制度安排，相当于规章，具有相应的法律效力，我国的行政法规就译作 administrative regulations。但是，这里的“规定”不可译为 regulation。究其原因，主要有两条。

其一，在中国，任何党派，包括执政的中国共产党，并没有法规制定权。

其二，事实上，这些“规定”并不是长效制度安排，而是中共中央为治理当前不良现象作出的阶段性决定。

政府工作报告翻译理应坚持忠实原文，但更要注意坚持这一原则的方式方法。忠实原文并非按字面翻译，而恰恰相反，必须跳出字面羁绊，从事实上找依据。

与此例类似，还有一例是“严格执行‘约法三章’”，其译文是“strictly implemented the State Council’s three-point decision on curbing government spending”。

尽管国务院有权制定法规，但是“约法三章”的“法”，也不能译作意为行政法规的 regulations。看看“约法三章”是如何出炉的，便可知其中的奥妙：

2013 年 3 月全国“两会”后，李克强在与中外记者见面时提出：本届政府任期内，政府性的楼堂馆所一律不得新建，财政供养人员只减不增，公费接待、公费出国、公费购车只减不增。这一“约法三章”是新一届政府向社会和人民作出的承诺，也是新一届国务院领导集体推进廉洁政府建设的具体举措。

因此，这里的“法”实际上是“承诺”或“举措”，根据行文要求，译为 decision 合情合理。

由此可以说明，翻译乃一意境，如“约法三章”。意境是客观存在的，但必须通过主观努力方能获取。对于意境，首先要进得去，要从实际找依据；其次要出得来，思绪放开放空，回归学术本真。而这些就是政府工作报告翻译的艺术活动。

30. 党的群众路线教育实践活动。

译文：campaign to heighten awareness of and implement the Party’s mass line

党对这次群众路线教育实践活动，既没有指定教育机构，也没有配备教员，因此“教育”不便译作“education”。

五、国家作为主体

31. **出境**旅游近亿人次。

译文：The number of Chinese tourists **going overseas** reached close to

100 million.

在政府报告的翻译里，国家作为主体，确实有其特殊性。对一般国家而言，出境就是出国（go abroad）。但是，由于香港、澳门和台湾的特殊情况，我国所指的出境，包括但不限于出国，大陆居民前往上述三个地区，也属于出境。所以，由于出境并不是完全是出国，故译作“go overseas”。如果将出境译为 go abroad，如果还谈不上政治上不妥，但至少事实上不实。

32. 我国仍是一个发展中国家，还处于社会主义初级阶段，**发展是**解决**我国所有问题**的关键。

译文：China is still a developing country in the primary stage of socialism, and **development remains** the key to solving **all our country's problems**.

对一个国家来说，发展不可能总是解决所以问题的关键，故不宜将“发展是解决我国所有问题的关键”译为“development is the key to solving all our country's problems”。对中国这样一个发展中国家来说，发展是解决其所有问题的关键：过去是这样，现在依然如故。根据这样的事实，将译文提升表述为“development remains the key to solving all our country's problems”，符合国家作为翻译主体的考量，有理有据。另外，“我国所有问题”未译为“all the problems in China”，是因为该译文不仅不一定表示这些问题是我国政府的，甚至都不一定是中国的，有可能是在华外国人的，等等。意义没有落到实处，下笔需谨慎。

33. 全面实施海洋战略。

译文：We will fully implement China's marine strategy.

主语“We”后面，应该很自然地接“our marine strategy”，而不是“China's marine strategy”。译文并没有这样表述，因为“We”和“our”所指代的都是政府，但是政府这个主体不是制定海洋战略的主体。海洋战略是国家战略，其全称应该是“中国国家海洋战略”。

34. 在国家全面深化改革和现代化进程中，**香港、澳门一定会实现更好发展**。

译文：As China continues to comprehensively deepen reform and modernize itself, Hong Kong and Macao will stand to benefit greatly from this process.

习近平说："国家好、民族好，大家才会好。"根据这一道理，香港、澳门的发展得益于国家的发展。但如果将"香港、澳门一定会实现更好发展"按字面译为 Macao will definitely achieve better development，则有悖于这一道理，显得香港、澳门的发展与国家发展无关，没有突出国家的主体意识，且与上句构不成因果关系，造成松散的句子结构。

六、人民作为主体

35. 为全面建成小康社会、建成富强民主文明和谐的社会主义现代化国家、**实现中华民族伟大复兴的中国梦而努力奋斗**！

译文：Let us endeavor to break new ground and make solid progress, and strive to finish building a moderately prosperous society in all respects and a modern socialist country that is prosperous, strong, democratic, culturally advanced and harmonious. With all these efforts, we can surely realize the Chinese Dream of the great rejuvenation of the Chinese nation!

习近平说："中国梦归根到底是人民的梦。"实现作为翻译主体的人民所拥有的中国梦（即中华民族伟大复兴的中国梦）与前两个目标（全面建成小康社会和建成富强民主文明和谐的社会主义现代化国家）又是怎样的关系？中国梦涵盖这两个目标。实现这两个目标，可部分地实现中国梦。基于此，译文一改中文原文的结构，将中国梦的实现归结于前两个目标的实现。

总而言之，政府工作报告翻译是一项综合事业，译者应该具备综合素质，与作者及其所代表的多元主体融为一体，置身其中，掌握其思想轨迹，了解其行为方式，方能超然于传统译论的束缚，成就理想的译文。

翻译方式行与不行，没有定制，重要的是兼收并蓄。好的翻译是一个自然的过程，我们翻译的出发点不一定是依循哪门哪派，但结果却反映各门各派，最终自成体系。

重视党政文献对外翻译，加强对外话语体系建设*

黄友义　黄长奇　丁　洁

（中国外文局）

2013年习近平总书记在中央政治局第十二次集体学习上指出，要精心构建对外话语体系，增强对外话语的创造力、感召力和公信力。政治话语体系是对外话语体系的核心，它集中体现了党和政府的执政理念和治国经验。准确全面地对外译介包括领袖著作和重大会议文件在内的政治文献，打造融通中外的新概念、新范畴、新表述，帮助国际社会正确理解中国在政治、经济、外交、文化等方面的路线、方针、政策，增强外界对中国发展的理解、提升中国特色社会主义道路的国际认同、提高国家文化软实力，这将是今后对外翻译工作的重中之重，也意味着翻译工作一个新的历史时期。

一、加强政治话语对外译介工作是回应国际关切、引导国际话语的迫切需要

继2010年，中国国内生产总值赶超日本，成为世界第二大经济体后①，

---

* 本文原载于《中国翻译》2014年第3期，本集收录时格式略有改动。

① 参看人民网官网，详见 http://politics.people.com.cn/GB11026/13594169html1［2010－12－27］

2013 年中国超过美国成为世界最大贸易国①。2014 年，中国出境人次将达到一亿，成为世界第一大游客源②。今年 2 月公布的《2013 中国国家形象全球调查报告》数据表明，在美国、英国和金砖各国，过半数受访者认为中国在政治上和经济上已经成为世界大国③。

中国综合国力的提升使世界各国对中国模式、中国道路充满好奇与期待，不管是超级大国还是新兴经济体都希望了解和借鉴实现这一发展奇迹的中国模式，积极寻求中国发展给自身创造的机遇和挑战。在这个背景下，中国重大会议决议（决定）文件、中国领导人的对内和对外讲话就成为国际社会了解中国新一届中央领导集体执政新理念、发展新目标、改革新举措的窗口，成为国外政要、媒体、智库研究中国执政理念的一手资料。党的十八届三中全会《关于全面深化改革若干重大问题的决定》一经公布便受到国际社会前所未有的关注。但按照惯例，只有党的代表大会才安排中英文同步发布，每年的中央全会文件通常不安排全文翻译。为尽快了解这份关乎中国未来一个时期发展的纲领性文件的详细内容，牛津大学社会法律研究所研究员 Roger Creemer 自发将《决定》全文翻译成英文，并在海外中国研究学界广泛传播，在一段时期内成为学者们的主要参考来源，直到外文出版社一个多月后正式翻译出版《决定》英文版。由此可见，当前的党政文献外译已远不能覆盖和满足国际社会的需求。

类似的案例越来越多地在党政文献翻译领域出现。为更好地传递中国声音，中国网将李克强总理 2013 年 10 月在中国工会第十六次全国代表大会上所做的经济形势报告翻译成英文发布。仅两天浏览量就突破 12

---

① 参看中新社官网，详见 http：//finance. chinanews. com/cj/2014/01 – 11/5724587. shtml [2014 – I – 11]

② 参看中新社官网，详见 http：//www. chinanews. com/sh/2013/10 – 10/5358522. shtml [2013 – 10 – 10]

③ 参看中国网官网，详见 http：//www. china. com. cn/news/2，014 – 02/21/content 31547018. htm

万人次，国际知名金融机构汇丰银行专门来电要求中国网授权使用该译文，并作为中国宏观经济年度报告的重要组成部分发送给汇丰银行的国际客户①。

以上案例从一个侧面说明国际社会对中国的关注由点到面，由浅入深，他们比以往任何时候都更加迫切地希望及时了解中国政策、中国立场、中国观点。以前翻译出版党代会、人代会文件的做法无论从数量、质量和时效性上都已经跟不上形势需要。党政文献的对外译介工作亟须进行顶层设计，加强机制建设，才能肩负起构建中国政治话语体系的历史使命。

二、政治话语对外译介工作需要加强机制建设和顶层设计

“融通中外”是对外翻译党政文献的难点和关键。翻译不是两种文字的简单转换，而是一种跨文化传播。尤其是党政文献，体现了中国党和政府的大政方针和治党治国理念，体现了中国特色社会主义道路的独特理论，翻译既要符合中国国情，有鲜明的中国特色，又要与国外的话语体系、表达方式对接，这对翻译而言是艰巨的挑战。但这不是单纯的翻译专业问题，也不是翻译技巧问题，而是应该从政治话语设计角度加以研究的问题。需要从体制机制上理顺关系，加强政治话语对外传播的顶层设计。

首先，应该建立党政文件的对外翻译和发布机制。应该确立一个牵头部委，负责统筹协调所有重要党政文件的对外翻译和发布工作。需要制定党政文件的翻译传播规划，组建相对稳定的高水平翻译队伍，搭建党政文件的权威发布平台，从而主动回应和引导国际关切，掌握话语定

---

① 参看《中国报道》杂志官网，详见 http://www.chinareports.org.cn/news-12-19784.htm

义权。

其次，应促进政治话语创建方与翻译传播方的交流互动机制。以往，重要文件的起草与翻译脱节，都是中文定稿之后才开始翻译外文，这时距离文件的发布日期很近。由于时间紧，来不及推敲。特别是新的中国政治话语是否能被外国受众理解和接受，往往令翻译人员感到某种程度的困惑。对于文件中的新观点、新提法，翻译人员也需要一个理解、消化和转换成外语的过程。如何让中国政治话语成为国际话语体系的一部分，这恐怕应该是在文件起草阶段，而不是后来的翻译阶段来加以考虑的。为保证外文版符合外国人的阅读和理解习惯，应该考虑在起草重大文件，特别是面向国际社会的文件时，吸纳有经验的翻译专家参与，在中文版发布之前就从话语转换的可行性与传播效果的角度对中文表述进行翻译研究，并在第一时间以中外文同时对外发布。

最后，要在研究的基础上开展党政文献的翻译工作。新一届中央领导集体治国理政的新理念为构建对外政治话语体系打下了坚实基础，围绕中国梦、美丽中国、国家治理体系和治理能力现代化、新型大国关系，结合国际社会广泛关注，可以进行以我为主的议程设置。因此，我们不能机械地被动地翻译党政文献，而是需要及时、全面和准确地对中央文件或中央领导人讲话中提出的新概念、新表述、关键词的对外表达进行学习和研究，并在准确理解的基础上进行翻译，在翻译过程中实现跨文化传播，形成权威的政治话语外译表达。

总之，完善政治话语对外翻译工作，形成权威发布机制，主导中国话语的对外定义权已经成为我们一个新的历史重任。

三、高度重视政治话语翻译与传播人才的培养和使用，为政治话语外译传播提供良好保障

政治话语的对外译介需要新的翻译机制，也同样需要一支政治素质高、翻译业务能力过硬的多语种翻译队伍。但目前我国高素质的中译外

人才严重匮乏，英语之外其他语种的对外翻译人才老化，新生力量薄弱的问题更加突出。人才上的困难在一定程度上已经成为中国文化走出去的一个瓶颈。因此，必须高度重视中译外人才的培养和使用。

首先，要加大高端中译外人才资源的整合力度。当前，随着中国文化和中国企业走出去，中译外需求非常旺盛。当务之急是把现有的中译外人才资源整合起来，投入到重点翻译项目中去，确保出精品。目前，国内高端中译外人才主要集中在政府相关部门、涉外媒体、部分高校和国际化企业。海外华人翻译和懂中文的汉学家和翻译家也是一支逐渐增长的重要翻译力量。要开展翻译人才库建设，把高端中译外人才汇聚起来，更好地服务于政治话语的国际传播。

其次，要从长计议，下大力气解决对外翻译专业人才的教育和培养。全国已经有几十所大学设立了翻译专业本科课程，更有约 200 所高校已经开设或即将开设翻译专业硕士课程。然而，在这些翻译专业课程中，中译外仅仅是全部课程的一个组成部分，其重要性尚未在课程设计环节得以足够的体现。应该采取多种手段鼓励学生学习中译外，教师愿意传授中译外，形成满足时代需求的中译外人才培养机制。比如，可以考虑设立专项奖学金、有奖比赛等多种形式鼓励教育培训机构把中译外人才培养作为翻译专业教育和学科建设的重要措施。还比如，设立专项资金，支持专业翻译机构开展短期培训、业务交流等活动为社会培养急需的高端中译外人才。还可以考虑，建立国家级对外翻译作品评奖和人才表彰等激励机制，提升和保障对外翻译工作者的待遇和权益，充分体现中译外高级人才的市场价值，营造重视对外翻译工作的社会氛围，增加对外翻译人员的使命感、荣誉感和自豪感，吸引更多的高素质人才加入到对外翻译行列。

曾经有一位老翻译家一辈子从事中译外工作，他的作品长期在国外发行，然而他的能力水平不被人们所知。即使他把自己的对外翻译作品拿给亲朋好友看，大部分人也因为不懂这门外语，难以对他的工作做出评价。然而，他退休后偶然间把一部外国作品翻译成中文在国内出版，却突然成了全国知名的翻译家。长期从事中译外的专家们大多数都是这种“隐蔽战线”的英雄，做了大量高难度的专业工作却一辈子默默无闻。

在国际翻译家联盟主办的一次世界翻译大会上，来自欧洲的发言者一致认为，按照规律翻译人员最应该做的事情就是把外语翻译成母语。如果硬是要违背规律，试图把母语翻译成外语，那必然是一个错误的选择。然而，对于中国的翻译界而言，长期以来能够从事中译外的外国翻译人员少之又少，中国的翻译人员从事中译外不是“错误的选择”，而是“唯一的选择”。这种“迫不得已”也造就了一支中国自己的高素质的中译外队伍。现在的问题是，发展了的中国需要这支队伍更加壮大，更加年轻化。社会也需要为这支队伍提供能够充分发挥其聪明才智的工作机制。

国情、世情的变化给中国翻译界带来的一个最新变化是：中国翻译已经从改革开放前30年的输入型翻译正在转变为输出型翻译。中国翻译协会组织开展的《2011年中国语言服务行业调研》数据显示，语言服务企业中译外的平均比例已超过外译中，达到54.4%。[①] 在迎来重视党政文献对外翻译，加强中国政治话语对外传播新时代的同时，与之相伴而来的应该是对外翻译人才后备力量培养的新需求、新措施，对外翻译人才队伍建设的新途径和党政文献对外译介的新机制。

---

① 郭晓勇：《中国语言服务业的机遇和挑战——在2013中国国际语言服务业大会上的主题发言》，《中国翻译》2014年第1期。

如何提高中国时政话语对外传译效果

——基于认知心理学角度*

窦卫霖

（华东师范大学外语学院）

摘　要：时政话语与一般文化作品的翻译方式不同，注重的是能否被接受。迄今为止，研究翻译如何准确地传达传播内容的较多，而针对翻译如何考虑传播受众、如何从翻译传播的效果出发，探索国际社会对中国时政话语对外传播的理解和接受程度的实证研究却很少。实证调查发现，意识形态的差异是影响受众理解中国政治术语的重要原因。而提高我国时政话语对外翻译传播的效果，不仅具有传播意义，而且具有战略意义。以认知心理学"同化—顺应"为基础的心理接受理论，则可提出"以我为主、重视差异、不断强化、渐被接受"的传播策略，提高时政话语对外翻译传播效果。

关键词：时政话语翻译对外传译效果传播策略认知心理学"同化—顺应"

一、引言

时政话语是一国政府在进行本国经济、政治、社会、文化、环境等

* 本文原载于《探索与争鸣》2016年第8期，本集收录时格式略有改动。

多方面治理时，所使用的权威、正式用语，体现在相应时期内一国治理的重大指导方向的战略性思路。中国的时政话语具有鲜明的中国社会主义特色，言简意赅而意蕴丰沛，凝聚着战略决策者的智慧，指引着中国社会从当下到未来一定时期内的发展大方向，也反映出在深化改革进程中所集中的问题。随着中国改革开放的不断深化和国际地位的不断提升，对外传播中国的时政话语越来越成为文化走出去的重要内容。从2011 年起，中国的对外翻译量首次超过了外文翻译成中文的对内翻译量，中国已经从一个输入型翻译市场转变成输出型市场，提高对外翻译传播的效果无疑成为一项具有重要政治意义和战略意义的工作。从表面上看，翻译是语言符码的转换，但实则关涉相异文化意识之间的抗衡与接受。受到语种和文化形态的差异影响，以及社会背景变迁和翻译者的主观因素。因此，翻译具有复杂性和多变性，作为信源的源语言转换为作为信宿的目的语过程中，作为信道的翻译则不可避免受到或多或少的噪音干扰，这些噪音来自语言学范畴的差异，也来自文化和意识形态的相异，翻译则是一种跨越文化和意识形态的传播。尤其是时政话语的翻译，不仅蕴含源语言所依存的历史文化观念，更是上层建筑的集中高度体现。我们通过问卷形式的实证调查，发现中国的时政话语在翻译并对外传播时，存在目的语读者一定程度的曲解与误读，以致产生不接受乃至不认同的影响。为了使目的语使用者能够更大程度理解时政话语源语言，笔者立足于心理接受理论，提出时政话语可依凭接受心理学“同化—顺应”规则，达到最大程度接近源语言意义的语言转换。

二、翻译直接影响时政话语的对外传播效果

在国际上，对如何进行对外翻译与国际传播的研究中，有两种代表性的观点，一种主张归化，即以目标语或译文读者为归宿，把源话语转换成目的语词语和表达方式，采取目标语读者所习惯的思维方式和表达方式来传达原文的内容，其代表人物为奈达，他追求“最接近的自然对

等”；另一种主张异化，即以源话语为归宿，迁就外来文化的语言特点，吸纳外语表达方式，要求译者向作者靠拢，采取相应于作者所使用的源语表达方式，来传达原文的内容，代表人物为韦努蒂。归化和异化应可看作是直译和意译观点的深化。

从本质上讲，翻译作为一种语码的转换活动，是将一种语码所承载的文化信息用另一种语码表达出来，所以翻译是一种跨语言和跨文化的信息交流活动。政治话语与一般文化作品的翻译有很大的不同，一般文化作品的翻译主要考虑的是能否理解和感受，而政治话语着重的是能否接受。翻译作为促进人类文化交流的活动，当前中国在不断融入世界、形成自己话语权的过程中，面临很多突出的问题和挑战。既有意识形态等方面造成政治话语的误读，也有中外语言习惯、翻译技巧以及传播渠道和传播方式等方面的困惑。对于中国时政话语特别是时政话语核心词“五花八门”的翻译，造成了国外受众对于中国的发展理念、发展模式、发展成就等的误解和误读。正如中国外文局局长周明伟所指出的，虽然改革开放以来我国整体翻译水平有了很大提高，但仍然跟不上形势的需要。尤其是一些核心政治词汇的翻译很不统一，影响到境外受众的准确理解。我国一些重要文件，没有便于外国人理解的简写本，并且外文版的翻译大多关注的是语言本身的翻译，很少关注注释和相关背景（周明伟，2014）。可喜的是，近来我国官方在对外翻译统一表述问题上有了一些起色。如中国外文局以中国翻译研究院名义建立了“中国关键词”（见中国翻译研究院官网）多语新闻发布平台，选取中共十八大以来的重要党政文献和习近平总书记系列重要讲话中的关键词汇，按照构建融通中外的新概念新范畴新表述的要求，精心编写中文词条，翻译成多语种文本，分批在中国网上专题发布，在国际舆论中抢占中国关键词的定义权、阐释权和翻译标准，值得肯定。

然而，迄今为止，研究翻译如何准确地传达传播内容的较多，而针对翻译如何考虑传播受众、如何从翻译传播的效果出发，探索国际社会对中国时政话语对外传播的理解和接受程度的实证研究却很少。本文基于认知心理学理论，从文化的差异与沟通之维，通过实证调查研究考察中国特色话语的英译被英语母语者接受的程度，探讨对外翻译传播策略，为提出提高对外翻译传播效果提供选择。

三、影响英译时政话语接受程度的四项因素

时政话语与特定的政治时期所施行的治理方略密切相关，数量众多且意义深刻。在语言学主流观点中，汉语隶属于汉藏语系，语音和句法结构颇为复杂，对应印欧语系的翻译较难完全准确达意。再受到中国传统的凝练、对称、含蓄等语言审美文化影响，中国时政话语在直译到英语后，则往往使英语母语思维者不明其意。为了解中国时政话语对外翻译的接受程度，我们对英语母语的大学生和留学生进行了一次问卷调查。调查对象为 2015 年度暑期来华东师范大学参加“China Program”的 100 名英国大学生，在华东师范大学学习汉语的英语母语留学生和在澳大利亚悉尼大学学习的英语母语学生。调查方法分两种，对来华的留学生面对面发放了 100 份纸质调查问卷；对悉尼大学的学生利用 Survey Monkey 问卷调查软件发放电子问卷，共收回有效问卷 60 份。绝大多数被调查者对中国不太了解，约一半人学过一点汉语，只有 6 位在中国居住 3 至 6 年，具有较好的汉语基础。

问卷选择了具有中国特色且存在一定争议的或有多种译法的政治核心术语，列举了 10 个时政词汇：“一带一路”“不任性”“中国特色社会主义”“科学发展观”“生态文明”“全面建设小康社会”“素质教育”“新型大国关系”“外向型经济”“八荣八耻”。每个词汇列出了现有的 4 至 5 种翻译方法，并将其置于上下文的语境中，最新译法排在最前面，请他们选择哪种翻译最能接受并给出原因。这些术语的英语翻译选自中央编译局、中国外文局和新华社的官方出版物英文版和官方网站，以及参与中央文献翻译者撰写的相关学术期刊文章。

以“一带一路”为例，根据官方界定，它是“丝绸之路经济带”（Silk Road Economic Belt）和“二十一世纪海上丝绸之路”（21th Century MaritimeSilk Road）的简称，这一概念开始的官方翻译为“One Belt, One Road”，或两者之间加“and”。后来为表示即不是中国单方面能够推动的工程或项目，也不是与美国马歇尔计划相似的战略，加上了“initiative”以表示只是一个倡议。林毅夫和澳大利亚前总统陆克文曾联合向中国外文局提出修改此词的英语翻译。全国人大外事委员会主任傅莹在演讲中用了“Land and Maritime Silk Road Program”。还有人建议用缩略语 OBOR 或 B & R。调查时此术语还没有完全统一的英语翻译。我们将这样一些不同的译法都列出作为选项，让答卷者选择填入句子空当中，并每题后紧跟调查翻译方式的倾向性问题。我们通过对 10 个术语的问卷调查数据进行统计，并对主观回答进行归纳总结，发现了影响外国受众理解中国时政话语的四项因素。

（一）外国受众对中国时政话语的意义理解分散

中国政治术语在汉语中的含义精准明确，不会给国人带来误解。然而，本次问卷调查结果统计分析显示，以英语为母语的外国受众对中国时政话语的意义理解并不统一，从问卷的选择结果来看，不同的英语母语者对同一个中国时政话语的理解皆不尽相同，甚至还很分散。在问卷的 10 个问题、43 个译法选项中，只有 5 个译法被四成以上的调查对象选为偏爱，排在每题最前的官方最新翻译选项只有一题是选择比例最高的，可见翻译方法并不具有决定性的意义。综合答卷者给出的选择原因，概括性的评价包括该译法“最流畅”“最容易理解”“信息清楚简单”“听上去更自然”“信息传递更扼要”“解释性更强”“更有效”“更能传递信息”“意思最明确”“更有逻辑性”“简短好记”，等等。对偏爱选项的具体原因则从词汇意义的选择、表述方法的习惯、句子结构的平衡、到上下文逻辑关系等等都有。

（二）不符合目的语习惯表达的对外翻译会影响理解

通过问卷结果总结，我们发现在对外传播一些特色表述时如果符合受众母语表述习惯的翻译可以提高接受度，相反则会影响他们对中国特色词汇的理解。例如，大量中国政治术语是较长的政治声明的用数字概括的缩写，广大中国读者可能会通过其他通信手段获得这些省略了的信息，但对外国人来说，缩写的译文是很难理解的。如“五讲四美”“三个代表”等。如同“八个坚持、八个反对”的初译“Eight Adheresand Eight Opposes”，问卷中“八荣八耻”，译为“Eight Honors and Eight Disgraces”，英语读者不容易明白，而按照英语国家人们的习惯，说要做什么和不做什么或者应该做什么不应该做什么，用“do's and don'ts”表示，接受度就很高，73.7%的被调查者都选择了“Eight Dos and Don'ts”。再如“生态文明”的意译“Raise Ecological Awareness”被认为更符合英语的道地表述，其接受度高于其他三种直译方法。

（三）对实际国情匮乏了解造成目的语者理解偏离

造成对外翻译无法取得准确效果的原因，除了源语言的特性、翻译的主观性强等来自源语言和翻译的信源和信道传播方面以外，同等重要的还有信宿方面，即目的语者的认知接受能力。在本次问卷调查的主观回答中，非常明显地发现，外国受众在理解中国时政话语的过程中，影响其认识和接受的因素并非全部都是语言差异所带来的文化和翻译问题，而是外国受众对中国改革开放以后的发展等实际国情大多所知甚少，这使得他们容易偏离对中国特色词汇要传递的内涵意义的理解。例如：“外向型经济”在改革开放初期的“Outward-looking Economy”，“发展”为“Export-oriented Economy”，如今随着中国经济从单纯引进发展到同时走出去发展成为更加全球化，翻译也应该与时俱进，所以官方翻译已经更新为“Internationally-oriented Economy”或“Global-market-oriented Economy”更符合中国现在的国情。但由于被调查者大多对中国国情不太了解，只有不到一半的人能感受到这一点。再如“全面建设小康社会”的翻译，国内经济界专家曾建议用“Relatively Comfortable”表示“小康”，认为“well-off”意义模糊，可能指“富裕”。然而参与政府报告翻译的专家通过咨询后提出，这个术语的准确理解应该为“惠及十几亿人口的较高水平的小康社会，使经济更发展、民主更健全、科教更进步、文化更繁荣、社会更和谐、人民生活更殷实，即经济、政治、文化全面发展的小康”，所以，英语表述“well-off”和“in an all-roundW-ay”，比较贴近中文原意。（王弄笙，2004）可是被调查者理解上的局限影响了他们的选择，误解了“relatively”和“moderately”的使用本意，对“全面”的翻译更多人选择了“across the Country”，只有 12 人（20.2%）选择了“a well-off societyin an all-round way”。也有其他调查结果发现，外国人对于“新中国”有千奇百怪的解释，如“邓小平的中国”“21 世纪以来的中国”，却很少有人知道是 1949 年成立的中华人民共和国。对于“历史新时期”，他们更多地认为是 2000 年以来，而不会理解为改革开放所开辟的新时代。（黄友义，2015）

（四）意识形态差异是影响受众理解中国政治术语的重要原因

从根本上来看，意识形态的差异是影响受众理解中国政治术语的重要原因。中国和其他英语国家不同的政治制度和意识形态使得母语为英语的人很难完全理解中国的政治术语。如被调查者说不理解什么是“中国特色社会主义”和“科学发展观”等等，前者的联想多为与马克思主义有关的传统的社会主义，而不会想到它具有的以民为本、市场经济、共同富裕、公平公正、民主政治的基本特征。后者联想多为与科学发展有关的进展，而不会想到是社会经济和谐发展。他们在做选择时常常带有自己的观念和价值观，不是从语言的翻译层面做判断。例如，从被调查者对“有权不可任性”和“生态文明”等词汇的翻译做选择时，大都是受西方媒体对中国人权、腐败、环境污染等方面的夸大负面报道影响，发表自己觉得中国应该怎么做，对权力与责任、法律、环保的关系等主观评价，溢出了对问卷内容的回答。

四、受众接受时政话语对外传译信息的认知过程

心理学家皮亚杰（1990：85）的发生认识论揭示了认识发展的过程，即随着儿童年龄的增长，其认知发展涉及图式、同化、顺应和平衡四个方面。所谓图式即动作的结构或组织，它们在相同或类似的环境中，会由于重复而引起迁移或概括；所谓同化，就是个体将环境因素纳入已有的图式之中，以加强和丰富主体的动作；所谓顺应，就是个体改变自己的动作以适应客观变化。个体就是不断地通过同化与顺应两种方式，来达到自身与客观环境的平衡的。图式最初来自先天的遗传，以后在适应环境的过程中，不断变化、丰富和发展，形成了本质不同的认知图式（或结构）。图式是一种抽象的知识表征结构，是知识在大脑中的存储单位，是认知的基础。图式的形成和变化其实是认知的发展变化的实质。任何信息的接受活动都伴随着同化或顺应的过程。

皮亚杰的“同化—顺应”理论，在认知图式研究中对信息接受研究具有划时代意义。图式理论被引入翻译研究始于20世纪80年代，从图式与语言的关系推论出，翻译是利用知识图式认知原语文本意义，形成概念，再受到目的语言图式干预，来表述原文概念的过程，是以原文本为一端、以译入语读者图式为另一端双向的意义构建过程，译文是原文信息在译语文化图式中的语境化，是隐文本和显文本经同化与顺应后平衡的产物。

政治话语翻译也同样需要经历一个“同化或顺应”的认知过滤过程，但时政话语的翻译传播与大多数文化作品的翻译传播不同，具有某种“我要传播”的性质。翻译工作一个回避不了的问题是立足于忠实中文，还是照顾和迁就受众？长久以来在翻译界就一直有直译和意译策略

之争，当翻译活动触及文化政治等因素时，直译和意译之纷争就演化为归化和异化之争。黄友义认为：我们需要忠实的是中国文化的本质精华，是中国和平发展的本质愿望，是介绍中国实现和平共赢的本质期待，是反映中国渴望外国受众准确地了解一个真实中国的本质诉求。党政文献，体现了中国党和政府的大政方针和治党治国理念，体现了中国特色社会主义道路的独特理论，翻译既要符合中国国情，有鲜明的中国特色，又要与国外的话语体系、表达方式对接，这对翻译而言是艰巨的挑战。（黄友义、黄长奇、丁洁：2014）我们的传播对象大多不了解中国的文化，更不熟悉中国的语言体系。尤其是西方话语体系的受众，他们的信息来源仍然是其强大的西方主流媒体，中西意识形态和文化及思维差异很大，对我们习惯使用的表达方式不好理解，要他们对我国时政话语的表述完全满意并赞同虽是一种希望，但是不现实的。然而，我们可以在保持中国文化特色的前提下尽可能重视文化差异、选用符合英文表述的方法，并通过不断阐释中国时政话语含义的统一翻译，使传播对象即使在认知上还不能认同我们的理念，但在表述上能够接受的统一翻译，既不是改变我们的表述以求同化，也不是不顾目的语的习惯以求顺应，而是在对外传播中国特色核心政治理念的过程中，在语言习惯上尽可能尊重目的语特点，而在核心概念上坚持反复解说，使传播对象在认知上通过不断被强化的渐次积累的长期过程，逐渐理解和接受我们的时政话语表述。

五、中国时政话语翻译传播的接受模式

从上述调查中发现，被调查对象对中国阐释的政治理念和主张一下子并不接受，更谈不上认同。多数人以“不了解”“不认同”为由不愿作答；从作答的数据统计结果来看，对 10 个政治词汇是能够理解的，对哪种翻译方法更能理解也给了很好的反馈。比如“中国特色社会主义”一词，改革开放初期一直译成“socialism with Chinese Characteristics”，近年来我们逐渐把它简化成了“Chinesestyle socialism”或“Chinese socialism”，此次调查问卷结果表明，一半以上的被调查者（58.4%）接受了“Chinesesocialism”或“Chinese style socialism”的译法。更典型的例子是，“新型大国关系”的翻译和传播。中美对“大国”持有不同的理解和说法。西方传统上习惯用语是“major powers（s）”或“greatpower（s）”，强调的是在国际体系中拥有支配他国权力的国家，而这些词在汉语文化中多半是贬义词，伴随“强权、权势、列强”等含义，显然不同于我们的政治理念和外交主张，所以我们翻译成了更符合中国政治理念的中性英语词组“majorcountry”。在很长一段时间这种翻译不被西方尤其是美国接受，甚至出现了中美两国元首同时阐述一个概念却使用了两个词汇的情况。但我们坚持用“majorcountry”表达大国关系，同时中国外交部对美国政界、新闻界和学术界开展了三位一体的译名推广与传播活动，形成了一个具有中国特色的外交话语，使美方开始注意并认同中方创新翻译“大国”的政治意图并无恶意，最终接受了我们的翻译方法。然而，这一译法由于与西方百姓头脑里听惯了的表述不同，接受程度仍然不高。此次调查中76.7%选择“a newtype of relations of long-term stability and sound growth with other major countries,”只有10%的人选择了中方的统一译法。但对于这类具有强烈政治立场和主张的政治话语，不同的翻译已经不仅仅是翻译方法的问题，而是直接影响到我们政治观点的传播，而在表述上接受是关键的一步。

西方话语体系的受众大多不了解中国时政话语的实质内涵，不习惯中国时政话语的表述方式，要他们改变立场和阅读习惯，实现认知上的“同化”和“顺应”是不现实的；而为了西方受众了解我们的政治观点，改变我们的话语体系，“曲意奉承”，也是不可取的。所以，在中国当代时政话语的对外传译中的有效策略是：以我为主、重视差异、不断强化、渐被接受。即坚持以我为主，同时重视对内与对外传播的差异，通过坚持不懈的强化传播，即使西方受众在认知上暂不认同我们的理念，也能够逐渐接受我们的翻译表述，实现从排斥—接受—认可的转化。讲求“信、达、雅”的翻译学始终在追求语言学意义的信、达，以及艺术学意义上的雅，但是这种传统可以说是主要站在源语言或目的语一方使用者的立场上所感受到的。作为一种特殊而正式语言类型，时政话语代表的是源语言所在国的文化观念、意识形态、国家制度，需要在完全理解源语言和目的语的基础上，通过准确恰当的翻译，进行最大程度的意义还原，确保意义所指在目的语使用者的接受心理无限接近于源语言使用者所处社会语境对应的心理。

参考文献：

周明伟：《构建融通中外的新概念、新范畴、新表述——中国政治话语传播研讨会综述》，《红旗文稿》2014 年第 1 期。

王弄笙：《十六大报告汉英翻译的几点思考》，《中国翻译》2004 年第 1 期。

黄友义：《中国站到了国际舞台中央，我们如何翻译》，《中国翻译》2015 第 5 期。

皮亚杰：《皮亚杰教育论著选》，卢埠选译，北京：人民教育出版社 1990 年版。

黄友义、黄长奇、丁洁：《重视党政文献对外翻译，加强对外话语体系建设》，《中国翻译》2014 年第 3 期。

政治文件翻译的几点思考和建议*

王刚毅

（中国外文局）

2008年初，北京周报社同英国有关方面成立了一个“中英联合翻译小组”，不定期地就我国重要政治文件的翻译进行研讨交流，目的是使英文读者更容易读懂和更准确地把握文件内容，取得更好的传播效果。小组的英方成员是英国前驻中国的外交官，熟悉中国情况，精通中文。小组先后讨论了胡锦涛在中国共产党第十七次全国代表大会上作的政治报告，以及他在2011年中国共产党成立90周年纪念大会上的讲话等重要政治文件的翻译。通过交流，我们达成了几点共识，在此与大家分享。

过去我们翻译政治文件时，通常把绝对忠实原文放在首位。我们认为这一做法已不能适应读者的变化和他们新的需求。以前我们的读者主要是外国的中国问题专家，他们中间能读懂中文的极少，而现在中国问题专家大多能读懂中文，许多人还非常精通。2013年11月，我参加了澳大利亚悉尼大学在北京召开的一个有关“中国梦”的研讨会，他们来了十几位院长，其中有四位中文都相当好，都在悉尼大学中国问题研究

* 本文原载于《中国翻译》2014年第3期，本集收录时格式略有改动。

中心兼职。外国的中国问题专家在研究中国时主要依靠中文原文素材，就像我国研究美国、英国或澳大利亚问题的专家在研究对象国时主要依靠英文原文一样，如果他们在研究奥巴马的讲话内容时主要依靠中文翻译，显然是很可笑的事情。另一方面，随着中国国力的不断提升，对中国感兴趣、想了解中国的外国人急剧增加，他们大多数不懂中文。我们翻译政治文件时应更多关注这部分人，根据他们的思维和阅读习惯改变翻译风格，使译文更贴近英语表达方式，保证文字流畅和观点准确，不必过度追求与中文的对应。

下面我结合胡锦涛在庆祝中国共产党成立 90 周年纪念大会上讲话的翻译，提三点建议：

1）将中文常见的华丽或形象的描述转换为朴素的语言，避免过多的比喻。

2）有些形容词和副词从汉语表达方式看，能够增强语气，但转化成英文未必起到同样效果，最好删去。

3）灵活处理一些概念性的翻译。

我用了绿、蓝、红三种颜色表达上面所说的三种情况。华丽或形象的描述是绿色，副词、形容词是蓝色的，概念是红色的（作者发言时使用了幻灯片，内容有颜色标注，故有此叙述。以下括号内的“原译”根据幻灯片内容所附—编者注）。

情况一：将华丽或形象的描述转换为朴素的语言。比如说“踏上……道路”（原译 embarked on the brightroad），建议用 began ；“不触动封建根基”（原译 did not touch the foundation of feudal rule），建议用“left unchanged feudal rule”；“顽强求索”（原译 indomitable exploration），建议改成“unrelentingquest”；“旧中国像一盘散沙的局面”（原译 old Chinabeing a semi-colonial and semi-feudal society whichwas like a heap of loose sand），“一盘散沙”对中国人很好理解，大家都知道是什么意思，但翻成英文最好用“a land fractured by disunity”；“走向”（原译 forging ahead）建议改为“proceeding”；“伟大旗帜指引下”（原译 under the great banner of）建议改为“in the name of”；“伟大的人民创造了彪炳史册的伟业”（原译 our great people have scored splendidachievements in the annals of history），建议改为“historywill record our people's splendid achievements”；“吹响建设中国特色社会主义的时代号角”（原译 soundingthe bugle of the times for building socialism with Chinesecharacteristics）建议改为“championing socialism with Chinese characteristics”；“领导中国人民的核心力量”（原译 core force leading the Chinese people），建议改成“motor leading the Chinese people”。

情况二：删除不必要的副词和形容词。“不断夺取革命、建设、改革的伟大胜利”（原译 achievedmajor successes in revolution, development and reform），建议去掉“major successes”；“重要经验”（原译 important experience），建议去掉“important”，因为哪些经验不重要呢?“全党”（原译 entire Party）建议将“entire”去掉，我们说全党是强调，而外国人很难理解；“以创造性的内容为马克思主义宝库增添了新的财富”（原译 making new and creative contributionsto enriching Marxism），建议去掉“making new andcreative contributions to”；“开天辟地的大事变”（原译 an epoch-making event），建议改为“marked thestart of a new era”；“不屈不挠的斗争”（原译 wagedunyielding struggles），建议改为“strove unstintingly”；“不可逆转地结束了”（原译 irreversibly ended），用“ended”即可，“不可逆转”似可不要。

情况三：建议修改某些理论或概念的表述。例如，“中国特色的社会主义”建议用“Chineses ocialism”，这样又简单又好；“socialism with Chinese characteristics”不是说不能懂，只是英文略显别扭。

最后，我想呼应外文局周明伟局长的建议：政治文件的翻译，除了出版全译本外，最好出一个简读本或者概要，这对于对中国感兴趣、但又缺乏了解的普通外国读者，传播效果会更好。

从“中国关键词”看中国特色政治话语的对外传播

——专访美国明德大学蒙特雷国际研究学院鲍川运教授*

杨　平

（中国外文局对外传播研究中心）

2016年8月至12月，笔者在美国明德大学蒙特雷国际研究学院短期访学期间，采访了在该院任教的华裔老师鲍川运教授。鲍川运教授在日内瓦联合国总部从事专职口译工作多年，后来到蒙特雷国际研究学院从事翻译教学和研究工作。他参与了中国外文局高端翻译人才培养、“中国关键词”多语对外传播平台等多个项目的策划、研修活动组织或审定稿工作。本访谈以“中国关键词”项目实施为例，探讨中国政治话语对外传播所应秉持的理念、路径和方法。

杨平：鲍川运老师，您好！很荣幸我能有机会在蒙特雷与您面对面交流。“中国关键词”多语对外传播平台作为中国外文局、中国翻译研究院、中国翻译协会承担的国家项目，经过短短两年多的努力，已构建起集外宣图书期刊、互联网、移动社交媒体为一体的中国特色政治话语

* 本文原载于《对外传播》2017年第4期，本集收录时格式略有改动。

多语种、多媒体、多形态的对外传播平台，成为向国际社会解读、阐释当代中国发展理念、发展道路、内外政策、思想文化核心话语的窗口，受到国内外受众的关注和好评。您虽身处国外，但却直接参与了关键词词条的英文翻译审稿工作，同时组织多名外籍专家对关键词的英文翻译问题进行专题研讨。我很想借此机会请您从中国特色政治话语对外传播的角度谈谈对此项目的具体看法。

鲍川运：谢谢给我这样一个机会，对这个问题谈谈自己的看法。我觉得“中国关键词”这个项目非常有意义，有价值。现在外宣工作得到很大的重视，各种各样的研讨会、座谈会很多，也提出了许多很好的思路、建议。宏观的和理论的讨论已经进行得很多，但是如何做，还是得落到实处。具体来说，我觉得这个项目的重要性体现在三个方面。

第一，“中国关键词”项目是外宣的一个具体实践。通过关键词看中国，让世人了解中国。这些关键词，每一个都有很深的内涵，是中国的政治、社会和经济理念、思想、实践的浓缩，通过关键词词条以及词条的说明，对中国政治、社会、经济发展和进步可以管窥一斑。

第二，“中国关键词”是政治话语体系构建的一个具体尝试。一个完整的话语体系，它的内涵应该是全面而丰富的。既有正式的对外宣讲，也有轻松活泼的故事，各种不同的方式构成一个完整的话语体系。关键词短小精简，一个词可以说出一大堆事情来，容易学，容易记，非常适合现代信息社会的节奏和学习习惯。再配上互联网和移动社交媒体的传播模式，比较适合现在碎片化的学习方式。

第三，这个项目有助于实现中国特色政治话语翻译的统一和标准化。关键词之所以称为关键词，是因为这些词表达的基本上是中国政治社会中重要的概念、思想。这些词在中文本身就有它们的权威性，翻译自然也应该是权威性的翻译。再加上又是中译外，其中的困难可想而知。与其让各个机构自行翻译，不如组织力量，提出准确适当的翻译，作为可参考的标准。过去比较成功的例子是新华社译名室编写的《英语姓名译名手册》和中国地名委员会编写的《外国地名译名手册》。例如前不久当选的美国总统 Trump，他的名字在各种媒体中有的翻译成为“川普”，有的翻译成“特朗普”。但是用译名手册一查，就没有什么争议了，主流媒体一律翻译成为“特朗普”。中国关键词的翻译当然不可能像姓名或地名那样与原文高度对应，但需要更准确、更规范、更权威的外文表达。中国译协、中国翻译研究院这些年一直举行的中译外研讨会，加上现在组织实施的“中国关键词”项目，为特色政治话语翻译的统一和标准化正在做出重要的贡献。这些翻译不一定成为绝对的标准，但是可以作为重要的参考。第一批关键词的实际效果也已经显现，例如外交部网站和联合国口译部门已经正式采纳了关键词提供的译法，将“命运共同体”翻译为“a community with shared future”，而不是最初的译文：“a community of common destiny”。

杨平：在组织实施关键词项目之初，我们一直以为多语种翻译工作是难题和瓶颈，但后来在操作过程中发现，中文词条的编写实则是项目能否顺利推进和保证项目内容高质量的前提和基础。政治话语无疑代表了党和国家执政思想理念和方针政策。由于中外思维语言、文化和意识形态的差异，如果完全按照官方正式发布的报告内容的字面意思翻译出去，有很多内容国外受众可能难以理解甚至误解；但如果按照国外受众的思维文化及语言阅读习惯对中文进行重新改写和编辑加工，那么对这些代表党和国家声音的大政方针进行改写和编辑加工的自由度能有多大，项目组对此一直在讨论，但至今没有形成共识、找到答案。这些问题表象上看是话语形成、翻译转换和传播的方法问题，但从深层次看，我认为这涉及话语体系构建和对外传播的理念问题。您是如何看待这一现象和问题的，在您看来，政治话语体系的构建和对外传播应该具有怎样的理念和视野？

鲍川运：我同意你的看法，关键词的翻译固然很重要，但是中文词条的编写却是项目成功的关键。首先，我觉得这里有一个转变观念的问题。我们先不说外宣，就从传播学的角度来说，有两个基本原则非常重要："适应对象"和"同一信息以多种方式传达"。思想、理念、大政方针是要往下传达和宣传的。有的时候确实需要"原封不动"地传达，以避免传达过程中的误解和歪曲，但大多数情况下，传达的目的是要让老百姓都知道，都明白。因此，需要考虑针对不同的对象，使用不同的语言表达同样的信息。原封不动地传达，表面上看是对原文的尊重和忠实，但实际上是一种不求甚解、不负责任的做法，是在以一种完成任务的心态进行传播，而不考虑受众的接受程度和传播效果。国家的大政方针是不能改写或编辑的，但是一个意思可以用不同的语言表达。大政方针，通过官方的正式报告发表出来，往往是一种高度浓缩的形式，出现很多"关键词"。对这些关键词深入地理解分析，可以发现里面实际上蕴含很多意思，而且很接地气。因此在翻译过程中如果照葫芦画瓢，受众不仅不感兴趣，而且还可能产生厌倦的情绪。注重受众接受效果，并不是一个新的概念，理论上也有很多研究，但是实践好像与理论严重脱节。这种现象在其他方面也有表现。

政治话语的对外传播应该遵循传播学的一些重要的科学理念和原则。在传播的过程中注意适应对象，用不同的方式或语言表达同样的信息，这样就不存在担心对原文进行改写或编辑的顾虑。简单地说，根据传播的对象和目的，该正式的地方正式，该通俗的地方通俗，应该有一个上下可以调整的范围，这样才是对外传播一种务实的做法。现在外宣的一个重要转变，就是从讲道理，到讲故事，讲好中国故事。如果还是按照原来的理念去讲故事，这个故事仍旧会讲不好。我觉得"中国关键词"可以从自身做起，探索一个切实有效的特色政治话语传播方式。

杨平：还有一个想请教的具体问题，与上述话题也有关联，即"中国关键词”词条选择的标准问题。“中国关键词”项目定位很清楚，就是对外翻译与传播中国特色政治话语，但是到底哪些话语适合对外传播，哪些不适合对外传播，项目组一直没有形成统一意见。像励志类的词条，如“打铁还需自身硬”“长征精神”，还有如“党的群众路线教育实践活动”“四有干部”等等，这些词条是否适宜对外宣传？我个人认为，对外宣传似应与时俱进，特别是政治文献的对外传播是有特殊性的，政治话语对外传播应将传播内容的完整性放在首位，即应客观完整反映党和国家治国治党方略的政治现实。这种认识是否不够全面？究竟如何处理好对外传播内容的完整性与对外宣传的适用性和有效性这对关系？您是如何看待这个问题的？

鲍川运：这也是一个很有意思的问题。我也同意你的看法，应该与时俱进，也应该客观反映。有两个方面的原因。第一，现在提出了四个自信：道路自信、理论自信、制度自信、文化自信。既然有这样的自信，还有什么不可以说的呢？国家的制度和性质都不是秘密，中国采取不同的社会制度，国家领导人对外也说得很清楚，没有什么好遮遮掩掩的。第二，现在社会是信息社会。在中国国内发表的任何公开演讲、文件，基本上是对世界公开的。人民网、央视网、中国网，在中国能上，在国外也能上，信息基本没有内外之别。当然，在信息客观平等存在的情况下，信息的使用能反映一定的倾向性。我个人认为，只要是正式公开发表的内容和信息，原则上应该没有什么适合或者不适合外宣的问题。但是在具体操作上，可以根据外宣的目的，对信息进行选择性使用。一个时期有一个时期的重点，一点一点、一步一步做，最终形成对外传播内容的完整性。

杨平：我非常认同您提出的理念和认识。可是在具体操作过程中如何践行这种理念，的确不是一句话能够代替的。最近我们常听到这样的口号：在对外传播的过程中，要充分理解和认识中外思维语言文化差异，要有读者受众意识，要打造易于国际社会理解和接受的新概念、新范畴、新表述。这种口号比较抽象宏观，可以作为我们加强话语体系建设的工作目标。但是，中外思维语言文化的根本差异是什么？这种差异在中外文本和话语构成方面是如何体现的？易于国际社会理解和接受的新概念、新范畴、新表述应该是怎样的一种话语形态？加强对外传播中的读者受众意识要求我们主要应在哪些方面着力？我最近一直在思考这些问题，请您不吝赐教。

鲍川运：这些口号从理论的角度说都是很对的，但问题是，理论比较领先，实践没有跟上。理论与实践相结合，这是一个相当老的话题了，遗憾的是，理论脱离实践的情况仍然处处可见。很多情况下，搞理论的和搞实践不是同样的人，各有各的圈子。提出理论之后如果没有具体的办法，理论的效果大打折扣。做具体工作的人可能对理论有个感性的认识，但在具体的操作上，不知道该怎么做，根深蒂固的观念转不过来，依旧会按照自己的主观臆想行事，做出花了大力气大本钱但外宣传播效果甚微的事情。

我理解，要建立易于国际社会理解和接受的新概念、新范畴、新表述，实际上这个“新”是对我们自己而言，是要改变过去僵化的宣传理念，放弃陈旧的宣传方式，真正地从讲道理转为讲故事。这个“新”，对国际社会来讲并不是新的。我们的新概念、新范畴、新表述，实际上是与国际更为接轨的新做法。讲好中国故事这个理念提得很好，就是要让世人知道中国改革开放的成就，中国五千年的古老文明，是要树立中国积极的形象。但是要达到这个目的，除了轰轰烈烈、排山倒海似的宣传，更多的是要讲好中国故事，心平气和，娓娓道来，细雨润物于无声。讲好中国故事，首先不能急于求成，急功近利，要有长远打算。第二是放下身段，端正心态，以平常心对待困难，对待发展，对待成就，胜不骄，败不馁。如果有这个心态，就可以去讲中国故事了。“四个自信”不是口号，而应该是落实在各项工作中的一种心态。有了自信，就可以克服急于求成的浮躁之心，有了自信，我们的眼光就不会只盯着那些轰轰烈烈的大事件、大人物，就也能关注到普通百姓的生活，让世人看到中国不只是一个火热的中国，更是一个与世界同呼吸共命运的活生生的中国，她有自己的困难、自己的快乐、自己的成功，中国人民有与世界人民同样的想法、同样的追求，与世界坚持同样的道德标准，遵守同样的国际秩序。中国故事不只是告诉别人我多好，多优秀，中国故事不只是跟别人讲道理，而是通过简简单单的故事，通过相同的经历，让别人产生共鸣、理解、支持，让人家真正感到我们同属一个命运共同体。

因此，现在需要的不仅是建立新的概念，更是要改变过去僵化的理念。讲好中国故事，重点不是如何讲，而是要讲什么内容，讲什么故事，讲谁的故事。在自信的基础上端正对外传播的理念，纲举则目张，其他的问题，如对外传播的新范畴，新表述，自然就不成问题了。

杨平：上面我们谈了对外传播理念的问题，想再请您谈谈话语转换的问题。由于中外语言文化的巨大差异，在对外话语体系构建过程中肯定不能忽视翻译与话语转换这个环节。政治文献的翻译责任重大，翻译界一直秉持的观点是政治文献的翻译要讲政治。在组织翻译“中国关键词”的过程中一个最突出问题是，有些中文概念和表述很难用恰当的外文表达出来，但各语种翻译专家首先牢记的是要讲政治，没有勇气作更多调整和改变，很多情况下是硬着头皮照字面翻译，甚至连词序、语序和句子结构也不敢乱动，以防造成失误。如何既讲政治、忠实于原文意义、准确表达所译政治文献的思想内涵，又能保证提供符合译入语语言规范和习惯的地道的译文质量，使国外受众更易于理解把握译文所要表达的信息，我认为，这不仅是翻译技巧和手法的问题，也涉及到对政治文献的翻译我们到底应该坚持什么样的翻译观和翻译理念的问题。您是如何看待这个问题的？

鲍川运：政治文献的翻译要讲政治，这的确是一个非常突出的现象。讲政治的意思，我的理解是要忠实于原文意义、准确表达政治文献的思想内涵，但是在语言无法变通的情况下，宁可语言上别扭，也不能损害意思。有的情况下，形式与内容如果不能达成统一，则要保留形式。就拿“科学发展观”的翻译作一个例子。“科学发展观”目前比较常见的翻译是“scientific outlook on development”，“scientificapproach to development”，或者是“scientific concept of development”。其中“科学”，都翻译成为“scientific”。中文“科学”这个词有两层意思，第一个指的是各个学科的知识；第二个是指符合科学道理，合理的。“科学发展观”的“科学”应该是第二层意思，“全面、协调、可持续的发展观”，比较强调的是 comprehensive，balanced and sustainable 的含义。与“科学”相对应的英文词是“scientific”，这个词也有两层意思，第一层意思与中文相同，第二层意思与中文相似，但不完全相同。英文“scientific”第二层意思指的是“systematic，methodical，well organized，ordered，rigorous”，重点在系统性、有组织、严谨等方面。可见，“科学发展观”的“科学”，如果翻译成为“scientific”，从内涵上来讲，两者并不能达到百分之百的一致。但是这里的“科学”还必须翻译成为“scientific”，因为中文的“科学”内涵太丰富，如果采用解释性的翻译，一两个词无法表达其全部内涵。将“科学”翻译成为“scientific”，至少做到字面上对应。

政治文献的翻译，第一条当然是要保证准确。但是“准确”并不一定要字对字地翻译。我们还是拿“命运共同体”作个例子。这是国家领导人提出的非常重要的理念，原来比较常见的翻译是“a community of commondestiny”。“命运”翻译成为“destiny”，字面上是对应的，但是如果看看这两个词的内涵，可能不是非常一致。关键就是“destiny”这个词在英语中的内涵比较消极，指的是“命中注定”“天命，天数”，“a predetermined course of events often held to be an irresistible power”，好像自己无法左右的命运。这个内涵与“命运共同体”里面的“命运”显然是不一样的。“命运共同体”是指世界各国的相互依存性，诸多差异的国家、民族所组成的命运攸关、利益相连、相互依存的国家集合体，体现的是一种积极向上的态度，各国合作，寻求共同发展、和平发展的意思。因此，“a community with shared future”，非常准确地体现了“命运共同体”的内涵。

跨文化交流应该是双向的，因此其产生的影响也应该是双向的。在对外翻译中，如果完全采用同化或意译的策略，只考虑受众的文化和语言习惯，则失去了相互影响的能力。因此，灵活掌握直译/意译，异化/归化的策略在对外翻译中是非常重要的原则。例如习近平总书记对教育实践提出的要求：“照镜子，正衣冠，洗洗澡，治治病”，关键词专家研讨过程中，提出采用直译和意译相结合的方法，即“look into the mirror and straighten yourclothing; examine yourself and clean up your act”这样一个译法。前面采用直译，保留了原文非常接地气的语言风格，后面采用意译，形成一个前后结合的语境，比较恰当地表达了这句话的意思。

杨平：以上是结合“中国关键词”项目实施过程中的困惑得失给您的命题提问，很期待您跳出刚才的问题，对如何推进中国政治话语的对外传播提出更多建设性的意见和建议。

鲍川运：推进中国政治话语的对外传播，毫无疑问是一项重要而且意义非凡的工作。其中，翻译是对外传播最前端、最基础的工作，是对外传播成果和水平的最直观的体现，从这个角度讲翻译工作的作用是不可替代的。令人遗憾的是，我们的翻译行业，跟许多其他行业一样，也存在“有数量没有质量，有高原没有高峰”的问题。能够胜任中译外，特别是高端翻译的人少之又少。如果不解决这个问题，推进中国政治话语对外传播，讲好中国故事只是一句空话。当然，我们需要进一步加强翻译人才的培养，特别是翻译人才的高端继续教育。另外，迫切需要提高翻译人员的待遇，提高行业门槛，实现翻译的职业化。翻译职业化的一个简单的标准就是，有人愿意将翻译作为一个职业，而且做翻译能够获得不错的收入。但是现实还是有差距的。由于翻译（主要是笔译）收入微薄，许多翻译专业的学生毕业后并不打算从事翻译的职业，翻译行业难以留住优秀人才。我们再看看现在从事笔译的翻译工作者的构成，绝大多数把笔译作为兼职工作，主要的原因还是收入的问题。这种矛盾的现象一定要解决：一方面鼓励中国文化“走出去”，讲好中国故事；另一方面，目前对提高翻译人员的待遇问题好像没有明显的措施。既然中国是一个社会主义国家，就应该发挥其制度优势，在体制上给翻译事业的发展提供良好的条件。同时应该尽快建立国家专项翻译基金，资助重大翻译项目。翻译人员，特别是笔译人员的待遇提高，就能吸引和留住优秀的翻译人才，中国的翻译事业才能实现真正意义的发展。

杨平：的确，加强话语体系和国际传播能力建设，对我们来说是非常具有挑战性的新课题。通过“中国关键词”项目，我们在推进中国特色政治话语“走出去”方面进行了一些有益的实践和探索。但我认为关键还是要在实现真正“走进去”上下工夫。相信您今天谈到的见解和认识会对我们今后的对外传播工作提供非常有益的启迪和指导。再次谢谢您！

《政府工作报告》英译之语气弱化研究*

汪 洋

（上海海事大学）

摘　要：本文通过分析发现，2016、2015年的译文比十年前（2005、2006）的译文更为灵活，尤其在语气方面更为灵活。《政府工作报告》英译文在“语气”方面的灵活翻译方法包括：减字以减弱语气、改用语气较弱的词汇、添加work to以减弱语气、换序、反面阐述以减弱语气等。

关键词：政府工作报告；英译文；语气弱化

一、引言

《政府工作报告》的英译文无疑是我国一流翻译专家的精品，其翻译方法很值得研究。一方面，由于《政府工作报告》是重要文件，其英译文理应是高度忠实于原文的，因而传统上对其研究往往是字句上的对应。另一方面，西方新译学的文化转向导致了一系列新译论，如目的论（the Skopos theory）、功能主义（functionalism）、译者主体性（the

* 本文原载于《中国翻译》2016年第5期，本集收录时格式略有改动。

translator's subjectivity)、译者显身（the translator's visibility)、操纵论(manipulation）等（Vermeer，1996；Bassnett，1991；Lefevere，1992；Venuti，1994)。这些理论均强调发挥译者主体性，偏重考虑译文读者的感受，因而不必完全忠实于原文。鉴于新理论过多考虑目标语读者、较少考虑原文带来的问题，国内外学者开始纠偏，例如 Nord（2001）提出了功能加忠实（function plus loyalty)，王鹏（2010）综述了对当代西方翻译理论的批判性认识等。但究竟如何才能在两个极端之间找到平衡点呢？目前译界尚缺少具体办法。《政府工作报告》的英译文似乎能从翻译实践的角度提供一些参照指标。

本文通过对 2016 年及以往《政府工作报告》英译文的细致分析，发现目前的英译文有时相当灵活，经常小幅度、多维地偏离原中文，以期更好地被外国读者所接受。有趣的是，2016、2015 年的译文和十年前的《政府工作报告》译文相比，有时能够体现更高的灵活性（见本文第 3 节中关于 work to 的统计数据)，因而能更好地配合我国实施“走出去”战略、“一带一路”战略。

鉴于《政府工作报告》英译文内容极其丰富，牵涉到大量的翻译方法与技巧，本文集中讨论关于“语气”的灵活翻译方法。译文中经常采用的弱化语气方法包括：减字以减弱语气、改用语气较弱的词汇、添加 work to 以减弱语气、换序、反面阐述以减弱语气等。采用这些手段并没有完全忠实于原文的文字，但偏离原文的程度不是很大，而且更容易被目标语读者所接受，从而达到更佳外宣效果。

二、减字以减弱语气

汉语往往语气较强，使用语气强烈的措辞（特别是副词、形容词)，使用夸张、强调修辞手段的情况比较普遍。另一方面，“英语里说话写文章往往用含蓄的说法（understatement)”（程镇球，1980：235)。英语中不提倡滥用修饰词，有人甚至认为“形容词是名词的敌人”（Gowers，

1973：81）。例如，要表达“大减价”之义，国外店主做广告一般只需用一个词 sale，较少使用其他词加以修饰，但中国商店往往使用“跳楼价”、“自杀价”、“大出血”等语气强烈的词语。无疑，汉译英时往往需要减弱语气，删除语气强烈的副词、形容词、动词等。以下例句主要选自《2016 政府工作报告》英译文①，也少量选用《2015 政府工作报告》英译文②，作为对照或补充说明。

（一）副词

以下译例中的副词均被省略不译：

坚决守住不发生系统性区域性风险的底线 We will…make sure that no systemic or regional financial risks arise（2016）

坚决守住不发生区域性系统性风险的底线 Regional and systemic risks were forestalled（2015）

评析：2015、2016 年的《政府工作报告》出现了类似的句子“坚决守住……底线”，虽然英译文不同，但都将“坚决”省去不译，足见不是译者疏忽，而是刻意删除语气强烈的副词“坚决”，以适应国外读者的习惯。

大力推行“互联网 + 政务服务” We will carry out the “Internet Plus government services” model

评析：“大力”通常可译成 energetically、in a big way、step up efforts to 等语气强烈的词语，但在《2016 政府工作报告》英译文中，有时将“大力”省去不译。在以上译例中，carry out 表示“干了”某件事，语义已经很清楚，如进一步添加 energetically，在英语中可能会显得语气太

---

① 详见中国政府网《2016 政府工作报告》，http：//english. gov. cn/premier/news/2016/03/17/content_281475309417987. htm［2016 - 7 - 14］

② 详见中国政府网《2015 政府工作报告》，http：//english. gov. cn/archive/publications/2015/03/05/content_281475066179954. htm［2016 - 7 - 14］

强，没有必要。将“大力”省去不译也就是没有完全忠实于原中文。此处虽然小幅度偏离了原文，但在语气上更容易被目标语读者所接受。

对实绩突出的，大力褒奖commend those who perform well

评析：在词典中，“褒奖”只需译成 commend、praise 等词。但汉语喜欢使用修饰词来加强语气，所以添加了“大力”也很正常，符合汉语的行文习惯。但在喜欢低调的英语中，如过多使用强烈的修饰词，如 greatly/enthusiastically commend，英语读者可能感到语气太强。

以下几例也是如此，带有下划线的汉语副词均被省略不译：

对姑息纵容者必须依法严肃追究 Those who knowingly allow such violations are held to account in accordance with the law（“严肃”无需译出）

严肃查处违纪违法案件investigated and prosecuted violations of the law and discipline

我们要……不断增强海内外中华儿女的向心力。We will …strengthen the bonds of attachment and affection of all Chinese, whether at home or overseas, to our motherland.（“不断”无需译出）

不断巩固农业基础 Work was done to strengthen the foundations of agriculture

同发展中国家友好合作不断拓展 Friendship and cooperation with other developing countries grew

（二）形容词

过去一年，我国发展面临多重困难和严峻挑战。In the past year, China has encountered many difficulties and challenges in its development.

全国各族人民以坚定的信心和非凡的勇气，攻坚克难，开拓进取 With confidence and courage, all the people of China have worked to overcome obstacles and have pressed ahead with a pioneering spirit

强刺激措施 stimulus measures

确保完成“十二五”规划重点建设任务 We will ensure that the projects set out in the 12th Five-Year Plan are completed

评析：挑战总是“严峻”的，故可省去不译，以免在英语中显得语气太强。“坚定的”和“非凡的”被省去理应也是为了弱化语气，便于西方读者接受。“强刺激措施”可译成 strong stimulus，但 stimulus 本身已经很强了，删去 strong 无妨。“十二五”规划是国家级规划，自然是重要的，所以翻译“重点建设任务”时省略了“重点”也未尝不可。

（三）动词

词典常将“坚持”译成 persist in，insist on 等。在《2016 政府工作报告》中，“坚持”共出现了 24 次。如全部译成 persist in 或 insist on，在英语中就会显得语气太强，读者难以接受。因此，实际译文中没有一次将“坚持”译成 persist in 或 insist on，有时转化成语气较弱的英文词汇（见 2. 1 节），而在以下几例中干脆省略不译：

坚持创新管理 We will develop new ways of conducting regulation

坚持依法管理宗教事务 We will ... regulate religious affairs in accordance with the law

各级政府要坚持过紧日子 Governments at all levels must tighten their belts

坚持精准扶贫脱贫，因人因地施策 We will take targeted measures to alleviate and eliminate poverty in light of local conditions

坚持以开放促改革促发展 Momentum was created for reform and development through opening up

三、改用语气较弱的词汇

有时译者不直接删除语气强烈的汉语词汇，而是将其转换成语气较弱的英语词汇，这种转换可体现在各种词性之中。

（一）动词

词典通常将“优化”直译成 optimize/optimization，其语气很强，表示达到了最佳程度，今后不能进一步改进了，因此译者做了降调处理。在《2016 政府工作报告》中“优化”一词共出现 10 次，其中 9 次译成 improve，1 次 better，语气均弱于 optimize。在《2015 政府工作报告》中“优化”共出现 7 次，5 次译成 improve 或 improvement，1 次译成 upgrade，1 次译成 effective，没有一次译成 optimize。译例如下：

加快推进产业结构优化升级 We will move faster to improve or upgrade the structure of industry

优化公共服务流程 Public service procedures were improved

优化服务改革 provide better services

经济结构有新的优化 The economic structure was upgraded

提高创新效率重在优化科技资源配置 To make innovation deliver, effective allocation of science and technology resources is crucial

另外两个类似的例子是“完善”、“健全”，词典上常译成 perfect，在英语中语气很强，表示已达到天衣无缝的境地了。因此，《政府工作报告》译者从不将其译成 perfect，而是弱化成 improve、increase、enhance、refine、better、sound 以及 development 等词，以便对西方读者取得更好的外宣效果。

完善财政、金融等支持政策 Fiscal, financial, and other policies will be improved to support this work

稳定和完善宏观经济政策 We need to ensure continuity in and make improvements to macroeconomic policies

完善高新技术企业、科技企业孵化器等税收优惠政策 We will ...increase tax policy support for high-tech enterprises and science and technology business incubators

完善粮食最低收购价refine the policy on setting minimum state grain purchaseprices

健全生态保护补偿机制 We will improve mechanisms for compensating for ecological conservation efforts

加快健全城乡社会救助体系 We will speed up the development of social assistance systems

健全监测预警应急机制enhance monitoring, early-warning, and emergency response mechanisms

健全金融……服务 provide better financial services

健全福利保障制度和服务体系 We will develop sound welfare and service systems

此外,“坚持”除了可被省略不译(见1.3节),还可分别译成语气稍弱、或语气大大减弱的词汇 committed to、commitment to、stick to、uphold、ensure、continue、follow、guided by、should、甚至是 need to:

必须毫不动摇坚持以经济建设为中心 We must remain committed to economic development as our central task

要坚持中国特色解决民族问题的正确道路,坚持和完善民族区域自治制度 We will stick to the Chinese way-the right way-of managing ethnic issues, and uphold and improve the system of regional ethnic autonomy

坚持依法履职 We will ensure that all government duties are performed in accordance with the law

坚持改革开放,坚持以新发展理念引领发展,坚持稳中求进的工作总基调continue reform and opening up; follow the new vision of development; follow the general principle of making progress while working to keep performance stable

坚持市场倒逼(to address the overcapacity) the market should serve as a check

坚持在发展中保护、在保护中发展 We need to protect the environment while pursuing development and achieve development in a well-protected environment

（二）修饰词（形容词与副词）

勇于担当 be ready to bear the weight of responsibility

狠抓贯彻落实 ensure thorough implementation

我们既要全力保持经济在合理区间运行 We must work hard to ensure that the economy performs within an appropriate range

评析：在以上几例中，原文中语气很强的“勇”“狠”“全力”分别被弱化成比较普通的英语词汇 be ready，thorough 以及 work hard。

四、添加 work to 以减弱语气

为了减弱语气，不但可删除词汇、改变词汇，还可能添加一些词汇。在《政府工作报告》英译文中，译者常使用 work to 来减弱语气。例如，“保持人民币汇率处于合理均衡水平”不是直译成 We will keep the RMB exchange rate at an appropriate and balanced level，而是添加 work to 译成 We will work to keep the RMB exchange rate at an appropriate and balanced level。第一种译文语气较重，可能被理解为我们将做成这项工作。第二种译文添加了原中文并不存在的 work to，表示我们将在“保持人民币汇率处于合理均衡水平”这个方面“做工作”。

笔者对比了 2015、2016 年与 2005、2006 年的政府工作报告英译文，发现动词词组 work to、worked to 以及 working to 的使用频率（不包括名词 work）在近两年中比十年前有大幅度提高，见下表：

年代	work to、worked to、working to 的使用总次数
2005	10
2006	9
2015	42
2016	35

数据显示，近两年译者更多地使用语气不那么强烈的句型结构，对原中文的偏离度加大了，但更多地考虑了目标语读者的感受，能更好地为我国“走出去”战略、“一带一路”战略服务。见以下译例：

保持经济中高速增长 We should work to maintain a medium-high rate of growth

规范发展互联网金融 We will work to see that Internet finance develops in line with regulations

二是促进制造业升级 Second, we will work to upgrade manufacturing

适度扩大需求总量 We will work to achieve a moderate expansion of aggregate demand

坚决遏制涉企乱收费（We will...）work to put a stop to the collection of arbitrary and unwarranted fees from enterprises

深化与各大国战略对话和务实合作work to deepen strategic dialogue and practical cooperation with other major countries

构建健康稳定的大国关系框架work to build a sound and stable framework for major-country relations

五、换序

汉语中常将语气较重要的内容放在前面，语气较轻的内容放在后面。例如，“救死扶伤”中“救死”比“扶伤”更重要，所以放在前面。但英语中往往将重要信息后置，以取得“尾心”（end focus）的效果，故英译文常是 heal the wounded and rescue the dying。在《政府工作报告》英译文中也有不少这样的例子，虽然译文没有忠实于原中文的语序，但西方人读之更顺畅。见以下译例：

一要加快落实和完善政策 First, we will move faster to improve and implement policies

评析：从逻辑上看，应该先"改进、完善"有关政策，然后才能好好地"落实"这些政策，也即"落实"语气比"完善"语气更强一些。所以《政府工作报告》译者调整了语序，先译"完善"，后译"落实"，从而译成 improve and implement。

三是聚焦提质增效，推动产业创新升级 Third, we worked to promote industrial innovation and upgrading to improve economic performance

评析：先要"产业创新升级"，然后才能达到最终目的"提质增效"，所以译者更换了原汉语的语序，先译出 promote industrial innovation and upgrading，然后再译 improve economic performance。

今年再取消和下放一批行政审批事项 This year, we will delegate the power or cancel the requirement for government review for more items

评析：在以上原中文中，"取消"比"下放（权力）"的改革力度更大，语气更重，在英译文中改变了次序，先译 delegate the power，后译 cancel。

职业资格许可和认定事项 149 项 149 verifications and approvals of vocational qualifications

评析：从逻辑顺序上看，先要"认定"，然后再"许可"，即"许可"比"认定"更高一个层次。英译文改成了先 verifications，后 approvals。

六、反面阐述以减弱语气

有时译者为了减轻负面效果，会从相反角度来进行叙述。

重大安全事故时有发生 Major accidents in the workplace are not uncommon

评析：如果将"时有发生"直译成 often happen 或 are quite common，负面语气太强，给读者留下的印象是中国的事故较多。现改译成 are not uncommon，语气较为平缓，更符合实际情况。

政府工作还存在不足 There is still much to bc improved in the work of the government

评析：中国人比较自谦，"存在不足"使用频率很高。但如将其直译成 there are shortcomings/quite some shortcomings，在英语中语气略过于负面。现改译成 There is still much to be improved，显得更为积极，能起到更好的外宣效果。

七、加强语气

在多数情况下，译者需要弱化原汉语中语气强烈的措辞，但只要符合客观事实且符合上下文的语境，有时在英语中添加语气强烈的词汇或改用语气强烈的词汇也是可能的。

发挥审计监督作用 make full use of auditing oversight

评析：通常"发挥……作用"只需简单译成 make use of，但鉴于"审计监督"十分重要，译者添加了 full 一词，还是符合客观事实的。

加快从制造大国转向制造强国 redouble our efforts to upgrade China from a manufacturer of quantity to one of quality

评析：如将原译文改成 turn China from a manufacturer of quantity to one of quality 也未尝不可，但译者将 turn 升格为 upgrade，在此上下文中仍然是妥当的。

总之，通过以上例句分类与评析显示，《政府工作报告》译文具有相当的灵活性，为翻译理论研究提供了精彩的语料，有助于探讨如何在忠实于原文与适应目标语读者之间取得平衡。

参考文献：

Bassnett，S. 1991. *Translation Studies*（*rev.*）[M]. London：Routledge.

Gowers，E. 1973. *The Complete Plain Words* [M]. OUP.

Lefevere，A. 1992. *Translation，Rewriting，and the Manipulation of Literary Fame* [M]. London&New York：Routledge.

Nord，C. 2001. *Translating as a Purposeful Activity：Functionalist ApproachesExplained* [M]. Shanghai：Shanghai Foreign Language Education Press.

Venuti，L. 2008. *The Translator's Invisibility：A History of Translation* [M]. London：Routledge.

Vermeer，H. 1996. *A Skopos Theory of Translation*（*Some arguments for and against*）[M]. Heidelberg：TEXTconTEXT-Verlag.

程镇球：《翻译问题探索》，商务印书馆 1980 年版。

王鹏：《翻译理论探讨：对当代西方翻译理论的批判性认识》，《中国翻译》2010 年第 3 期。

党政文献汉英翻译中搭配冲突的调查*

唐义均

（北京工商大学）

摘　要：自从Louw（1993）提出搭配冲突概念以来，众多的翻译研究人员对此进行了研究，为语言使用的精确度与自然性提出了新的见解。本文拟从词语搭配的视角调查党政文献汉英翻译中的搭配冲突程度，以检验中国高级EFL使用者的语言使用的精确度。通过对自建的中国政府白皮书汉英比较语料库中两种搭配句型的随机抽样调查发现：在调查的搭配词中有48.2%超出目标语的搭配范围或违反搭配限制，其主要原因是语际的照搬源语搭配句型，其中有两个搭配完全改变了源语的意思。这说明：中国的高级EFL使用者的词语搭配意识薄弱，已经在党政重要文献翻译中造成了严重的搭配冲突问题，致使译文的部分信度与效度丧失。

关键词：党政文献；汉英翻译；搭配；搭配冲突。

一、引言

Newmark（1981：180）说："每次'抓到'译者，不是在其语法

---

* 本文原载于《中国翻译》2012年第1期，本集收录时格式略有改动。

上……不是在其词汇上……而是在其不可接受的或离奇的搭配上”。他的评论不无道理。通过用词语搭配方法对我国45份政府重要文件的汉译英语料抽样调查后，笔者发现，译者对“翻译中的搭配问题未予以足够的重视”（Bahumaid 2006），甚至有时犯了严重的错误而自己却全然不知。因此，有必要探讨一下党政文献汉英翻译中的搭配冲突问题。

二、搭配冲突

“搭配冲突（collocative/collocational clash）”一词是Louw（1993：157）首次提出的。他说：“讲话与写作中偏离某一词语搭配句型的期待范围时就会产生搭配冲突。”他认为，搭配冲突要么反映作者的言不由衷（insincerity in the writer），要么反映文本的反讽（irony in the text）。例如：

（1）The only piece of clothing she had bought since she came to New York. “Will I shame you in front of your *fine* friends?” she said.（Louw 1993）

Louw解释说，人们对“好友”的期待搭配是good friends，但说话者使用了偏离正常搭配范围的fine，再加上shame一词，显然是在讥讽对方所谓的“好友”。

总之，“搭配冲突就是指语言不兼容的语义成分相互组合在一起（Burdette 2010：408）”，或者说“根据某一语言的约定俗成，两个或更多的、彼此不相容的词语的并置（Burton 2000：126）”。显然，违反搭配限制或超出期待范围的词语组合就是搭配冲突。

在翻译中，搭配冲突是指“源语文本与目标语文本之间搭配意义上的冲突”（Chan 2004：33）。例如，如果我们把“和谐社会”译成a harmonious society，就会产生搭配冲突，因为地道的英语搭配是a social harmony。另一个典型例子是“街道妇女”。汉语“街道”可以同“妇女”构成词语搭配“街道妇女（a woman community worker）”。但如果将汉语的搭配句型直接转换成英语a street woman，其后果将不堪设想，因为该英语搭配表示"流浪女、站街女、妓女"。前者只是一般意义上的搭配冲突，而后者则已完全扭曲了源语的意思。

上述例子表明，词语搭配在多数情况下不能进行简单的语际转换。具体地说，我们不能按双语词典上单个词的信息或释义，往目标语句法槽（syntactic slots）中随意填塞，因为每一种语言的搭配都遵循着它自身的规律。"不同的语言有不同的搭配模式：一种语言中可搭配的词语在另一种语言中不一定可搭配"（Zughoul 1991）。确切地说，翻译搭配冲突就是将源语文本中的搭配模式直接搬到目标语文本中，违反了目标语的搭配限制，或产生了不同于源语的语义。这种冲突是语际的（interlingual）。

三、研究目的与设计

翻译理论家早在上世纪八、九十年代就注意到翻译中的词语搭配问题了，其中较为突出的是 Baker。她认为，译者有可能"把源语搭配句型搬到目标语中"（1992：55）。Larson（1998：161）认为，"搭配冲突比较微妙，译者有时会忽视……例如，fire 一词根据其搭配的词具有不同的意思。假如按字面意思译入另一种语言，那么十有八九，目标语中就会产生搭配冲突"。

本文之目的是通过对我国公开发表的政府文件英译文本的抽样调查，调研中国的高级 EFL 使用者在汉英翻译实践中照搬汉语搭配句型的程度。

为此，笔者建了一个汉英对照语料库，命名为"白皮书语料库"，由 45 份政府文件的中英文本组成。中文总字数是 69.6012 万，英文总字数为 50.3963 万。除了 5 份自 2006 至 2010 年的政府工作报告外，余者皆为自 1990 年至今的白皮书，下载于中国人权网站、中央政府门户网站及新华网站。

笔者所抽样调查的搭配都要与目标语参照语料/工具书比对。如果译本中的某个搭配（如 get rid of poverty）在这些材料中查不到，本文就认定该搭配违反了英语的搭配限制，即构成了翻译搭配冲突。Kenny（1998）认为："……假如在 3 万字的平行语料库英语源语文本中，两个词同现一次，我们不能对该搭配的异常性说得太多，毕竟样本太小，不足以定论。假如同一个搭配在 1 亿字的英语参照语料库中根本没出现，那么我们就能够根据该搭配出现的绝对频次断定：这的确是异常搭配。"

本文选用的目标语参照语料/工具书有 7 种：《英语搭配大词典》（王文昌 1988）、《英语搭配大辞典》（市川繁治郎 2005）、*The LTP Dictionary of Selected Collocations*（下称 LTP，Hill & Lewis 1997）、*Oxford Collocations Dictionary for Students of English with CD-ROM*（下称 OCD，Crowther *et al.* 2009）、*Longman Dictionary of English Collocations*（下称《朗文》，Benson *et al.* 1986）、2.1 亿字的 Bank of English（下称 BOE，Sinclair 1995）以及 *Longman Dictionary of Contemporary English with CD-ROM*（下称 LDOCE，Summers 2003）。需要说明的一点是，LDOCE 中的 Phrase bank 包含词语搭配内容，OCD 是在 2 亿多字的语料库基础上编纂出来的。

四、党政文献汉英语料调查结果

（一）动－名搭配抽样

动－名搭配句型选择了"贫（困）/poverty"作为节点词，调查其动词是否符合英语搭配限制。全库共检索出 267 个与 poverty 相关的动－名搭配，涉及 20 个动词。

经过与参照语料逐一核对，发现其中 11 个动词符合目标语的搭配限制：alleviate（78 频次），reduce（52），relieve（51），eliminate（19），lift...out of（9），eradicate（5），fight（against）（4），sink back into（2）， suffer (from) (2), escape (1), wipe out (1), 共计224频次, 占总数的83.9%。另外9个动词 (shake off, get rid of/rid…of, help…out of, erase, change, deliver…out of 等) 很可能超出了目标语的搭配范围, 总计43频次, 占16.1%。这些动词有比较明显的照搬源语搭配句型的痕迹, 以shake off, get rid of/rid…of 最为突出, 占了43频次中的35次 (81%)。

(二) 副-形/动搭配抽样

副-形/动搭配句型抽样调查了"基本/basically"一词, 检索结果是167频次, 15次修饰介词 (短语), 2次修饰句子, 24次修饰形容词, 126次修饰动词。剔除修饰介词与句子之后, 还有150次符合本研究的要求: (一) "basically + 形容词" 涉及10个词项, 即stable (7频次), universal (5), same (3), self-sufficient, balanced (1), complete, e-nough, every, identical, unpolluted; (二) "basically + 动词" 涉及39个词项, 即complete (15), eliminate (13), solve, establish (12), wipe out (7), achieve (5), meet (满足) (4), popularize, realize, set up, clear (3), ensure, eradicate, guarantee, satisfy, control (2), end, form, make, reach, accomplish (1), change, shake off 等。

经过仔细核对, 仅在*OCD*, *BOE* 和 *LDOCE5* 中找到7个词项符合搭配限制, 即identical, same, every, solve, make, form, change。《词典》、《辞典》、LTP 和《朗文》均未收录basically 词条。

(三) 形-名搭配抽样

形-名搭配句型选择"措施/举措/measures"作为节点词, 调查该词的前置形容词。在语料库中检索出569个频次, 本文剔除了几乎可用于所有名词前的限定词、数量词、various/different, old/new 等形容词以及control, safety/security, policy, tax reform 等名词。其中169项符合本文要求, 涉及48个搭配形容词。

经过认真比对，可以确定符合目标语搭配范围的形容词共 30 个（effective，administrative，important，comprehensive，stern，strict，stringent，practical，disciplinary，interim，preventive，vigorous，decisive，detailed，financial，flexible，forceful，protective，significant，strong，appropriate，coercive，compulsory，extreme，key，legal，possible，precautionary，specific，special），共计 112 个频次，占总数的 66.3%。但在上述目标语参照语料/工具书中未能找到其余的 18 个形容词（major，concrete，provisional，active，main，powerful，mandatory，regulatory，preferential，crucial，favorable，judicial，prompt，relevant，strategic 等），共计 57 个频次，占 33.7%。可以初步断定：这些词与 measures 组合，构成了翻译搭配冲突。

（四）名－名搭配抽样

名－名搭配句型调查了“支柱/pillar”对其他词的修饰。检索结果是共计 10 频次，pillar + industry/～ies 频次最高，达 7 次，pillar + economic sector/enterprises/project 各 1 次。

查阅了参照语料后发现，除了合成词 pillar box（信箱）、One-Pillar Pagoda（独柱塔）、a multipillar pension model（多条腿养老金模式）之外，未发现有 pillar 用来修饰其他名词的例子。而且，pillar 词条未录入 LTP 与《朗文》。汉－英翻译者将白皮书中的 7 次“支柱产业”全部译为 pillar industry/～ies，很可能违反了目标语的搭配限制。

由于篇幅的缘故，本文只详细讨论“形－名”和“名－名”汉译英搭配冲突。

五、讨论

翻译搭配冲突主要涉及语际问题，确切说是跨语言的搭配力问题。由于每一种语言的词语搭配在某种程度上具有独特性，一种语言的搭配句型可能不同于另一种语言的搭配模式。在翻译中，源语的词语搭配范围很可能与对等词的搭配范围不尽相同。例如，英语中的动 - 名搭配 eat one's soup 在汉语中只能说“喝汤”，而不是“吃汤”。相反，汉语搭配“制定了统一的措施”只能用 the same measures 来表达，用 formulated the * *unified* measures（《中国的农村扶贫开发 2001》）则可能违反了英语的搭配限制。本文所调查的搭配冲突中，有 28 个词项均属语际问题。比较明显的例子是“具体措施（concrete measures）”“积极措施（active measures）”“支柱产业（pillar industry/ ~ ies）”等。

（一）具体措施

笔者在“白皮书语料库”中检索出了 15 个“具体措施”。其中有三处用了正确的搭配词：一处译为 detailed measures，两处译为 specific measures。另有一处则根据语境译成了 methods of disaster reduction work。余者皆译为 concrete measures，共 11 处。

（2）（文件）明确规定了中国政府促进和保护人权的工作目标和具体措施。(《2009 年中国人权事业的进展》)

The document expressly stipulates the objectives and*concrete measures* of the Chinese government in promoting and protecting human rights.

（3）明确各级响应的具体工作措施，将救灾工作纳入规范的管理工作流程。(《中国的减灾行动 2009》)

The*concrete* response *measures* at different levels have been expressly defined, and disaster relief work has been incorporated into a standard management process.

“具体的”译为 concrete 是英汉或汉英词典注释的结果。当然，concrete 可以同 detail, idea, suggestion 等搭配，表示“具体细节、想法、建议”等，但这并不意味着该词可任意搭配。对辞书的进一步查证，可帮助我们更深入地了解该词的意义及搭配。Concrete 的形容词意义是从

“混凝土”引申出来的，表示“坚硬的”“肯定并不可推翻的”等。就连 Oxford Learner's Thesaurus（2008）给出的同义词也均属此语义范畴——firm, hard, positive, final, definitive。难怪 OCD 说，它主要修饰 evidence, fact, proof, situation, result, detail, manifestation, example 等。根据对目标语参照语料/工具书的核对结果，笔者建议将 *concrete* measures 改译为 *detailed/specific* measures 较妥。

（二）积极措施

Dam-Jensen & Zethsen（2008）认为：“每个词都有自己的生命，都有自己的圈子。根据有限的词典信息，有些词可以看成是接近的翻译对等词，但实际上由于两种语言在搭配上存在诸多差异，译者绝不能根据源语搭配逐字译为目标语的搭配。这样做很可能会造成搭配冲突，从而可能改变源语的意思或使源语意思含糊不清。”因照搬源语搭配而回过头来改变源语意思的例子在本文调查的小小范围内就可找到一、二。例如：“知识产权保护的基本情况（*basic situation* of the protection of intellectual property rights）”,《中国知识产权保护的新进展 2005》及“中国人力资源的基本状况（the *basic situation* of China's human resources）”《中国的人力资源状况 2010》均译为 basic situation。殊不知，该词语组合恰巧是叙事学中的一个术语，叫“基本叙事情节”（Stanzel 1986：46）。另例，“提出了具体的目标（《1990 年中国的人权状况》）”译成 *concrete targets*...are set forth 后，目标语则变成了“混凝土靶”，如 penetration of *concrete targets*（［弹体］侵彻混凝土靶）。通过查阅搭配词典与语料库，我们分别找到了 basic *information/current* situation 和 *specific* targets。这些搭配既充分表达了源语之意，又符合目标语的习惯。

一个极端例子就是“积极措施”。笔者在“白皮书语料库”中共检索出 12 个频次的“积极措施”。译例（4）一处为正确翻译，另有两处合理避开了 active 直接修饰 measures 的搭配，分别使用了 *vigorous* measures 和 *actively* taking measures，其余全部译为 active measures。

（4）采取积极主动的就业服务措施。(《中国的劳动和社会保障情况 2002》)

Adopting*active* employment service *measures*.（就业领域专门术语，见下）

但遗憾的是，我们未能在参照语料/工具书中找到任何相同的搭配踪影。这意味着英美人不用 active measures 这一形—名搭配。可能的原因有二。一、它专指解决失业人员的就业途径的“主动（就业）措施”，与“被动（就业）措施（passive measures）”相对，[①] 译例（4）正合此意；二、该短语专指前苏联安全部队和情报机构所使用的政治战的一种形式，包括媒体操纵、散布错误信息、宣传、伪造政府文件、暗杀、迫害持不同政见者等（Boghardt 2009）。

为了验证这一点，笔者用 active measures 在杨百翰大学建的 4 亿字的当代美语语料库中进行了检索，得到了 6 项，其中 5 项均与前苏联的间谍活动相关，只有一项与此无关但与中国相关。

（5）As the pressure mounts, of course the government has to respond with “*active measures*” such as Liu's visit to Sudan. International pressure has changed China's approach to the Darfur crisis before…[②]

文中的引号说明两点：一是此语境中的 active measures 与常规意义不同；二是中国人特有的用法。这显然是译者之“贡献”。

由此可见，active measures 特指前苏联情报部门惯用的、见不得人的下三烂手段。鉴于这一原因，任何政府、机构或组织都不可能宣称自己要采取 active measures。故此，笔者建议使用 take the initiative（*LDOCE5*）

① http：//economics. about. com/cs/economics glossary/g/active_measures. htm. ［2011 - 04 - 15］

② China speaks out on Darfur crisis. *Christian Science Monitor*，（2008 - 02 - 25）. ［2011 - 06 - 24］. www. americancorpus. org.

或 take *initiative/aggressive* measures（*BOE*）来表达这一概念，以避免政治性错误。例如：

（6）中国政府高度重视存在的问题，将继续采取积极有效的措施，不断改善人权状况，切实提高全国人民享受人权的水平。(《2003 年中国人权事业的进展》)

原译：The Chinese government attaches great importance to existing problems, and will continue to take *active* and effective *measures* to steadily improve China's human rights conditions and earnestly raise the level of human rights enjoyed by the Chinese people.

改译：The Chinese government … take *aggressive* and effective *measures* to steadily improve China's human rights conditions …

（7）对于生态严重恶化的流域，实施地下水限采，努力控制地下水超采，采取积极措施予以修复和保护。(《中国应对气候变化的政策与行动 2008》)

原译：In river basins with serious ecological deterioration, China will set the cap on extraction of groundwater, strictly control excessive extraction of groundwater and adopt *active measures* to rehabilitate and protect water resources.

改译：In river basins … China will set the cap on the extraction of groundwater in an effort to stop its overuse and to *take the initiative* to conserve and protect water resources.

（三）支柱产业

第二个例子是“支柱 + 名词”。“支柱”一词用的是引申或隐喻意义，“支柱产业”是指可以支撑或带动其他行业的产业。但除例（8）翻译正确以外，余者皆误译为 pillar industry/ ~ ries 等。

（8）煤、铁、铜、铝、铅、锌等支柱性矿产都有较多的查明资源储

量。(《中国的矿产资源政策 2003》)

Large reserves have been verified of*major minerals*, such as coal, iron, copper, aluminum, lead and zinc.

而实际上，英语“noun + industry”搭配句型所产生的意义是“生产、经营或提供……的产业/行业”，如 the car/food/IT/oil industry (*OCD*)。我们来看一下英语搭配结构的意义。The travel industry 为经营旅游的行业，the entertainment industry 是提供娱乐的行业，the steel industry 只能理解为生产钢铁的产业，不可能是“钢性产业”。按此搭配结构所产生的语义逻辑，“支柱产业”翻译成 pillar industry 后就变成了生产柱子的产业，完全改变了源语的意思。

从语言学的角度看，多数词汇都具备两层意义：一是字面意思；二是引申或隐喻意义。一般说来，词汇在字面意思上的语际对等现象比较普遍，但在引申/隐喻意义层面，语言之间往往不对等。例如，“东风/西风”在字面意思上与 east/west wind 对等（如在天气预报中）。但在引申意义上，汉语“东风”有温暖、大好形势等隐喻意义，译为 east wind 后则隐喻意义尽失。同样，英语 west wind 译为“西风”后也会丧失其温暖与希望的隐喻意义（见雪莱的《西风颂》），仅给人以一种寒冷的感觉。同理，“支柱产业”的汉语搭配模式一经搬入英语，就完全失去了其隐喻意义，反而落入了字面意义的窠臼。为了证实这一点，笔者再次检索了当代美语语料库，得到了 234 个例句，均为“限定词 +（修饰语 +）pillar of”的搭配句型，只有一个例子用了我们翻译出来的搭配结构。

(9) A major player in the internal debate is China's powerful auto lobby. Auto manufacturing is officially designated one of the nation's four "*pillar*" industries, to be defended at all costs. ①

① Auto boom may add to China's pollution, *San Francisco Chronicle*, (2000-05-18). [2011-06-24]. http://www.americancorpus.org.

同样的引号说明了同样的道理。正像在 active measures 上母语使用者引用我们的搭配句型一样，他们同样引用了我们误译出来的 pillar industry。汉语的“支柱产业”实际上相当于英语 primary industry，the pillar/mainstay of the economy/industries，industry of industries（Peter Drucker 语）等。

（10）中国西部地区矿产资源比较优势突出，分布集中，具备形成优势支柱产业的资源基础。（《中国的矿产资源政策 2003》）

原译：The comparative advantages of the mineral resources in the western regions are conspicuous, and their distribution is concentrated, thus providing the resources foundation for the formation of dominant *pillar industries*.

改译：The western regions, with a huge reserve, have overwhelming comparative advantages of mineral resources which provide a foundation for the developing of *the pillar of the local economy*.

（11）西藏自治区人民政府于 1996 年做出了《关于加快发展旅游业的决定》，把作为支柱产业之一的旅游业摆在突出位置，大力发展。（《西藏的生态建设与环境保护 2003》）

原译：In 1996, the People's Government of the Tibet Autonomous Region adopted the "Decision on Speeding Up the Development of Tourism", and put tourism—one of the Autonomous Region's *pillar industries*—in a prominent place and developed it vigorously.

改译：In 1996, … issued the "Resolution on Accelerating the Development of Tourism" that gives prominence to tourism—one of *the pillars of the Autonomous Region's economy* which calls for full development.

其余的 pillar + economic sector/enterprises/project 均可改为 *key* economic sector/*large* enterprises/*major* project 等。

六、结语

本文调查的58个搭配词中有48.2%超出目标语的搭配范围，其中“形-名”搭配占18项，“名-名”搭配占10项。其主要原因是语内的同义现象和语际的照搬源语搭配句型。而照搬源语搭配句型而造成的搭配冲突占绝大多数，其中有两个搭配完全改变了源语的意思。这说明：中国的高级EFL使用者的词语搭配意识薄弱，已经在党政重要文献翻译中造成了严重的问题。

搭配冲突始终威胁着译文的地道性，常常会“降低译文的价值”，有时甚至会“破坏公共关系或一场微妙的谈判”（Hervey *et al.* 2006：126）。因此，翻译中的词语搭配问题不容忽视。正像Newmark（1988：213）说的那样，“如果说语法是篇章之骨骼，那么搭配则是神经，在表达意思方面更为微妙多变，更为具体，词语则形同血肉。”也就是说，搭配出现冲突，犹如神经系统出现紊乱，篇章之躯随即形同僵尸。

参考文献：

Bahumaid, S. 2006. Collocation in English-Arabic Translation [J]. *Babel*, (2): 133-152.

Baker, M. 1992. *In Other Words: A Coursebook on Translation* [M]. London/New York: Routledge.

Boghardt, T. 2009. Soviet bloc intelligence and its AIDS disinformation campaign [J]. *Studies in Intelligence*, (4): 1-20.

Burdette, D. R. 2010. *Biblical Preaching and Teaching, Volume 2* [M]. Florida: Xulon Press.

Burton, P. 2000. *The Old Latin Gospels: A Study of Their Texts and Language* [M]. Oxford/New York: OUP.

Chan, S. 2004. *A Dictionary of Translation Technology* [Z]. Hong Kong: The Chinese University Press Dam-Jensen, H. & Zethsen, K. K. 2008. Translator awareness of semantic prosodies [J]. *Target*, (2): 203 – 221.

Hervey, S. G. J., Loughridge, M., & Higgins I. 2006. *Thinking German Translation: A Course in Translation Method-German to English* [M]. Oxon/New York: Routledge.

Kenny, D. 1998. Creatures of habit? What translators usually do with words [J]. *Meta: Translators' Journal*, (4): 515 – 523.

Larson, M. L. 1998. *Meaning-Based Translation: A Guide to Cross-Language Equivalence* [M]. Maryland: University Press of America.

Louw, B. 1993. Irony in the text or insincerity in the writer: The diagnostic potential of semantic prosody [A]. In M. Baker, G. Francis, & E. Tognini-Bonelli (Eds.), *Text and Technology: In Honour of John Sinclair* [C]. Amsterdam: John Benjamins. 157 – 174.

Newmark, P. 1981. *Approaches to Translation* [M]. Oxford: Pergamon Press.

Newmark, P. 1988. *A Textbook of Translation* [M]. London/NewYork: Prentice Hall.

Stanzel, F. K. 1986. *A Theory of Narrative* [M]. Cambridge: Cambridge University Press.

Zughoul, M. R. 1991. Lexical choice: Towards writing problematic word lists [J]. *IRAL*, (1): 45 – 60.

对外传播话语翻译抉择的“关键之处”：批评翻译学的实证路径探索*

王斌华

（香港理工大学中文及双语学系）

摘　要： 本文在对翻译学发展路径进行回顾和前瞻的基础上，分析了批评翻译学的来龙去脉，明确了批评翻译学路径在揭示翻译活动与社会、政治、意识形态之间互动关系中的作用。本文提出，以系统功能语言学评价理论的视角，运用批评性话语分析的方法，剖析译者翻译抉择的“关键之处”，可作为批评翻译学实证研究路径的突破口。作为实证研究的案例，本文介绍了一项关于中国对外传播政治话语翻译“立场表达”的研究，展示了基于语料库的批评性话语分析的研究方法。

关键词： 批评翻译学；实证研究路径；翻译中的评价；翻译抉择的“关键之处”

一、背景：国际传播话语和批评翻译学

在现代社会的国际传播和政治、外交、商务、文化等各种国际交往

* 本文原载于《中国外语》2015 年第 1 期，本集收录时格式略有改动。

本研究得到香港理工大学 GRF 项目的资助（项目号：4 - ZZDG），谨此致谢。

中，翻译（包括口译和笔译，下同）活动无处不在。然而，在公众的视野中，译者仍然是国际传播和交往话语背后“不为人知的中介”（unknown agents）（Schäffner，2012），翻译在全球信息流的生产和流通中所扮演的重要角色基本上被公众所忽视，并由此而产生一种错觉，即，信息在不同语言社群和不同文化之间流通之时，能够保持毫不走样（Bielsa，2009：14）。现代社会中传播和交往媒介的全球化趋势不但没有消除这种错觉及凸显翻译在其中的角色，反而加深了这种错觉：一方面，现代社会中翻译职业规范所规定的译者隐身性和翻译技术工具进步所带来的便利性使得人们更容易忽视翻译在国际传播和交往中的作用，诚如第18届世界翻译大会开幕式上“国际译联”（FIT）播放的一段影片所显示的那样，只有当翻译不在场或者出问题时，人们才会感觉到其不可或缺的作用；另一方面，随着英语作为全球化语言的地位不断提升，英语媒体在国际传播中的强势地位得到进一步加强，这在一定程度上模糊了媒体信息在跨越语言和文化障碍过程中的各种复杂性，并遮蔽了翻译活动在国际传播中的作用（Bielsa & Bassnett，2009：18）。

具体而言，公众对翻译活动的认识不足主要体现在：1）人们往往认为，翻译仅仅是一种在语际之间寻找语义对等的活动，而这样一种语义匹配的活动是程式化的、无需鉴别的；2）虽然翻译活动的语境受制于各方之间的权力关系和价值选择，但翻译的意义生成和意义协商过程是能够并且应该产生一成不变的结果的；3）作为上述两点的结果，译者在翻译活动中的中介和参与角色在公众认识中亦得不到承认（Pérez-González，2012：172）。

就译界本身来看，经常有人提出，语言转换和语言学路径的研究才是翻译学的本体。这一看法有点跟不上译界的实际发展。任何一位翻译业界的实践者都能体会到，翻译不仅仅是语言转换，做好语言转换只是达到了翻译质量标准的基本要求而已。作为译学研究者，如果我们关注的仅仅是翻译中的语言转换，那么我们对译学研究对象的考察就不够完全、不够充分，因为译学研究的对象不仅仅是源语文本和目标语文本，还包括译者（和作者）、翻译活动的语境、社会文化背景、翻译活动的功能和作用等等。由此看来，关注语言转换的语言学路径的研究是译学研究的本体，关注译者角色、翻译语境、翻译的社会文化背景、翻译的功能和作用的文化学路径和社会学路径的研究也是译学研究的本体。有必要指出的是，如果译学研究仅仅关注语言转换这一“本体”，实际上是画地为牢，使翻译研究的意义大为降低，而这也是造成公众对翻译活动和译学研究的价值认识不足的一个原因。

从翻译学的发展历程来看，翻译学在经历了上世纪 80—90 年代的“文化转向”后，其学科地位基本确立，研究视域也大大拓宽，在描写翻译研究的视域中体现为以翻译规范描写为核心的研究，在功能翻译理论的视域中体现为以目的论为核心的研究。从翻译研究的关注对象来看，不再局限于语言层面的以源语文本为中心的忠实度考察，而是充分考察目标语文本；摆脱了以作者为中心的窠臼，更注重探究翻译过程中译者的作用；不仅考察翻译文本，而且考察翻译活动的社会、文化语境及其功能和作用。近年来，社会学视角的翻译研究方兴未艾，不少学者提出译学研究的“社会学转向”（Wolf，2006；Pöchhacker，2009；Angelelli，2012）。相关学者指出，翻译不仅是一种跨语言转换和跨文化交际的协调（mediation）行为，而且是一种社会情境中的活动（socially-situated activities），是一种社会、文化乃至意识形态的协调活动（socio-cultural and ideological mediation）（Inghilleri，2007）。基于这种认识，国际译学界著名学者 Mona Baker 进一步提出，有必要更深入地探索翻译这一话语活动和其社会语境之间的互动关系，她认为，口译员和笔译者所协调的翻译过程像社会中的其他互动行为一样，也是受到权力关系制约的，故此，视翻译的语境化过程为一种动态的协商过程来加以考察，能使译学研究中的批评更富有成效（Baker，2006：322）。

在新闻文本和政治文本等对外传播话语的翻译中，我们可以发现，翻译的用词、表达、语气、语篇模式等方面并不只是与语言及文化因素有关，还取决于社会、政治、意识形态等因素，尤其是包含于其中的权力关系因素，包括政治权利、族群权力、经济权力、文化权力等等。在国际传播中，翻译是政治语言话语策略的一种重要实现形式。如Schäffner（2004）指出，翻译能实现“高压、抵制、掩饰、合法化（或非法化）”［coercion，resistance，dissimulation and（de）legitimation］等政治语言的话语策略功能。

举例来说，近期国际媒体传播中一个世人瞩目的事件是马航 MH370 航班失联事件。2014 年 3 月 8 日，马来西亚航空公司称载有 239 人的由吉隆坡飞往北京的 MH370 航班与管制中心失去联系，马来西亚启动了搜救和联络机制寻找该飞机，先后联合 25 个国家参与搜救行动。其间，马航和马来西亚政府召开了数场新闻发布会发布相关消息，直至 3 月 24 日晚 10 点，马来西亚总理纳吉布在新闻发布会上宣布，MH370 航班“终结”于南印度洋（原文：“…flight MH370 **ended** in the southern Indian Ocean”）。值得注意的是，在两家代表性中文媒体（凤凰卫视和中央电视台）对这场发布会的电视直播中，同声传译均把发布会的这一结论性句子中的“ended”译为“坠毁”，两台的电视画面显示的快讯字幕也用了“坠毁”一词。各大新闻门户网站关于这场发布会的报道和评论显示，中文媒体普遍抱怨马来西亚总理不应该仅凭英国“国际海信卫星组织”（Inmarsat）对一些数据的估算结果以及在多国搜救尚未结束之时就草率、匆忙地发布“坠毁”的结论。此类抱怨的声音亦传到了马来西亚政府那里，以至于马来西亚代理交通部长希沙姆丁在 4 月 1 日的新闻发布会上特别澄清：马来西亚总理从未下结论说航班已经“坠毁”（crashed）。显然，马来西亚总理新闻发布中用“ended”一词，是采用了模糊的话语策略，译员译为“坠毁”，虽然是符合逻辑的翻译抉择，却未能考虑到政治人物使用这一词的话语策略。如此看来，媒体传播翻译中的一词之差，并非无关紧要，尤其是关键字眼。

那么，在翻译研究中如何揭示翻译活动和翻译文本中所隐含的翻译与社会、政治、意识形态因素之间的互动关系？有学者（胡开宝，2014）提出“批评翻译学”（Critical Translation Studies）的研究路径，即借鉴批评性话语分析和系统功能语言学的研究方法，通过对源语文本的选择、翻译文本的接受、翻译文本语言特征以及翻译策略等方面的分析，揭示社会、政治、意识形态以隐性的方式对翻译的影响以及翻译以隐性的方式对社会、政治、意识形态的反作用。批评翻译学的路径本质上是描写翻译研究与系统功能语言学和批评话语分析的结合，三者均关注文本在具体历史文化语境中的生产和接受，均强调文本特征应与文本的生产和接受过程和语境联系起来，探讨文本生产和接受与语言和文化之间的权力关系（胡开宝，2014）。下文将探讨批评翻译学的实证研究路径。

二、翻译中的评价——译者翻译抉择的“关键之处”

翻译是译者对源语文本在目标语中多种可能的表达进行综合评价并最终做出抉择（decision-making）的过程，翻译是一个连续的评价（e-valuation）过程（Munday，2012）。所谓“评价”，指的是“讲话者或写作者对于其所谈或所写的事物或命题的立场、观点或感情色彩的表达”（Hunston & Thompson，2000：5）。作为一种跨语言、跨文化的交际活动，翻译因语篇和语境不同而体现出译者在翻译抉择过程中对评价意义的不同转换方式，从而产生翻译的不确定性和译者主体性。换言之，翻译中的评价就是文本中体现出来的译者在意识形态和价值观方面的立场，任何译文都体现译者的评价，即译者主体性。翻译研究的文化学路径虽然将翻译看作一种译者介入（intervention）的过程，关注翻译和意识形态及价值观之间的关系，但其实证研究实际上主要依赖的是文本外（extra-textual）的数据，如译者的译本前言、后记等（Toury，1995：65），对文本语言的评价性研究不够，因此未能真正有效地揭示翻译文本和翻译中的社会、政治、意识形态及价值观之间的联系。有鉴于此，译学界代表人物 Jeremy Munday 在其新著《翻译中的评价：译者抉择的关键之处》指出："评价性语言在许多方面恰好是沟通文本和意识形态及价值观之间鸿沟的桥梁"（Munday，2012：12）。

Munday 通过翻译中的评价性语言考察译者翻译抉择的关键之处，其理论依据和方法路径借鉴了系统功能语言学的"评价理论"（the Appraisal Theory）。"评价理论"是系统功能语言学关于语言的人际功能考察的新发展。根据 Martin & White（2005）的理论，"评价理论"由态度（attitude）、介入（engagement）和级差（graduation）三个互动的子系统组成。态度系统是评价理论的核心部分，是语言使用者通过情感（affect）、判断（judgement）和鉴赏（appreciation）这三个方面对所描述对象进行评价的资源；介入系统表明语言使用者评价资源的来源，包括单言（monogloss）和多言（heterogloss），它关注语篇中所体现的人际或概念意义的协商方式；级差系统标记态度资源介入程度的分级，根据评价价值的强弱高低又分为语势（force）和聚焦（focus）（Martin & White，2005：38）。

那么，如何在实证研究中对翻译中的评价性语言进行客观而系统的考察？Munday（2012）提出以考察翻译抉择中的"关键之处"为突破口。他指出，翻译文本中总有些部分最容易受到价值观的操纵，最富有解释和评价的空间，因此这些部分"要求译者的阐释，有时还要求译者的实质性介入"（Munday，2012：2）。他称这些部分为翻译抉择的"关键之处"（Critical Points），即"翻译文本中易受价值操控的词汇特征、翻译过程中经常出现的翻译偏移（shift）、以及其它最具阐释和评价潜力之处、最能揭示译者价值观之处"（Munday，2012：41）。从实证研究操作的便利性来看，这确实是一种"四两拨千斤"的巧妙方法，通过寻找翻译文本中最能体现译者的介入、评价作用以及最能体现社会、政治、意识形态因素作用的翻译抉择关键之处，研究这些关键之处在翻译中呈现的规律，来揭示译者、译本与社会、政治、意识形态及价值观等因素之间的关系。具体而言，可以系统比较源语文本和目标语文本评价态度的组成部分、态度的来源和态度的强度，可以描述翻译文本的主题词、关键词和表达态度和价值的词汇的使用特征，亦可以对目标语文本的翻译偏移进行评价理论角度的解读，还可以对译者的协调和介入行为进行考察。

在以往的翻译研究中，无论是把翻译作为语言转换或认知过程来探究，作为交际行为来考察，还是作为社会活动来研究，往往探索的只是其一个层面：或是语言层面，或是认知处理层面，或是交际功能层面，或是文化系统和规范层面。Munday（2012）提出研究翻译中的评价语言的实证路径则在翻译文本的语言特征和翻译的社会、政治、意识形态属性之间建立起了联系的界面。而且，这一研究路径通过分析和考察翻译行为和活动中“价值植入”（value insertion）在语言层面的实现方式（Munday，2012：40），揭示翻译的社会、政治、意识形态属性，如此，可望拓宽翻译学的研究视域，加强研究的深度，并提升其研究意义。从这个意义上来说，研究翻译抉择的“关键之处”堪为批评翻译学一条可行的实证研究路径。

三、批评翻译学实证研究的案例分析

运用 Munday（2012）关于翻译中的评价语言的研究路径，我们对一个关于中国对外传播政治话语翻译的语料库进行了实证研究（Wang & Feng，2014），在此简要介绍，作为探索批评翻译学实证研究方法的案例。

本项研究采用基于语料库的批评性话语分析的方法（corpus-based critical discourse analysis），通过考察该口译语料库中译员翻译抉择的“关键之处”，揭示中国政治话语对外传播过程中翻译的“立场表达”（stance-taking）。

批评性话语分析（CDA）是政治和传媒话语分析一种常用的研究路径，其典型方法是对语篇中的关键概念和关键词进行批评性的分析（Chilton，2004；Fairclough & Wodak，1997；van Dijk，1997）。虽然批评性话语分析在单语文本的分析中比较常见，但在翻译研究中的应用尚为得到广泛应用。有必要指出的是，现代社会的翻译研究不再仅仅关注译本是否忠实于原文，还关注翻译的社会、文化、交际属性，关注翻译行为和翻译产品的社会、文化、政治意义，关注翻译活动与社会—文化语境之间的互动关系。正是由于对社会—文化语境中的人类交往活动的共同关注，尤其是对于这种活动所产生的语篇和话语的共同关注，翻译学和批评性话语分析存在诸多跨学科互动的空间（Schäffner，2004：136）。鉴于本项研究旨在揭示中国政治话语对外传播过程中翻译的“立场表达”，而批评性话语分析的一个根本目的是“揭示语言使用中所承载的意识形态以及隐藏于其中的权力关系”（Fairclough & Wodak，1997：258），因此，批评性话语分析的方法适用于本研究。在这一方法的适用过程中，我们注意到，虽然批评性话语分析在政治和传媒话语分析已得到广泛而有效的运用，但在具体研究方法上也受到了批评：往往有些研究的数据规模偏小，多为一个语篇或者是语篇的一部分，如此分析得出的结果在系统性和普遍性方面都易受到质疑（Chilton，2005）。近年逐渐发展成熟的语料库技术和方法可以弥补批评性话语分析这一方法上的缺陷，已有研究者尝试结合语料库分析工具和批评性话语分析，如 Baker et al（2008）运用语料库工具对较大规模的语料进行了系统分析，为其关于英国媒体报道的批评性话语分析建立了坚实的数据基础。

本研究的数据来自“CEIPPC 双语平行口译语料库”，该语料库包括1998—2012 年 15 场中国总理“两会”记者会的汉英交替传译语料，共有七位外交部翻译室译员的现场口译。关于语料的详细背景及建库过程，请参见 Wang（2012）和王斌华（2012；2013）。

语料库工具生成的高频词表显示，本语料库中文子库前十位的高频词中，有两个实词：“中国”（词频700）、“问题”（词频568）。“中国”一词在目标语表达中，或对等于“China”，或对等于“Chinese”，故这一高频关键词的翻译基本上不存在译员协调或介入的空间。“问题”一词则不同，根据《新华字典》，“问题”有四个义项：①要求回答或解答的题目；②需要解决的疑难和矛盾；③关键，重点；④意外事故。因此，在这一高频关键词的翻译中译员的阐释和介入空间很大。通过双语平行语料库工具ParaConc的“热词检索”（Hot Word List）功能，即检索词在目标语语料中的对应翻译，我们发现，目标语语料中使用的对应词包括：question（s）、problem（s）、issue（s）、matter（s）。根据《牛津英语大辞典》（*Oxford Dictionary of English*，2003），上述各词在语言使用中的含义是不同的：question指要求回答或解答的题目，或指需要解决的疑难；problem指的是需要处理或解决的不好或是有害的事情、状况或矛盾；issue指的是需要讨论或争辩的重要议题或问题。如此看来，“问题”这一高频关键词是译员翻译抉择中的“关键之处”，即确定为本研究分析的焦点。

通过语料库的“词簇”（cluster）检索工具，我们对“问题”一词在语料库目标语语料中的对应词逐一进行了“关键词上下文语境”（KWIC）的检索，发现译员在这一关键词的翻译中存在词汇选择（lexical choice）的规律性。译员倾向于使用issue一词来传译讲者所指涉的国际“问题”，在此类上下文语境中，讲者话语中往往隐含该议题或问题是可以讨论或争辩的意思。译员倾向于使用problem一词来传译讲者所指涉的国内“问题”，意味着该类事情、状况和矛盾是可以处理或解决的；在传译讲者所强调的重要的、严重的、复杂的或艰巨的国内“问题”时，译员则倾向于使用issue一词。译员倾向于使用question来传译讲者所指涉的需要处理或有待解决的“问题”，在此类上下文语境中，讲者往往隐含了该事情或状况不存在讨论或争议的余地，如“台湾问题”。

在使用语料库工具对较大规模数据进行了充分描述并发现翻译抉择“关键之处”的规律性特征之后，我们使用批评性话语分析的评价理论视角对所发现的规律进行了阐释（interpretation），提出了翻译活动中“立场表达”的阐释性框架。所谓“立场表达”，指的是讲话者或写作者的态度、评价和判断意义的表达（Englebretson，2007）。根据这一阐释框架，对外传播政治话语翻译的“立场表达”体现在三个方面：一个方面是“态度”（attitude），即译员所选择词语的感情色彩和态度含义是积极还是消极；第二个方面是“介入程度”（engagement），即译员所选择的词语意味着扩展还是缩小了对话的空间（dialogically expansive or contractive）；第三个方面是“参与程度”（commitment），即译员所选择的词语所显示的对话题的关注程度。

在描述和阐释之后，我们试着对研究发现进行了解释（explanation）。我们认为，对外传播政治话语翻译人员立场表达的主要动因可归因于他们的机构“口译规范”（王斌华，2013）。作为政府的机构译员，他们是政府的“喉舌”（spokespersons），他们在翻译行为和活动中的立场表达与代表政府的发言人保持一致（alignment）。这一解释亦可从机构译员发表的关于其翻译活动的总结回顾文献中得到印证。例如，关于中国对外传播政治话语的翻译，多位机构译者均在其文章中指出：“中国大陆”应译为 China's Mainland，而不应译为 Mainland China（徐亚男，2000；过家鼎，2002；施燕华，2007）；“台湾问题”应译为 Taiwan question，而不是 Taiwan issue（过家鼎，2002）。

如上所示，本研究案例在研究步骤上借鉴了系统功能语言学和批评性话语分析的研究逻辑，即：从描述到阐释，再到解释（Description-Interpretation-Explanation）（黄国文，2004）。通过语料库方法的运用，描述的结果建立在对较大规模数据进行充分分析的基础上，阐释分析形成了比较系统的框架，动因解释亦得到了文本外数据的印证。

四、结语

本文在对翻译学发展路径进行回顾和前瞻的基础上，分析了批评翻译学的来龙去脉。本文提出，通过考察翻译中的评价语言剖析译者翻译抉择的“关键之处”，可作为批评翻译学实证研究的突破口。作为实证研究的案例，本文介绍了一项关于中国对外传播政治话语翻译“立场表达”的研究，展示了基于语料库的批评性话语分析的研究方法。

参考文献：

Angelelli, C. 2012. Introduction. The sociological turn in translation and interpreting studies [J]. *Translation and Interpreting Studies*, 7 (2): 125 - 128.

Baker, M. 2006. Contextualization in translator-and interpreter-mediated events [J]. *Journal of Pragmatics*, 38: 321 - 337.

Baker, P. et al. 2008. A useful methodological synergy? Combining critical discourse analysis and corpus linguistics to examine discourses of refugees and asylum seekers in the UK press [J]. *Discourse & Society*, 19 (3), 273 - 305.

Bielsa, E. & Bassnett, S. 2009. *Translation in Global News* [M]. London & New York: Routledge.

Bielsa, E. 2009. Globalization, Political Violence and Translation: An Introduction [A]. In Esperanza Bielsa and Christopher W. H. (eds.) *Globalization, Political Violence and Translation* [C], 1 - 21. Basingstoke: Palgrave Macmillan.

Chilton, P. 2004. *Analysing Political Discourse: Theory and Practice* [M]. London: Routledge.

Chilton, P. 2005. Missing links in mainstream CDA: Modules, blends and the critical instinct [A]. In Wodak, R. & Chilton P. (eds.) *A New Agenda in (Critical) Discourse Analysis* [C]. Amsterdam: John Benjamins.

Englebretson, R. (ed.) 2007. *Stance-taking in Interaction: Subjectivity, evaluation, interaction* [C]. Amsterdam: John Benjamins.

Fairclough, N. & Wodak, R. 1997. Critical discourse analysis [A]. In T. van Dijk (ed.), *Discourse as Social Interaction. Discourse Studies* 2: *A Multidisciplinary Introduction* [C]. London: Sage. 258 -284.

Halliday, M. A. K. & Matthiessen, C., M. I. M. 2004. *An Introduction to Functional Grammar* [M], 3rd edition, London: Arnold.

Hunston, S. & Thompson, G. (eds.) 2000. *Evaluation in Text: Authorial Stance and the Construction of Discourse* [C]. Oxford: OUP.

Inghilleri, M. 2003. Habitus, Field and Discourse: Interpreting as a Socially Situated Activity [J]. *Target*, 15 (2), 243 -268.

Martin, J. R. & White, P. R. 2005. *The Language of Evaluation, Appraisal in English* [M]. London & New York: Palgrave Macmillan.

Munday, J. 2012. *Evaluation in Translation. Critical Points of Translator Decision-making* [M]. London and New York: Routledge.

Pérez-Gonzálezz, L. 2012. Translation, interpreting and the genealogy of conflict [J]. *Journal of Language and Politics*, 11 (2): 169 -184.

Pöchhacker, F. 2009. The turns of Interpreting Studies [A]. In Gyde Hansen, Andrew Chesterman and Heidrun Gerzymisch-Arbogast (eds.) *Efforts and Models in Interpreting and Translation Research. A tribute to Daniel Gile* [C]. Amsterdam: John Benjamins. 25 -46

Schäffner, C. 2004. Political discourse analysis from the point of view of Translation Studies [J]. *Journal of Language and Politics*, 3 (1): 117 -50.

Schäffner, C. 2012. Unknown agents in translated political discourse [J]. *Target*, 24 (1): 103 -125.

Toury, G. 1995. *Descriptive Translation Studies and Beyond* [M]. Amsterdam: John Benjamins.

Van Dijk, T. 1997. What is Political Discourse Analysis? [A] In Blommaert, Jan and Chris Bulcaen (eds.), *Political Linguistics* [C]. Amsterdam: John Benjamins, 11 -52.

Wang, B. 2012. A Descriptive Study of Norms in Interpreting: Based on the Chinese-English Consecutive Interpreting Corpus of Chinese Premier Press Conferences [J]. *Meta*,

57 (1): 198 -212.

Wang, B. & Feng, W. 2014. "When Chinese Leaders Speak English through the Interpreter" -A Corpus-Based Study of Interpreted Political Discourse from China [Z]. Plenary keynote speech at the 1st International Conference on Empirical Translation Studies, Shanghai Jiaotong University, May 23 -25, 2014.

Wolf, M. 2006. (ed.) *übersetzen — Translating — Traduire: Towards a "social turn"?* [C]. Münster/Hamburg/Berlin/Wien/London: LIT-Verlag.

过家鼎:《注意外交用词的政治含义》,《中国翻译》2002 年第 6 期。

胡开宝:《批评翻译学研究:内容与方法》,《川外学坛"学术大视野"讲座》,2014 年。

黄国文:《翻译研究的功能语言学途径》,《中国翻译》2004 年第 5 期。

施燕华:《怎样做好外交口译工作》,《中国翻译》2007 年第 3 期。

徐亚男:《外交翻译的特点以及对外交翻译的要求》,《中国翻译》2000 年第 3 期。

王斌华:《语料库口译研究:口译研究方法的突破》,《中国外语》2012 年第 3 期。

王斌华:《口译规范的描写研究——基于现场口译较大规模语料的分析》,北京:外语教学与研究出版社 2013 年版。

从“争议岛屿”来看外宣翻译工作中的政治意识*

朱义华

（江南大学外国语学院）

摘　要：从今年上半年菲律宾政府改我黄岩岛为“帕纳塔格礁”之举到下半年日本政府愈演愈烈的钓鱼岛“国有化”事件无不折射出了对外宣传与翻译工作中的政治意识。外宣翻译工作中的政治意识主要涉及国家利益、意识形态、政治准确性与敏感度等政治性维度，准确把握这些维度既有利于我们淡化政治色彩，又有助于我们强化政治意识，在落实外宣效果的同时确保对外宣传的正确方向。

关键词：外宣翻译；政治意识；政治性维度；黄岩岛；钓鱼岛

一、引言

今年5月，菲律宾政府无视我国多次警告，以“称谓简洁”为借口

---

* 本文原载于《中国翻译》2012年第6期，本集收录时格式略有改动。

本文系作者所主持的江苏省教育厅2011高校哲学社会科学研究指导项目“民俗译介与文化互动（2011SJD740001）”与2009校级人文社科预研项目（1165210382090710）中“外宣译介与政治文化”部分的成果之一。

将黄岩岛改称为“帕纳塔格礁”（Panatag Shoal），以宣誓其对该岛的所谓“所有权”。而进入下半年，从日本保安厅逮捕我保钓人士登岛到日本右翼分子“自由”登岛，从日美模拟夺岛联合军演到东京都调查团的所谓“调查”，再到日本政府内阁与所谓“所有人”“购岛协议”的达成等种种非法之举则是日本政府与其右翼势力试图非法侵占我钓鱼岛及附属岛屿（日本常称其为“尖阁群岛”，即所谓的Senkaku Islands）的惯用伎俩。无论是菲方的临时改名，还是日方的“惯常”称谓都僭越了我国作为黄岩岛与钓鱼岛唯一主权国的命名处置权，是对我国领土主权完整的公然违抗。

二、“争议岛屿”称谓之背后

无论从其发现、命名的历史渊源与有关国际公约、条约的条款规定来看，黄岩岛与钓鱼岛自古以来就是中国固有领土，其主权归属不存在任何“争议”问题，而菲方与日方的所谓“争议岛屿主权主张”纯属侵犯我国主权完整与民族利益的恶意挑衅。关于黄岩岛的称呼，国际上惯称为“斯卡伯勒浅滩（Scarborugh Shoal）”，而中国人习惯称之黄岩岛（the Huangyan Island）。至于钓鱼岛，日本政府完全不顾其历史由来，习惯性地借鉴渔民俗称将其称为“尖阁群岛”（Senkaku Islands），而非采用我国政府之正式称谓——钓鱼岛（Diaoyu Islands）。菲日两方在其对外宣传与报道中将黄岩岛与钓鱼岛分别译为“Panatag Shoal”与“Senkaku Islands”的做法很明显是别有用心。这是因为外宣翻译是一种“处心积虑地加以利用的”对外传播形式（衡孝军等，2011：3），它往往呈现出很强的信息输出性，带有宣传、灌输与劝服的目的，集中体现为源语传播主体的主流意识形态和文化价值观念的传播，是传播主体，尤其是国家层面的传播主体的代言人。因此，这两国的做法是一种带有明确自我目的性的政治宣传，是非法染指中国国家利益的挑衅行为，是受菲律宾与日本政府意识形态操控的结果。

从传播学的视来看，黄岩岛与钓鱼岛称谓的命名方式与英译实际上涉及了对外宣传翻译中的政治意识。外宣政治意识要求外宣工作切实维护宣传本国的政治立场与根本利益，同时尊重包含受众国在内的其他国家与民族的合法利益与政治诉求。很显然，菲律宾擅自将黄岩岛英译改为“Panatag Shoal”与日方坚持英译钓鱼岛为“Senkaku Islands”的做法是片面追求自身利益而不顾我国利益的“狭隘民族中心主义”行径，违背了“相互尊重、平等互利”的国际准则，既不利于中菲、中日邦交的正常化，还可能为亚太地区、乃至世界的和平与稳定蒙上阴影。

三、外宣翻译工作中的政治意识

外宣翻译，即对外宣传翻译，主要是指对一国政治经济、社会生活与历史文化等各方面内容进行译介报道与输出传播，它是一种信息资讯共享、思想情感交流、意识形态宣传与历史文化传播活动，具有翻译学与传播学的双重属性。目前在我国，外宣翻译是对外宣传工作中必不可缺的载体与主要实现形式。由于我们的“宣传报道工作，归根结底，就是要宣传一种思想。我们可以在文章中不提意识形态、国家制度等问题，但总归是宣传社会主义思想（沈苏儒，2009：7）”，同样资本主义国家的宣传报道则是宣传资本主义社会的意识形态与主流价值观思想，因此外宣翻译不同于一般意义上的翻译，它更具政治性，也更加注重对外宣传效果的落实、国家形象的建构与国家利益的维护。具体而言，外宣翻译工作中的政治意识具体包含以下政治性维度：

首先，维护国家利益是外宣翻译政治意识的最高层次与最终目标。从某种意义上来说，任何国家的对外宣传和翻译工作实际上都是坚持本国所持政治立场与方向，服务本国利益与形象建构的政治表现行为与意识形态传播活动，其对外性就决定了维护国家利益是其首要任务。一个国家的语言文字是一个国家的重要标志与符号，在对外宣传中坚持用自身文字及其称谓来指代本国事物既是对外传播本国语言文化，提升其文化软实力的主要形式，也是扩大政治意识形态影响，维护国家利益的重要表现。比如，我们在对外宣传“南沙群岛”时，就不宜将其翻译成西方人所称的“the Spratly Islands”或“the Spratlys”，而应该采用“Nansha Islands”的形式来表明我方的国家主权利益。而我国西南边境的怒江由于跨越中缅两国，如译为“Salween”而不作任何解释的话，可能导致国际社会误以为我国在抢夺属于缅甸主权范围的“萨尔温江（Salween)”，这显然不合事实。故应译为“Nujiang River ”或“Nujiang River, the upper reach of Salween in China”来说明地理流域上的同源与主权管辖上的差别。据此，我国的黄岩岛与钓鱼岛也应分别译为“the Huangyan Island”与“Diaoyu Islands”，以向国际社会宣示我国主权，其他任何国家但凡不依据我国对自身事务的处置权来命名或翻译这两岛的做法无疑是别有用心之举。事实上，利用自身惯用称谓来表达国家主权的做法已成为国际惯例，如在韩日争议岛屿问题上韩国称“独岛”而日本则称“竹岛”就是很好的例证。因此在我们对外宣传与翻译报道中要坚持用中方称谓来表达政治诉求，增强话语权，维护国家主权与民族利益。

其次，意识形态的传播是外宣翻译政治意识得以体现的惯用手段与常见形式。外宣翻译语篇承载着特定社会统治阶级主流意识形态的传达，影响并控制着人们的思维和态度。因而，在对外宣传与翻译报道中不能单纯求助于语言层面的操作来解决政治与文化的对抗问题，而必须更多考虑国体政体、历史文化、宗教民俗等诸政治因素与言外因素的作用。例如，美国的外宣媒体《新闻周刊国际版》在 2005 年刊登了以“Does the Future Belong to China?”为题的文章，其中包含以下文字“… **the newly empowered party boss**, Deng Xiaoping, gave a speech that turned out to be the most important one in modern Chinese history. He **urged that the regime** focus on development and modernization, and let facts—not ideology—guide its path…”对小平同志身份与我国政府报道的有关表述就带有明显的美国意识形态色彩。根据勒菲弗尔的观点，“翻译就是对原语文本的改写”“改写即操纵，并为权力服务”（Lefevere，2004：preface）。外宣翻翻译中的这种政治性改写与操控是出于国家形象建构与国家意识形态维护的需要，比如，韩国将其首都的汉字拼写由“汉城”改为“首尔”之举就是出于对外宣示主权、强化民族意识的需要。这种政治上的干预与操控对任何一国家来说都有其合理之处，但就中国而言，必须依据“三贴近”原则（黄友义，2004：7）来报握好分寸，避免过多的“宣传腔”与“政治腔”，做到措辞运用得当，用意含而不露。

再次，政治准确性是决定外宣翻译工作能否取得实际效果的关键性因素，也是外宣翻译政治意识落实的重要一环。政治上不准确的译文既可能损害本国自身的形象与国家利益，也可能造成侵害他国主权、干涉他国内政之嫌，因此外宣译员应保持清醒的政治头脑，严格“政治审查”，兼顾政治严肃性与翻译灵活性来落实外宣译文的政治准确性。政治准确性维度首先要求译员对涉及国家主权与领土完整的话题仔细推敲，切不可走样。例如，如1999年北约轰炸了中国驻南斯拉夫大使馆之后不久，中国领导人曾严重警告美国及其盟国说：“中国人民决不答应!”，这里的“决不答应”显然并非“The Chinese People will never say yes!”那么简单，而是指“中国人民坚决不允许、不能听任美国及其盟国这么胡作非为（张健，2010：408)”，因此其准确译法应当是：“The Chinese people will never let it go that way!”。同理，台独势力所鼓吹的“台湾独立运动”就不能简单地据其名直译为“Taiwan Independence Movement”，而应根据其分裂祖国之实翻译成“Taiwan Secession Movement”，这不仅是关乎翻译策略与技巧的语言转换问题，更是关乎个人立场、国家主权与民族尊严的严肃问题，决不能含糊。政治准确性还要求外宣译员“必须注意掌握用词的政治含义和政治分寸（过家鼎，2002：59)”，这涉及政治认识的深度问题。程镇球先生（2003：18－22）也指出，“政治文章的翻译要讲政治……要注意掌握分寸，用词轻重要恰如其分”。例如，政治新闻中常见的“伤害中国人民的情感”如译为“hurt the feelings of the Chinese people”就略显不够准确，而译作“wound the national dignity of the Chinese people”则使政治轻重感拿捏比较到位。又如，在我们宣传工作中经常会遇到一些诸如“一场没有硝烟的战争”“白衣战士”“扶贫攻坚战”等有中国特色的比喻，如果直译为“a smokeless **battle**, white-coated **soldiers**, poverty-relief **battle**”将会带有浓厚的“战争”色彩，国外受众理解的政治含义很可能是“中国好战”，“无意中为西方媒体鼓吹的‘中国威胁论’推波助澜（张健，2010：417）”。因此，在外宣翻译中必须遵循“内外有别”的灵活性原则，将其译为“invisible efforts, medical workers, poverty-relief campaign”来“去其火药味”，做到“传而不宣”。

最后，政治敏感性是政治意识在外宣翻译中得以充分落实的前提条件与有力保障。在外宣工作中，经常会碰到一些诸如有关领土、主权、人权、外交、宗教与民俗等政治灵敏度较高的话题，译者对此必须保持高度灵敏性才能捕捉到字里行间的政治含义，进而准确传达。例如，对“中国大陆”，外宣译者应该敏感地意识到它绝非像“欧洲大陆”一样只是地理概念而不涉政治含义，而所谓的“台湾问题”对中国来说则根本就不是“问题”，所以应该杜绝“mainland China”与“the Taiwan issue”字样的出现，以避免给人落下话柄。政治敏感性还体现在外交的严肃性上，国家层面的外宣翻译最终也是为外交事务服务的，外宣从业人员应时刻提醒自己对其他国家的主权、领土完整、国家体制及其相关机构保持足够的尊重，不因翻译的不到位而造成忽视国际礼仪、有辱他国形象甚至干涉他国家内政之嫌、之实。因此外宣译员在翻译实践中应保持敏感的“政治神经”，避免犯外交常识性、礼仪性甚至政治性错误，防范政治风险、政治事端。比如，美国国务院是 the State Department，而中国的则是 the State Council，其相应领导人在美国称国务卿（secretary of state）与副国务卿（under-secretary of state），在中国则是总理（premier）与副总理（vice premier），而总理在德国与奥地利等国则用“chancellor”表示。即便是一般的国名或地名的英语表达，也得谨慎行事、小心翼翼才行——特别是冠词，马虎不得（张健，2010：413－414）。比如海牙不是 Hague，而是 the Hague；荷兰要么译成 Holland，要么则译成 the Netherlands，而不能简单地译成 Netherlands。而随着历史的推移与时局的变化，有些国家、国际组织与机构在名称的翻译上也有或多或少的变化，如乌克兰作为苏联领土的一部分译为 the Ukraine，但苏联解体后，乌克兰成为独立国家，改称为 Ukraine；现在的联合国（the United Nations）以前称为国际联盟（League of Nations），而以前的关贸总协定（GATT）则演变成了现在的世界贸易组织（WTO）。此外，外宣译员对字母的大小写也应特别敏感，否则有可能出现政治歧义与争端。例如，以前的“金砖四国（BRICs）”由于有了南非共和国的加入变成了五国组成的“金砖国家（BRICS）”，其中最后一个字母由原来复数形式的小写“s”变成了现在替代南非的大写字母“S”。

四、结语

外宣无小事，外宣翻译同样无小事。外宣翻译的“对外性”决定了大多数外宣材料蕴含了的国家利益、政治立场、主流意识形态和诗学观等“无形之手”的操控，扮演着国家政治“喉舌”和民族文化“窗口”的重要角色，因此对外宣传与翻译工作不可避免地涉及多个政治性维度的应对意识。为了取得外宣翻译的最佳效果，“将政府希望塑造的‘我形象’转化为受国际认可的‘他形象’（胡洁，2010：3）”，我们一方面要淡化政治色彩，但另一方面则须强化政治意识，依据内外有别与三贴近原则来推进对外宣传与翻译工作。

参考文献：

Lefevere，A. 2004. *Translation，Rewriting and the Manipulation of Literary Fame* [M]. Shanghai：Shanghai Foreign Language Education Press.

程镇球：《政治文章的翻译要讲政治》，《中国翻译》2003 年第 3 期。

过家鼎：《注意外交用词的政治含义》，《中国翻译》2002 年第 6 期。

衡孝军等：《对外宣传翻译理论与实践》，北京：世界知识出版社 2011 年版。

胡洁：《建构视角下的外宣翻译研究》，上海：上海外国语大学出版社 2010 年版。

黄友义：《坚持“外宣三贴近”原则，处理好外宣翻译中的难点问题》，《中国翻译》2004 年第 6 期。

沈苏儒：《对外传播·翻译研究论文集》，北京：外文出版社 2009 年版。

张健：《英语新闻业务研究》，上海：上海外语教育出版社 2010 年版。

政治术语跨文化传播中的语境依赖性

——以“中国梦”英译为例*

刘宏伟

（天津外国语大学外国语言文学文化研究中心）

摘　要： 语言形式优化和功能等效是政治术语跨文化传播的基本原则。为确保受众准确把握术语内涵，需要理解并强调其语境依赖性，具体体现在语言语境依赖性和非语言语境依赖性两个层面。国内外对“中国梦”英译的研究集中于China Dream和Chinese Dream两个主要译文，后者被认为是较为理想的选择。“中国梦”、“美国梦”、“欧洲梦”的语言形式相似，但内涵截然不同，各自代表不同的历史阶段。在跨文化传播中，对政治术语非语言语境的认同和接受是正确解读其内涵的重要前提。

关键词： 政治术语；跨文化传播；语境依赖性

---

* 本文原载于《天津外国语大学学报》2017年第3期，收录本集时格式略有改动。

国家社会科学基金重点项目“中央文献术语外译词典（中英、中俄、中日）编纂的理论与应用研究”（14AYY003）；中共中央编译局委托项目“习近平重要论述的文体翻译研究”（15SQWT22）。

一、引言

政治术语是党和政府在内政外交活动中形成的具有文化独特性和政治特质性的词汇。政治术语往往高度凝练，具有鲜明的时代特色。在跨文化交际中，确切表述政治术语对于国家形象的塑造和核心价值观的传播具有重要意义，关系到国家软实力的提升和国际舆论环境的营造。2012 年 11 月 29 日，习近平在参观“复兴之路”展览时提到“中国梦”的概念，随后在多个重要场合对这一概念进行了诠释和解读。在《习近平关于实现中华民族伟大复兴的中国梦论述摘编》中，核心概念“中国梦”得到了全方位系统阐述。作为一个具有高显现度的概念标记，“中国梦”这一政治术语的英译也成为学界的重要议题。

二、“中国梦”英译的差异性

根据杨全红（2013）统计，“中国梦”这一术语的英文译名有 China's Dream，China Dream，Chinese Dream，Dream of China，Chunghwa Dream，The Dream，China's American Dream 等。但多数译名在实际使用中已经逐渐被自然淘汰，国内外对“中国梦”的英译研究集中于两个主要译文 China Dream 和 Chinese Dream。杨全红（2013：90）指出，China Dream 往往被认为特指中国的“民族梦”，而非中国人民的梦，此译法可能导致“民族梦”与“国民梦”的对立和对“中国梦”的误解，也可能被别有用心的西方人士误读为“强国梦”“强军梦”，进而为中国威胁再添口实。China Dream 还会引发歧义，被理解为外国人在中国发展、发财之梦（杨全红，2013：92）。杨全红（2013）认为，Chinese Dream 的译法为最佳选择，因为它避免了 China Dream 译法的不足，而且在形式上能与“美国梦”“欧洲梦”“英国梦”等相对应，最为要者它能同时涵盖中国的梦和中国人的梦双重含义。赵彦春（2013）、杨明星

（2014）、王梅、方丽君和何娟（2014）同样认可 Chinese Dream。学者们对“中国梦”译为 Chinese Dream 的肯定和对 China Dream 译法的否定与“中国梦”的内涵有必然联系。“中国梦”不仅仅是指“国家梦”“民族梦”，也是“国民梦”，不是个人的“发财梦”，也不能被简单地解读为“强国梦”、“强军梦”。习近平对“中国梦”的内涵有过清晰的表述：“实现中华民族伟大复，就是中华民族近代以来最伟大的梦想。这个梦想凝聚了几代中国人的夙愿，体现了中华民族和中国人民的整体利益，是每一个中华儿女的共同期盼。”

刘润泽和魏向清运用概念史研究方法分析“中国梦”的英译，认为译为 Chinese Dream 有不合理之处。他们对这一政治术语在中国本土语境的历时衍化进行了回溯概述。基于可考的史料，指出“中国梦”的概念结构保持着政治性的拓扑结构，始终体现对民族复兴和国计民生的关注。这一概念面向经济领域的外延拓展传达的依然是一种整体主义价值观，这是术语“中国梦”跨语言传播的主要基础（刘润泽、魏向清，2015：101－102）。从这一点来看，Chinese Dream 和 China Dream 两种译法均基于对“中国梦”实现国家、民族、人民整体利益的本质内涵的相同认知。这种认知与 2013 年 3 月 17 日十二届全国人民一次会议闭幕式上习近平的论述：“实现中华民族伟大复兴的中国梦，就是要实现国家富强、民族振兴、人民幸福”（http：//theory. people. com. cn/n/2013/0619/c40531－21891787－2. html）是高度一致的。而刘润泽和魏向清并不认可将“中国梦”译为 Chinese Dream，指出“中国梦”与“美国梦”“欧洲梦”构成相关概念谱系，但三者在理论基础以及产生和运用的社会政治背景方面呈现出非连续性，而且这种非连续性并非对称分布。“美国梦”（American Dream）和“欧洲梦”（European Dream）在语言形式上的一致性具有一定的历史合理性。而“中国梦”同这两个西方概念之间的非连续性来自于中西文化的异质性差异，在概念本质上具有独特性，因而有必要在译名形式上体现出概念的独特性（刘润泽、魏向清，2015：102）。他们基于国际新闻权威语料库 Lexix Nexis 2013 -2014 年西方新闻报刊和《中国日报》（*China Daily*）同一时期有关“中国梦”的文章建构了目标语料库，通过对高频词和主题词的分析发现，西方世界对“中国梦”的解读偏离了这个概念的历史人文属性，赋予了它极端民族主义色彩，带有政治敏感性的负面指向。他们认为，西方话语对“中国梦”带有主观臆断成分的概念认知重构与西方社会对“美国梦”和“欧洲梦”这两个概念的实际解读或许有直接关系。从积极促进政治术语跨语言传播与接收的角度来看，China Dream 应该是现有“中国梦”译文中比较符合概念史研究取向的选择（刘润泽、魏向清，2015：104）。

在形式语义学领域，根据组合性原则和语境原则，复杂词汇的语义由其组成部分的语义及组合方式决定，而词汇语义又具有语境依赖性（沈园，2015：473 -474）。China 和 Chinese 自身语义复杂，Chinese 一词还兼具形容词和名词的词性特征，它们与 Dream 组合后形成的 China Dream 和 Chinese Dream 两个组合词汇具有多重语义。在不同的语境中，词汇语义的不同方面会得到凸显，随语境呈现规律性变化，这也是导致“中国梦”英译差异性的根本原因。

三、“中国梦”英译对比分析

在谈到翻译学归属的问题时，刘宓庆和章艳（2011：IX）指出：“翻译学的全部运作机制集中在两个属于审美的焦点上：功能上、意义上的代偿结构和结构上的优化。”鉴于翻译活动最基本的出发点是通过意义传递实现原文和译文功能的对等，在对“中国梦”这一政治术语译文的分析中，语言形式的优化和功能的等效是首要考虑的因素。

（一）语言形式的优化

在政治术语跨文化传播中，语言形式的优化首先应当指译文的规约性和国际性。从历史角度来看，“美国梦”对应的英文是 American Dream，“欧洲梦”是 European Dream，“英国梦”是 British Dream，均采用了表示各国别的形容词形式修饰名词“梦”。从共时角度来看，“中国梦”的俄语译文为 китайская（中国的）+ мечта（梦），德语译文为 chinesischer（中国的）+ traum（梦），均采用的是“中国的”形容词形式修饰“梦”；日语译文为“中国の夢”，韩语译文为중국의 꿈，分别在表示国别的名词之后使用了格助词の和의表示所属，等同于其他语言中用表示国别的形容词形式修饰名词“梦”。语言具有约定俗成的性质，如果仅仅为了在译文形式上体现出“中国梦”概念的独特性而使用名词 China 修饰“梦”似乎有些顾此失彼。使用与其他语种类同语言结构的译文 Chinese Dream 更易于“中国梦”在国际上的有效传播。正如王宁（Wang，2016：167－168）所说，英语一方面影响了世界人民的交流和文化生活，另一方面，随着全球化进程，英语不再只是某一民族和国家的语言，而是全世界人民的通用语。作为通用语的英语表达应当在基本结构上体现规约性和国际性，从而彰显包容性。

语言形式的优化程度也体现在实际使用中受众的接受度，并与之呈正比。中央编译局翻译出版的《习近平关于实现中华民族伟大复兴的中国梦论述摘编》的英译本中“中国梦”的译文采用 Chinese Dream，而且“中国梦”这一术语在中国国内的官方英译文基本统一为 Chinese Dream，这似乎已经是不争的事实。Lexis Nexis Academic 的检索结果也表明，2013 年至今的 5804 篇相关文献中采用 Chinese Dream 的高达 4106 篇，占 70.7%，采用 China Dream 的为 1698 篇，占 29.3%，国外对“中国梦”的译文 Chinese Dream 的使用频次明显高于 China Dream。

Lexis Nexis Academic 的检索结果

检索词年份	Chinese Dream	China Dream	总计
2013	1069	477	1546
2014	1329	406	1735
2015	1146	422	1568
2016	562	393	955
总计	4106	1698	5804

（二）功能的等效

在政治术语的跨文化传播中，译文功能的等效是指译文是否传达了原文的思想和精神。习近平对“中国梦”的思想和精神有过明确表述。2014 年 3 月 27 日，在中法建交 50 周年纪念大会上指出：“‘中国梦’是追求和平的梦，‘中国梦’需要和平，只有和平才能实现梦想。”（《人民日报》2014 年 3 月 29 日）2014 年 6 月 28 日，在和平共处五项原则发表 60 周年纪念大会上强调：“‘中国梦’同世界各国人民的美好梦想息息相通，中国人民愿意同各国人民在实现各自梦想的过程中相互支持、相互帮助。”（《人民日报》2014 年 6 月 29 日）2015 年 9 月 22 日，习近平主席向美国各界发表演讲时说：“‘中国梦’是人民的梦，必须同中国人民对美好生活的向往结合起来才能取得成功。”（http：//data. people. com. cn）

“中国梦”的确在内涵上不同于“美国梦”和“欧洲梦”，体现的历史观和价值观也并不一致。“美国梦”倡导的是人们通过自己的努力实现对自由、物质和成功的追求，强调个人利益最大化。“欧洲梦”建立在具有高水平物质生产条件之上，但并不强调个人的物质财富积累，而是将文化多元主义和生态意识纳入其视阈，强调精神水平的提升和人类的相互理解。杰里米·里夫金（2006）认为，“欧洲梦”是一种新的历史观，是基于物质生活条件和公民主观幸福感的可持续性的文明，在经济基础、理论基础、历史以及社会政治文化等方面均有别于“美国梦”。当然“欧洲梦”也具有地方保护主义性质，保护欧洲品质，而抵挡美国的生活方式和价值观，同时也抵制发展中国家的竞争方式以及不公平对待移民问题（乐黛云，2007：162）。里夫金（2006）用“美国梦”和“欧洲梦”这两个概念说明不同时空中不同的思维方式和生存方式。就如同“美国梦”的语言形式 American Dream 不会影响具有同样语言形式的“欧洲梦”所代表的历史观，“中国梦”英译为 Chinese Dream 也不会因为与 American Dream 和 European Dream 的语言形式具有一致性，而使得中西文化的异质性差异消减。“美国梦”和“欧洲梦”各代表一个历史阶段，“中国梦”使用同一语言结构完全可以表达不同的内涵，并代表又一个新的历史阶段。

根据乐黛云（2007）的分析，能够代表一个新的历史阶段的“中国梦”应当将中国固有的文化基因与现代诠释相结合，面向当代多元文化的世界，具有世界性。习近平提出的“中国梦”追求的是世界共同发展，建设和谐世界，“中国梦”的实现将以中国的和平崛起为基础，为人类文明多样化发展开辟道路。“中国梦”是对西方经验的综合性重新创作，在世界建构中具有重要地位，所关注的共同发展、和谐世界、多元共存对于跨国空间和全球意识有重要意义。“中国梦”英译 Chinese Dream 不仅不会因为与 American Dream 和 European Dream 具有同一语言结构而影响其独特性，相反正因为语言结构的相同，才格外彰显出一种连续性，这种连续性表现为三个概念各自表达不同的历史观，代表不同的历史阶段。

四、政治术语的语境依赖性

确定合理的译文固然是政治术语跨文化传播中的重要环节，但鉴于政治术语的特殊语境类型和意识形态性，要保证受众确切把握译文的内涵，需要强调术语的语境依赖性。

（一）语境依赖性

语境主义认为，语境入侵到语义层面。早在1923年，马林诺夫斯基（Malinowski，1923）就提出意义与语境密不可分。弗斯（Firth，1935：37）认为："词汇的意义总是有赖于语境，脱离语境的意义研究不是真正的意义研究。"马伟林（2014：14）从语言与使用者心理状态之间的关系出发，将词汇意义分为两类：概念意义和态度意义，概念意义表明一事物与他事物之间差别的区别性特征，态度意义反应说话人对所指对象的肯定或否定的评价。可见词汇除了本身固有的意义之外，还会在语境中衍生意义。韩礼德和哈桑（Halliday & Hasan，1985：48－49）在论述语篇和语境的循环过程时，将语境分为情景语境、文化语境、互文语境和语篇语境。休因斯和休因斯（Hewings & Hewings，2005）也提出四类语境：局部语言语境、广阔语言语境、局部情景语境、广阔社会文化语境。鉴于本文关注的是语言和非语言因素对术语跨文化传播的影响，上述分类基于二分法被分为两类：语言语境和非语言语境。

在China Dream和Chinese Dream进入到语境之前，本身固有的意义或概念意义占据主导地位。基于语言形式优化和功能等效的翻译原则，Chinese Dream是"中国梦"更为得当的英译。但是一旦词汇进入具体的语境之中，其态度意义就得以彰显。受到不同的语言语境和非语言语境的制约，无论China Dream还是Chinese dream都可能显现出褒贬兼具的两面性甚至多面性的态度意义，而且语境的变化也会影响使用者对两者的选择。

（二）语言语境依赖性

语言语境可以指语篇中与目标词相关的词汇，搭配词项之间的语义依赖和制约会激活目标词的语境意义，相当于Halliday（1994：333）提到的共现趋势（cooccurrence tendency）。例如：

（1）The men left long ago as economic migrants to the big industrial cities in Guang-dong and are now living the new China dream：robbing，conning or serving time.（Lewis，2011）

（2）“Nowadays，everyone is talking about the China dream，”he said. “In my view，realizing the great renewal of the Chinese nation is the Chinese nation's greatest dream in modern history.”（http：//news.xinhuanet.com/english/china/2012－12/23/c_132058740.htm）

例（1）中与 China dream 相搭配的词语 robbing（抢劫），conning（诈骗）和 serving time（坐牢）具有明显的贬义色彩，导致了对 China dream 的负面解读。例（2）中同一表达法 China Dream 在 great（伟大），renewal（复兴），greatest（最伟大），modern（现代）的搭配下表达出截然不同的内涵，传递了积极的理念。

语言语境也指语篇内各种信息交织而成的语义关系。语篇的本质特征是连贯，不仅是结构的连贯，也是语义的连贯。语言语境基于语义主旨形成，同时也影响语篇内部的语义走向，特定的语言语境会赋予词汇相应的意义。《北京周报》及国内外一些其他媒体将“中国梦”译为 China Dream 的报道主要见于2012 年11 月29 日习近平参观“复兴之路”展览发表相关讲话后的一小段时间里，这与该次讲话的语言语境有一定关系。习近平的讲话从国家战略高度出发，语境中强调的中华民族伟大复兴与国家利益具有直接联系。按照“中国梦”在该情景下传递的意义，译为 China Dream（或 China's Dream）具有合理性。随后在国内外不同场合“中国梦”的内涵和实质得到进一步系统阐述，《人民日报》、《北京周报》等大部分媒体也就“中国梦”的主旨进行了深度报道。随着语言语境的更新，Chinese Dream 的译法得到普遍接受，反映出“中国梦”丰富的内涵，满足了政治术语跨文化传播的需求。前文提及的《习近平关于实现中华民族伟大复兴的中国梦论述摘编》一书摘录习近平

2012 年 11 月 15 日至 2013 年 11 月 2 日期间的讲话、演讲、谈话、书信、批示等 50 多篇重要文献，共计 146 段论述，英文版中“中国梦”的译文全部为 Chinese Dream。

（三）非语言语境依赖性

非语言语境主要指政治术语所蕴含的社会政治文化因素的总和，包括历史文化、风俗习惯、社会规约、思维方式、道德观念、价值观念等。对非语言语境的依赖性贯穿于政治术语跨文化传播的整个过程，对术语译文的识解也因而需要回溯到原文产生的特定文化语境之中。在跨文化传播中，对政治术语非语言语境的认同和接受是正确解读其内涵的重要前提。根据爱德华·霍尔（Hall，1976：81－83）的高低语境文化论，在高语境文化中，信息的传达并不完全依赖语言本身，而与该语言所处的文化语境密切相关，语义的编码和解码需要借助于隐形却始终在场的文化因子。霍尔（Hall，1976）认为，中国文化属于典型的高语境文化。对中国的文化语境的理解是解读和阐释“中国梦”概念的必要前提。

周建华（2015）梳理了国外专家学者对“中国梦”的解读，认为大多数专家学者采取了相对客观的态度，认为“中国梦”是每个中国人的梦想，是“教育梦”“住房梦”“就业梦”“环保梦”，也是中华民族的梦想及国家和政府的梦想。但是对于“民族梦”“国家梦”的内涵，国外专家学者的观点存在差异。一种观点认为，“中国梦”是中华民族的伟大复兴梦，是“强国梦”“和平梦”“发展梦”“共赢梦”；另一种观点认为，“中国梦”是中国重建帝国的民族主义梦想，是“霸权梦”“威胁梦”。周建华（2015：261）认为，国外专家学者对“中国梦”的解读有两个较为明显的特点：一是对“国家梦”和“民族梦”关注较多，产生的误解和误读也较多；对“个人梦”关注较少，产生的误读和误解也较少；二是对“中国梦”的世界内涵关注较多，对于其中的和平、发展、和谐、幸福价值追求较为赞同。

我们发现国外专家学者对“中国梦”解读的误区集中在对发展中的中国与世界各国的关系上，表现为对“中国梦”演变为“霸权梦”的担忧。赛义德在阐释文本与世界的关系时提出，文本是一种生产，不仅生产出无数的文本阐释，而且生产出新的意义网络。文本的世界具有世界性、随机性、特殊性、历史偶然性，通过语言与背景这一意指形式合并于文本之中，构成文本能传达和产生意义的能力不可缺少的部分（Said，1978：134－150）。每一文本都有语境，规范着不同的解释者和其解释活动。“中国梦”这一政治术语的多种阐释方式与阐释者的非语言语境密切相关，由“中国梦”概念生产出的意义网络同样依赖于阐释者的非语言语境。“中国梦”作为具有国家特色的政治术语，其准确的概念意义根植于中国历史之中。国外的研究者对“中国梦”的误解源于对中国历史了解不足，在解读当前事件时未与历史事件相联系（Wang，2014：8）。要准确理解“中国梦”表达的历史观和代表的历史阶段不能脱离其产生的语境。

回溯历史，中华民族饱受侵略，人民饱受压迫。“中国梦”体现的是人民当家做主，是人民幸福、国家富强、民族振兴的三位一体，主体是民。根据中国传统文化和道德观念，无论儒家思想还是道教文化，仁爱与和平向来是中国文化的烙印。“中国梦”不仅是中国文化精神、哲学基础和理想色彩的集中体现，也是中国思想、中国精神、中国智慧高度凝练的形象化展现，具有多元汇集的丰富内涵和鲜明的实践特征，对“中国梦”脱离中国文化语境的解读必然是片面和偏激的。

根据弗·杰姆逊的第三世界文化后殖民理论，第一世界掌握着文化输出的主导权，可以将自身的意识形态看作占优势地位的世界性价值，通过文化传媒把自身的价值观和意识形态编码，强制性地灌输给处于文化边缘的第三世界。这使得第三世界的文化面临威胁，意识形态受到不断渗透和改型，对“中国梦”带有西方化色彩的误读也是西方文化霸权的反映。维恩（Venn，2006：83）指出，专有名词既需要被翻译，即需要被识别和回应，同时又是不可译的，即作为事件或者个体需要具有被认可的唯一性。翻译旨在寻求完美的可译性，将个体性的话语转化为普适性的话语，但却深陷困局，因为话语个体性和普适性的差异就如同文化、习俗、经历、方言、语域、语码的差异。在这种世界性的文化政治语境中，国外特别是西方对“中国梦”的片面解读能反映和揭示隐匿在看似常规表面下的事物本质。政治术语的唯一性建立在其产生的语境之中，政治术语跨文化传播中被言说的和未能被言说的信息均需要基于概念谱系自身所包含的信息进行阐释学的解释。对中国文化语境的认同和接受是理解“中国梦”概念唯一性和个体性，同时使其具有普适性的基础。

五、结语

随着文化全球化带来的文化多元性，边缘文化在日趋中心化，并解构中心文化，可以说未来的发展趋势是全球化与本土化的冲突和协调。对“中国梦”英译的研究表明，政治术语的跨文化传播应当兼顾语言形式的得体、意义和功能的等价。但在文化多元发展的背景下，要处理好政治术语唯一性与普适性矛盾与统一的关系，必须强调语境依赖性，特别是非语言语境的依赖性，这是对其进行准确解读的重要前提。中国现在处于后革命时代和后社会主义阶段，正面临脱贫困化和去第三世界化，正在从理论消费国转化为理论产出国（Wang，2012：505－520）。具有中国特色的政治概念的提出和传播是文化多元发展的表征，也是构建全球和谐文化的理论基础和实践依据，有效助推政治术语的跨文化传播会为中国理论在世界主导地位的确立提供借鉴。

参考文献：

Firth, J. 1935. The Technique of Semantics [J]. *Transactions of the Philological Soci-*

ety,(1): 36 – 73.

Hall, E. 1976. *Beyond Culture* [M]. New York: Anchor Books.

Halliday, M. A. K. 1994. *An Introduction to Functional Grammar* [M]. London: Edward Arnold Publishers.

Halliday, M. A. K. & R. Hasan. 1985. *Language, Context, and Text: Aspects of Language in a Social-semiotic Perspective* [M]. Victoria: Deakin University.

Hewings, A. & M. Hewings. 2005. *Grammar and Context* [M]. London: Routledge.

Lewis, L. 2011. China's Economic Migrants Turn to Crime [N]. *The Times*, 9 – 23.

Malinowski, B. 1923. The Problem of Meaning in Primitive Languages [A]. In C. Ogden & I. Richards (eds.) *The Meaning of Meaning: A Study of Influence of Language upon Thought and of the Science of Symbolism* [C]. New York: Harcourt, Brace and World.

Said, E. 1978. *Orientalism* [M]. London: Penguin.

Venn, C. 2006. Translation: Politics and Ethics [J]. *Theory, Culture and Society*, (2 – 3): 82 – 84.

Wang, Ning. 2012. Chinese Literary and Cultural Trends in a Postrevolutionary Era [J]. *Comparative Literature Studies*, (4): 505 – 520.

Wang, Ning. 2016. China in the Process of Globalization: A Primarily Cultural Perspective [A]. In R. Robertson & D. Buhari-Gulmez (eds.) *Global Culture: Consciousness and Connectivity* [C]. Aldershot: Ashgate.

Wang, Zheng. 2014. The Chinese Dream: Concept and Context [J]. *Journal of Chinese Political Science*, (1): 1 – 13.

杰里米·里夫金:《欧洲梦——21 世纪人类发展的新梦想》,杨治宜译,重庆:重庆出版社 2006 年版。

刘宓庆,章艳:《翻译美学理论》,北京:外语教学与研究出版社 2011 年版。

刘润泽,魏向清:《“中国梦”英译研究再思考——兼论政治术语翻译的概念史研究方法》,《中国外语》2015 年第 6 期。

马伟林:《评价意义的语境依赖性和动态性》,《外语研究》2014 年第 6 期。

沈园:《形式语义学领域的语境研究》,《当代语言学》2015 年第 4 期。

王梅，方丽君，何娟：《从生态翻译学视角看汉语文化负载新词的英译》，《佳木斯教育学院学报》2014 年第 5 期。

杨明星：《中国外交新词对外翻译的原则与策略》，《中国翻译》2014 年第 3 期。

杨全红：《“中国梦”英译辨析》，《中国翻译》2013 年第 5 期。

乐黛云：《美国梦·欧洲梦·中国梦》，《社会科学》2007 年第 9 期。

赵彦春：《坚决反对 China Dream》，http：//blog. sina. com. cn/s/blog_698085bf0102ebmk. html. 2013.

周建华：《“中国梦”是什么梦?》，《武汉科技大学学报》（社会科学版），2015 年第 3 期。

实践篇

中日政治文献“同形词”的翻译

——以2015年《政府工作报告》日译为例*

修　刚　米原千秋

（天津外国语大学中央文献翻译研究基地）

摘　要：中日两种语言之间存在着大量的汉字“同形词”，这为中日文献互译带来很大便利。然而，也恰恰是“同形词”的存在，中日互译过程中往往会产生大量的误译或不恰当之处。虽然汉字相同或相近，但在语义、用法方面还存在诸多不同。以2015年《政府工作报告》中的中日“同形词”翻译为例，对日语母语者进行了相关问卷调查，并以德国功能主义目的论为基础，对调查结果进行了分析，从而总结出日本受众对政治文献中同形词译文的认可度，也提出了政治文献中“同形词”的中译日策略。

关键词：同形词；《政府工作报告》；中译日；受众

一、问题的提起

中日语言中存在着一个特殊现象，即共同具有大量的汉字词，其中不乏“科学”、“政治”、“议会”（議会）、“共产主义”（共産主義）等字同义同的词，也包括诸如“勉强”（学习）、“结束”（团结）、“检

---

*　本文原载于《天津外国语大学》2016年第4期，本集收录时格式略有改动。

中央编译局哲学社会科学研究委托项目“习近平系列著作日译研究”（16CGWT01）；天津市哲学社会科学研究规划项目“对外宣传中话语体系的构建——以《今晚报》日译为例”（TJWW15－026）。

讨”（讨论）、“高校”（高中）字同义不同的词等。关于这种形同或近的汉字词一般称为中日“同形词”。潘钧（1995）提出，判定同形词必须依据三个条件：（1）表记为相同的汉字（繁简字体差别及送假名、形容动词词尾等非汉字因素均忽略不计）；（2）具有共同的出处和历史上的关联；（3）现在中日两国语言中都在使用的词，其中以双音节词为多。“同形词”的存在为中文政治文献译成日文或日文文献译成中文带来很大便利。然而，也恰恰是“同形词”的存在，中日互译过程中往往会产生大量的误译或不恰当之处，有时“同形词”正是翻译的陷阱。因为很多词虽然汉字相同或相近，但在语义、用法方面还存在诸多不同。

《政府工作报告》作为中国重要的政治文献，其译文对于“讲好中国故事、传播好中国声音”起着极为重要的作用。随着中国国力的增强，越来越多的日本人开始将视线投向中国，而《政府工作报告》能否通过译文有效传播原文信息关系到有日本受众对中国的正确认识与理解。政治文献的日译忠实于原文是必须坚持的原则，同时要考虑日本受众是否能够无障碍地接受译文。如果译文有缺失，接受程度、传播效果则会大大降低，甚至会产生相反的效果。黄友义（2004）指出，对外翻译要贴近中国发展的实际，贴近国外受众对中国信息的需求，贴近国外受众的思维习惯。中译日也是如此，译者在翻译过程中应清楚意识到翻译的目的是什么，考虑到日本受众的文化背景以及语言习惯等。“同形词”的正确翻译是体现翻译目的，达到翻译效果的关键之一。

德国功能主义翻译学派提出的功能主义翻译目的论将翻译理解为一种跨文化交际行为，“同形词”的翻译也必须从中日跨文化交际的视角出发，不能简单地套用。本文以新华社全文公布的 2015 年《政府工作报告》与中央编译局官方网站公布的日译本为考察范围，抽出 479 个“同形词”（含部分复合词）、对主要用法进行了问卷调查，并围绕调查结果进行了分析，总结出日本受众完全认同或较为认同的、难以接受的“同形词”，分析其原因，探讨翻译策略。

本论文使用的理论框架是功能主义翻译理论。在 20 世纪 80 年代开始，翻译理论发生了很大的变化，从对关注原文转向关注译文，即从等值趋向到功能趋向。对翻译行为的理解也从认为翻译是语言代码转换过程转向将翻译作为跨文化交际行为。代表性理论就是由赖斯和弗米尔等提出的功能主义翻译目的论（藤涛文子，2007）。功能主义目的论认为，决定翻译过程最主要因素是整个翻译行为的目的（Nord，1997：34－35）。在这一理论框架中，决定翻译目的的最重要因素便是受众——译文预期的接受者，他们有自己的文化背景知识、对译文的期待以及交际需求。每一种翻译都指向一定的受众，因此翻译是“在目的与情境中为某种目的及目的受众而生产的语篇”（Vermeer，1987：29；Nord，1997：15）。弗米尔总结说任何文本无非都是提供信息，每个接受者都从中选取他们认为有趣或重要的内容。将此观点用于翻译即目标文本是译者将他人在源语语言文化中提供的信息在目标语语言文化背景下再现出来的结果（Reiss & Vermeer，1984：67；Nord，1997：41）。

当然《政府工作报告》等政治文献中“同形词”的翻译，不能照搬功能主义目的论，需要强调忠诚基础上的功实现，但是，对“同形词”的认可与理解不能脱离日本受众。本文中问卷调查的实施、统计、整理等由米原千秋完成，全文的分析和考察由修刚、米原千秋共同完成。

二、问卷调查

（一）调查方法

本次调查分三个阶段，第一阶段为预备调查，目的是从在 2015 年政府工作报告里出现的同形词（共有 479 个）中找出日本受众觉得意思不通、奇怪、不协调的词。在此阶段的调查中，遴选出 20% 以上的回答者都抱有疑惑，或有不协调感的 66 个词。第二阶段以遴选出的 66 词为考察对象，用选项方式进行问卷调查。第三阶段为后续调查，即基于前两个阶段的调查，探究部分问题的产生原因。

（二）调查过程

本次预备调查笔者共发出问卷 53 份，回收有效问卷 47 份，调查对象为住在中国及日本的日本母语者，其中男性 22 份，女性 25 份，年龄段分布于 21 岁到 71 岁之间。第二阶段发出问卷 49 份，回收有效问卷 47 份，其中男性 25 份，女性 22 份，年龄段分布与预备调查一样。

（三）问卷形式

1. 预备调查

アンケートのお願い

下記は李克強首相による『2015 年度中国政府活動報告（日本語訳）』の中の言葉を抜粋したものです。

日本と中国はともに漢字を使う国であり、同じ字形の言葉（同形語）が多く見られます。これら同形語を中国語から日本語に訳した時に、どのようなずれが生じるのか調査しようと思っています。

今回のアンケートでは予備調査として、読んでおかしいと感じるかどうかだけを調べます。したがって、おかしいと感じた**単語**を選択していただくだけで結構です。なければそのまま進んでください。

太字にした熟語について、「意味がよく分からない、おかしい、違和感がある」と感じたものがあれば印をつけてください。

例：（「依拠」という言葉がおかしいと思う場合）

改革に**依拠**して**科学的発展**を推し進める。

2. 进阶调查

> アンケートのお願い
>
> 下記は李克強首相による『2015 年度政府活動報告（日本語訳）』から抜粋した文です。日本語として自然な文章になるように、【　　】に入れる言葉として最も適当だと思うものを一つ選んでください。選択肢以外に、よりふさわしいものがあると考える場合は「その他（　　　）」にその言葉を書いてください。
>
> 注：文章に一部修正を加えています。
>
> 1. 改革開放を【　　】、経済発展の活力を引き出した。
>
> ①深め　②進め　③深化させ　④その他（　　　）

（四）调查结果

通过对上述日本受众的调查问卷发现了《政府工作报告》在“同形词”翻译处理上的欠妥之处，归纳起来主要有以下几个方面。

1. 用词不恰当

中日语语义不同或用法、搭配不匹配，不能直接照搬。

表 1

同形词（%）	代替词（%）	原译文
目録（0）	項目（63.8） 事項（31.9）	政府審査・投資プロジェクト目録の適用範囲を縮小する。
突破（2.2）	進展（93.5）	化学研究プロジェクトに新たな突破があった。
初級（4.2）	初期（79.2）	長期にわたって社会主義の初級段階にある。
穏健（10.9）	安定的（89.1）	積極的な財政政策と穏健な金融政策を実施する。

（续表）

同形词（%）	代替词（%）	原译文
支線（12.5）	ローカル線（35.4） 地域路線用（27.1） リージョナル(ジェット)（20.8）	独自に開発した支線旅客機が大空に飛び立つ。
進度（14.9）	拡大（55.3） 増加（29.8）	財政支出の進度を加速する。

如“目録”在日语里指书籍目次、商品目录、礼单等，一般不用于投资项目等方面；“突破”在日语中虽然也有冲破障碍或困难的意思，但其用法只限于“困難（難所等）を突破する”，不用“新たな突破があった”等形式；“初級”在日语中的意思是学问、技艺等的最初等级，不适用于社会主义的阶段；“稳健”在中文有稳重，不轻浮冒失的意思，可用于表示做事的态度，而在日语中只能表示思想、想法等；“支線”在日语中的意思是由本线、干线分出去的铁道路或道路、短距离输电线、斜拉线等，一般不能用于客机方面；“財政支出”一般不搭配“進度を加速”，要说“拡大”或“増加”等。

2. 用词生硬

一些“同形词”中日语感差距较大，会给日本受众带来生硬、强制的感觉，一般情况下不常用。虽然并无语法问题，但考虑到日本受众在接受、理解方面的效果，最好选择接受者更容易理解的词。例如，“科学化”“条目”“協商”等改译为“合理化”“項目”“協議”等更符合日本受众的语言习惯。

表 2

同形词（%）	代替词（%）	原译文
科学化（0）	合理化（78.3）	政策決定の科学化と民主化を推し進める。

（续表）

同形词（%）	代替词（%）	原译文
準則（0）	規範（78.7）	憲法は根本的な活動準則である。
傾斜（させ）（0）	重点（を置き）（95.7）	中・西部地区に傾斜させて、内需をより多く解き放つ。
協商（2.2）	協議（71.7）	政府活動に関する協商を着実に繰り広げる。
不断（に）（4.1）	絶えず（55.1） 常に（40.8）	自身の競争力を不断に高めることができる。
廉潔（8.3）	クリーンな（58.3） 清廉潔白な（27.1）	法治政府・革新型政府・廉潔政府・サービス型政府の建設を速める。
核心（8.3）	中核（50.0） 中心（39.6）	人間を核心とすることを堅持し、（後略）。
条目（8.5）	項目（80.9）	外商投資の制限類（分野）の条目を半減する。
深化（させ）（10.6）	進め（87.2）	改革開放を深化させ、経済・社会発展の活力を引き出した。
（現地）転化（13.0）	現地化（50.0） （現地への）転換（37.0）	食糧主産区での現地転化をサポートする。
持続（的に）（18.8）	（減少を）続けた（45.8） 継続（的に）（35.4）	重点産業事故が持続的に減少した。
曲折（に満ち）（19.1）	複雑（で）（78.7）	世界経済の回復の道のりは困難と曲折に満ちている。
有効供給（19.1）	有効な供給（40.4） 有効的な供給（34.0）	市場需要の拡大と有効供給の増大につなげる。

（续表）

同形词（%）	代替词（%）	原译文
執政・興国（20.0）①	政務遂行と国家振興（68.9）	発展という執政・興国の重要任務をしっかりと押さえなければならない。
総体（23.4）	総合（44.7） 全体（31.9）	財政・租税体制改革深化の総体計画を制定した。
結合（26.1）	融合（65.2）	「委譲と管理の結合」を改革の「重要演目」とした。
方式（28.3）	方法（40.0）	マクロコントロールの考え方と方式を刷新する。

3. 须具体解释内涵的词

部分“同形词”虽然在日语中可以找到相对应的词，但日本受众并不习惯于单独使用，很难理解其含义，这时须对其内涵进行适当解释。

表3　有关政治的词

同形词（%）	代替词（%）	原译文
上級（2.1）	上級機関（87.2）	上級から委譲された審査・認可事項については、（後略）。
各級（4.3）	国務院、省、地方など各（93.6）	各級政府は、職責を確実に履行しなければならない。
党風（29.8）	党風（党の気風・体質）（53.2）	党風・廉潔政治建設と反腐敗闘争を推し進める。
（習近平）同志（を総書記とする）（2.2）	（習近平）総書記率いる（50.0） （習近平）氏を総書記とする（47.8）	習近平同志を総書記とする党中央の力強い指導の下、（後略）。

① “執政・興国”分别视为“執政”和“興国”两个同形词。

（续表）

同形词（%）	代替词（%）	原译文
大会（4.3）	全国人民代表大会（52.2） 全人代（全国人民代表大会）（37.0）	国務院を代表して、大会に政府活動報告を行う。
同級（12.8）	同等（48.9） 同レベル（36.2）	同級の人民代表大会とその常務委員会の監督を進んで受け入れなければならない。
道理（24.4）	真理（28.9）	発展こそが絶対的道理である。

"上級""同級"等改译为"上級機関""同等"等更为贴切。

表 4 有关社会的词

同形词（%）	代替词（%）	原译文
民生（0）①	国民生活（76.6）	民生確保の最低ラインを守らなければならない。
民生（14.9）	国民生活（68.1） 人民の生活（17.0）	環境汚染は民生の患い、民心の痛みである。
民生（20.0）	民生分野（48.9） 民生領域（20.0）	民生の保障網セーフティネットをしっかりと張り巡らせ、（後略）。
澳門（10.6）	澳門（マカオ）（61.7） マカオ（27.7）	澳門特別行政区の同胞に対して、（後略）。
大衆（21.7）	一般大衆（37.0） 一般人（34.8）	大衆による起業・革新のうねりを巻き起こすことができる。
外来人口（23.4）	域外からの流入人口（40.4） 外来人口（域外からの流入人口）（34.0）	都市部で就労しているにもかかわらず転籍が完了していない外来人口に対しては、（後略）。

① "民生"在政府工作报告中表示不同的意思，本调查就三种语境进行调查。

（续表）

同形词（%）	代替词（%）	原译文
農民工（随伴）子女（29.8）①	出稼ぎ労働者家庭の子供（70.2）	農民工随伴子女の滞在先での大学入試受験が、28の省・自治区・直轄市で可能になった。

"民生""大衆"等改译为"国民生活""一般大衆"等更容易理解。

表5　有关制度和政策的词

同形词（%）	代替词（%）	原译文
節水灌漑面積（8.5）	節水灌漑農地面積（59.6） 節水灌漑地面積（29.8）	節水灌漑面積が新たに223万ヘクタール増えた。
養老保険（20.8）	社会養老保険（45.8） 養老年金（27.1）	政府機関・事業体の養老保険制度などの改革がスタートした。
（革新）駆動（型）（23.9）	革新を機動力とする（41.3）	革新駆動型発展戦略の実施スピードを上げなければならない。
水利（25.5）	水利施設（57.4）	大型水利プロジェクトの建設がどんどん進んだ。

"養老保険""水利"等改译为"社会養老保険""水利施設"更好。

表6　有关经济的词

同形词（%）	代替词（%）	原译文
商事（2.1）	企業（51.1） 商業（42.6）	商事制度（商事登記制度など）の改革に力を入れた結果、（後略）。

---

① "農民工（随伴）子女"分别视为"農民工"和"子女"两个同形词。

（续表）

同形词（%）	代替词（%）	原译文
実体（8.9）	実体経済（62.2） 実体面（28.9）	ターゲット・コントロールを実施して、実体の強化をはかった。
市場主体（13.0）	市場参加者（78.3）	すべての市場主体に金融サービスの恵みが届くようにする。
外商（25.5）	外国人（38.3） 外国（25.5）	外商直接投資の実質利用額が世界第1位の1196億ドルとなった。

“商事”“市場主体”等改译为“商業”“市場参加者”等更符合日本受众的语言习惯。

表7　新词新语

同形词（%）	代替词（%）	原译文
事中（34.0）	実施途中（42.6）	審査・認可事項については、事中、事後の監督管理を強化する。
新業態（42.6）	新たな事業形態（51.1）	新産業、新業態、新ビジネスモデルが次々に生まれた。

“事中”改译为“实施途中”更易懂。

4．须特殊化处理的词

部分政治、社会、政策、制度或经济专有词等相关的“同形词”，为了便于日本受众的充分理解，在忠实原文的同时，有时还要进行特殊化处理，解释清楚。

表8

同形词（%）	代替词（%）	原译文
資源性産品（15.2）	「資源性産品（石油製品、電気、天然ガスなど）」（41.3） 「資源性製品（石油製品、電気、天然ガスなど）」（21.7） 資源性製品（21.7）	資源性産品の価格設定をより適切にし、（後略）。

（续表）

同形词（%）	代替词（%）	原译文
（エコ）文明（21.7）	「エコ文明」注：資源節約型の環境に優しい社会づくりを目指す。(32.6) 「生態文明（エコ文明）」注：資源節約型の環境に優しい社会づくりを目指す。(21.7)	政治・文化・エコ文明などの体制改革を全面的に推進した。
人民（調停）(25.9)	「人民調停」注：当事者たちの間に第三者が介入して争い事を止めさせる制度。(51.9)	人民調停の業務を強化する。
県・郷・村(26.1)	「県・郷・村」注：中国の行政区分で、省、市の下の区分。(43.5) 「県・郷・村（中国の行政区分)」(30.4)	県・郷・村の医療サービス網が徐々に整備された。
混合所有制(28.3)	「混合所有制（国有企業や民間企業などが相互に資本参入する制度)」(65.2)	国有企業の混合所有制改革を秩序立てて実施する。
特大鎮（28.9）	「特大鎮」注：鎮は県の下に位する行政単位。郷と同格。(68.9)	特大鎮の権限・機能拡大テスト作業を進める。
中心鎮（31.1）	「中心鎮」注：鎮は県の下に位する行政単位。郷と同格。(55.6)	中心鎮の産業・人口受容能力を高める。
非公有制経済(32.6)	「非公有制経済（民営・私営企業をさす)」(60.9)	非公有制経済は我が国経済の重要な構成部分である。
無党派人士(39.1)	「無党派人士」注：いかなる党派にも参加せず、社会に積極的な貢献と一定の影響を与える人。(58.7)	無党派人士・各人民団体の意見に真摯に耳を傾けなければならない。

（续表）

同形词（%）	代替词（%）	原译文
職務発明（39.1）	「職務発明（会社の従業員などが職務上行った発明）」（52.2）	科学技術成果の実用化や職務発明に関する法制度を充実させる。

对“混合所有制”、“非公有制経済”等词要加以注释。

5. 无需沿用原文修辞方法

汉语原文中常见比喻等修辞手法，但在翻译成日语时，沿用原文中的说法反而会使日本人不明就里，产生混乱。

表9

同形词（%）	代替词（%）	原译文
（無数の市場の）細胞（2.1）	市場（74.5）	こうした無数の市場の細胞が活性化すれば、（後略）。
正式（に完了して水が通った）（25.5）	完了して水が通った（53.2）	第1期工事が正式に完了して水が通った。

不需要强调“正式に”，“完了して水が通った”就可以。

6. 搭配不当

日本受众对含有同形词的复合词感觉不协调，在这种情况中，产生问题的原因也许并不在于同形词本身，而在于其搭配用法上。

表10

同形词（%）	代替词（%）	原译文
前進（途上に横たわる）（0）	前進を阻む（61.5） 前進の過程に横たわ（38.5）	前進途上に横たわる困難や試練をも見て取らなければならない。
前進（70.2）		我が国の経済・社会発展は安定を保ち、安定の中で前進した。

（续表）

同形词（%）	代替词（%）	原译文
（食卓）汚染（0）	食品汚染（53.8） 食の汚染（30.8）	食卓汚染対策への尽力により、食品・医薬品の安全をめぐる情勢が安定した。
汚染（100）		一部の地域で環境汚染が深刻で、（後略）。

“食卓汚染対策”翻译成“食品汚染”即可。

预备调查显示，有些回答者将同形词与其搭配词一同做了标记①。为探究其原因，笔者针对同形词本身的用法设计进行了后续调查。“前進”和“汚染”两个词选择“同形词”的比例分别为70%和100%，都没有有效的代替词。这说明对这两个同形词而言，受众觉得不协调的原因在于同形词与其他词汇的搭配上。

7. 没有有效的代替词

对于一些与中国政治、经济、社会相关的词汇，若已被广泛使用，则在译文中直接以“同形词”表示即可。

表11

同形词（%）	其他选择词（%）	原译文
粗放（44.4）	投入の量的拡大に頼る「粗放型」（28.9） 粗放型（22.2）	経済発展のパターンが相対的に粗放で、革新能力が足りない。
従価（課税）（45.7）	従価（式課税）（41.3） 従価（税）（10.9）	資源税の従価課税の適用枠を拡大する。

① 预备调查结果：“前進途上に横たわる困難”（“前進途上”4.3%，“前進”21.3%，全体25.5%）；“食卓汚染対策、食品の安全”（“食卓汚染”12.7%，“食卓”6.4%，“汚染”17%，全体36.2%）。

（续表）

同形词（%）	其他选择词（%）	原译文
同胞（48.9）	「同胞（国や民族を同じくする人）」（44.7）	澳門特別行政区の同胞に対して、（後略）。
腐敗分子（54.5）	「腐敗分子（人民に奉仕すべき官僚等で、地位を利用して私腹を肥やす輩）」（34.1）	多くの腐敗分子をしかるべく処罰した。
生産要素（55.6）	「生産要素（生産を行うのに必要な要素）」（28.9）	工業製品価格、生産要素のコストが上昇した。

表7中出现的词虽然有的受众并不熟悉，但都成为了回答者的第一选择，也可理解为这些词已经取得了一定程度的认可。尤其是对“腐敗分子”与“生産要素”的选择率都超过了50%，可见其可接受性已相当高。

三、调查结果分析

如上所述，针对日本受众认为某些“同形词”不通顺、不协调，笔者分别从几种类型进行了统计。从结果来看，需要解释内涵的有23个，居于榜首，加之需要用特殊化处理（如括号里加说明或后加注释说明）的词共有33个；其次是用词强硬的类型，有18个；居于第三位的是用词不恰当的类型，共有6个；无需沿用原文修辞、搭配不当的分别有2个，居于第四位，其他5个词是没有合适代替词的。

由于一些词与中国特有的政治机制、制度、政策等有关，对于一般日本人来说很陌生，我们应该进行对于内涵的解释。至于一些新词、新语，它们对日本人来说不是很陌生也不是很熟悉，其接受程度因人而异。如表7中“事中”、“新業態”的选择率虽然不是最高，但与代替词相比差距也不算大，可见这两个“同形词”的可接受性也不算低。

为了帮助日语受众充分理解词汇意义，可以采取两种翻译策略：第一种是直接改词，改为目的语受众熟识的词，第二种是采用直译加注释的方法。从外宣的角度来看，直译加注释的方法也许能较为有效、正面地使中国声音传达出去。但若一篇文章中包含着太多注释、说明等副文本的话，反而会妨碍受众的阅读体验，因此还须考虑注释等解释性文本的度与量。日本受众会觉得用词强硬的原因有若干种，如时代原因、习惯用法、日语助词的使用等。例如，“科学化”在日本的大正、昭和时代是一个很流行的词，但若放在现代语境中，受众多少会有些穿越的感觉（山本珠美，1997）。

本次问卷调查还有一些不足之处，影响了准确性等。由于时间安排及其内容的复杂性等原因，未能回收满足需求的答卷数量。笔者通过预备调查自定判断基准抽选出了作为调查对象的词汇，但此判断基准并没有一个较为客观的根据，导致其结果与预期有矛盾。比如，“養老”在预备调查中仅有 19.1% 的人觉得不协调，并未成为调查对象。但笔者在过去进行的另一个采访调查①中，14 个采访者认为比起“養老サービス”，“高齢者サービス”更为合适。如何制定判断标准，如何使标准更具客观性，是今后需要深入研究的课题。受问卷调查形式上的制约，问卷制定者与回答者的主观性都是不可避免的，而这不免会影响调查结果的客观性。

四、结语

通过对 2015 年《政府工作报告》的日译分析总结出政治文献翻译中的“同形词”的翻译策略。政治文献必须坚持翻译的基本原则，即忠实于原文，但不是要忠实于与中文同形的“同形词”，而是要忠实于原文的内容和信息。翻译“同形词”要充分考虑跨文化交际的需要。功能

① 笔者让 15 个日本人从选项中选出一个最合适的词并填写在括号里。

主义目的论把翻译看成是跨文化交际的行为，“同形词”的使用也如此。中日两国确实存在大量“同形词”，甚至产生的原因也相同，也曾经同义，但是由于两国文化发展过程不同等诸多原因，有大量“同形词”词义已经大相径庭了。必须从跨文化角度出发，考量“同形词”的中日意义差别。翻译时要充分考虑日本受众对中国政治文化、社会习俗的理解程度及中日审美观念的差距等。限于篇幅没有能把2015年《政府工作报告》翻译成功的“同形词”加以论述，只是把受众调查中的典型意见进行了不完全的整理，肯定有以偏概全之处。中国政治文献的对外翻译关系到中国声音的传播，关系到中国话语体系公信力的提高。只有运用科学的翻译理念，提高译文准确性和传播效果，才能达到预期目的。本文从“同形词”的角度进行了粗浅探讨，窃望起到抛砖引玉之效，广求大家指教。

参考文献：

Nord, C. 1997. *Translating as a Purposeful Activity: FunctionalistApproaches Explained* [M]. Manchester: St. Jerome Publishing.

Reiss, K. & H. Vermeer. 1984. *Towards a General Theory of Translational Action: Skopos Theory Explained* [M]. Manchester: St. Jerome Publishing.

Reiss, K. 2000. *Translation Criticism—The Potentials & Limitations* [M]. Manchester: St. Jerome Publishing.

卞建华：《传承与超越——功能主义翻译目的论研究》，北京：中国社会科学出版社2008年版。

黄友义：《坚持“外宣三贴近”原则，处理好外宣翻译中的难点问题》，《中国翻译》2004年第6期。

贾毓玲：《对中央文献翻译的几点思考》，《中国翻译》2011年第1期。

潘钧：《中日同形词词义差异原因浅析》，《日语学习与研究》1995年第3期。

山本珠美：《生活の科学化に関する歴史的考察——大正・昭和初期の科学イデオロギ》，《生涯学習・社会教育学研究》，1997年第21期。

施建军：《中日同形词共时比较研究的现状及存在的课题》，《东北亚外语研究》2013 年第 1 期。

藤涛文子：《翻訳行為と異文化間コミュニケーション——機能主義的翻訳理論の諸相》，松籟社 2007 年版。

词频分析与中俄政治文献翻译
——以2013—2014年中国政府工作报告俄文版与俄罗斯国情咨文对比为个案*

王铭玉　刘子夜

（天津外国语大学）

摘　要：在我国译界，政治文献外译凸显重要。文章以2013—2014年中国政府工作报告俄文版和俄罗斯国情咨文为语料，借助词频统计手段对其进行了量化分析与对比研究，发现俄罗斯国情咨文用词的频率整体略高于中国政府工作报告俄文版用词。文章还探究了词频对比过程中的用词差异现象，从量化角度对我国政治文献汉译俄问题提出了对策性建议。

关键词：政治文献；翻译；词频统计；量化分析

一、词频分析与政治文献翻译

（一）政治文献的定义

我国的政治文献主要指马克思主义经典著作、党和国家重要文献及

---

* 本文原载于《天津外国语大学》2016年第5期，本集收录时格式略有改动。

国家社会科学基金重点项目“中央文献术语外译词典（中英、中俄、中日）编纂的理论与应用研究”（14AYY003）；天津市教委2012年度社科重大项目“中央文献对外翻译与传播创新研究”（2012ZD040）。

领导人著作。马克思主义经典著作包括马克思、恩格斯、列宁和斯大林关于马克思主义的相关著作；党和国家重要文献包括中共中央、全国人大、国务院和全国政协的决议、决定、会议公报、颁发的法律、法规及中央领导人的重要报告、讲话、文稿和国务院新闻办公室发布的白皮书等；领导人 著作指中共中央、国家机构、全国政协主要领导人的著作。

（二）词频统计对语言学研究的作用

辛克莱尔（Sinclair，1991：30）：“任何人在研究一个文本时都需要知道每个不同单词的形式在其中的出现频率”。语言研究者不仅要明确语言中存在哪些单位和结构，更要了解这些单位和结构在语言中的出现频率，在定性研究的基础上进一步回答“有多少”的问题。随着“互联网+”与“大数据”时代的到来，语言学研究开始主动“吸收”包括统计在内的定量研究方法。词频统计是语言学计量研究的基础手段，研究者可借此确定作者的写作风格，甄别伪作；衡量不同语言的相似度；比较不同时期语言的发展特征等（韦晓琴，1985：82－86）。此外，词频统计在外语教学和词典编纂领域也具有广阔应用前景。总之，词频统计的简约性、解释性、实践性和可验证性（李剑冲，2003：104－105）使其成为语言学研究由定性向定量飞跃的“助推器”。

（三）词频对比分析对政治文献翻译的意义

词频对比分析对政治文献翻译具有重要意义。首先，对国外政治文献进行词频统计，可量化国外政治文献的常用词汇，为我国翻译同类政治文献提供词汇参考，使译文更贴近目标语，增强译文可读性；其次，对比不同时期政治文献高频词的变化，可分析特定国家相关政策的变化；再次，对同一领导人的相关著作、讲话进行词频统计，可在词汇方面对领导人的语言特点进行量化分析，有助于译文更准确地再现领导人的语言风格。此外，将词频统计、句长统计、句频统计、标点统计综合运用，能为政治文献翻译实践和评价提供多方位、立体化的参考标准。

二、2013—2014年两国政府工作报告词频统计结果对比分析

（一）研究对象

中国政府工作报告俄文版（Доклад о Работе Правительства）与俄罗斯国情咨文（ОтчётПравительства о результатахработы）每年由中、俄两国中央政府发布，以2013—2014年发布的中国政府工作报告俄文版和俄罗斯国情咨文为对象，对其进行词频对比研究。

（二）研究方法

1. 确立对比标准

中俄在地缘环境、历史传统、意识形态等方面存在巨大差异，不能直接对比两国政治文献的用词。本文以《俄语国家语料库》（Национальный корпус русскогоязыка）提供的词频表为"中介"，将中国政府工作报告俄文版和俄罗斯国情咨文的词频统计结果与词频表比对，从而间接对比、分析中国政府工作报告俄文版和俄罗斯国情咨文的词频差异。

2. 控制变量

控制变量是比较研究的前提。影响词频统计的因素主要有：文本创作时间、字数、体裁和内容。本研究的主要对象是政治文献，故在体裁上首先得到了控制。下面确定的是其余三个变量：文本创作时间、字数和内容。

（1）控制发布时间。十二届全国人大一次会议、二次会议政府工作报告俄文版分别发布于2013年3月19日和2014年3月18日；2012—

2013 年俄罗斯国情咨文分别发布于 2013 年 4 月 17 日和 2014 年 4 月 22 日。两国政府工作报告的发布时间相差约 1 个月，对语言的影响可忽略不计。

（2）控制内容。内容上，两国政府工作报告同属一个领域；语体上，两国政府工作报告均属政论语体。

（3）控制字数。十二届全国人大一次会议、二次会议政府工作报告俄文版共用俄语词 21671 个（包括标点、数字），含 6271 个单词及变形；2012 年和 2013 年俄罗斯国情咨文共用俄语词 20655 个（包括标点、数字），含 5749 个单词及变形。为控制词量，笔者从中国政府工作报告俄文版和俄罗斯国情咨文中分别抽取出现频率最高的 5500 个词及其变形进行研究。

3. 研究路径

搜集文本→确立标准→控制变量→统计词频→对比结果→挖掘数据

4. 统计结果

笔者将《俄语国家语料库》的词频表按频率高低划分出 30 个频段，起始频段包含 10000 个单词及变形，其余各频段包含 20000 个单词及变形。将 2013—2014 年中国政府工作报告俄文版和俄罗斯国情咨文出现频率最高的 5500 个单词及变形与《俄语国家语料库》词频表进行对比，该 5500 个单词及变形在词频表不同频段出现的个数、个数差及差值比（差值比 = 差值/5500）如下：

表 1　中国政府工作报告和俄罗斯国情咨文单词出现个数、个数差及差值比

频段	俄国	中国	差值	差值比
0—10000	2347	1928	419	7.62%
10001—30000	3560	3124	436	7.93%
30001—50000	4048	3655	393	7.15%
50001—70000	4353	3994	359	6.53%
70001—90000	4541	4209	332	6.04%

（续表）

频段	俄国	中国	差值	差值比
90001—110000	4682	4366	316	5.75%
110001—130000	4789	4509	280	5.09%
130001—150000	4875	4600	275	5.00%
150001—170000	4947	4696	251	4.56%
170001—190000	4998	4749	249	4.53%
190001—210000	5045	4799	246	4.47%
210001—230000	5085	4870	215	3.91%
230001—250000	5118	4918	200	3.64%
250001—270000	5141	4952	189	3.44%
270001—290000	5165	4990	175	3.18%
290001—310000	5192	5014	178	3.24%
310001—330000	5211	5042	169	3.07%
330001—350000	5236	5064	172	3.13%
350001—370000	5252	5087	165	3.00%
370001—390000	5273	5102	171	3.11%
390001—410000	5282	5119	163	2.96%
410001—430000	5294	5128	166	3.02%
430001—450000	5303	5144	159	2.89%
450001—470000	5313	5156	157	2.85%
470001—490000	5321	5169	152	2.76%
490001—510000	5329	5179	150	2.73%
510001—530000	5338	5187	151	2.75%
530001—550000	5348	5209	139	2.53%
550001—570000	5352	5213	139	2.53%
570001—590000	5361	5221	140	2.55%

如上表所示，在这 30 个频段中，中国政府工作报告俄文版的词汇出现量均少于俄罗斯国情咨文。在最常用的 30000 个俄语词中，中国政

府工作报告俄文版与俄罗斯国情咨文的单词出现量相差436个，约占总词数的7.93%。在最常用的370000个俄语词中，两国政府报告用词量的差距缩小至3%。如统计范围扩大到最常用的590000个俄语词，则囊括我国政府工作报告俄文版中的5221个单词和俄罗斯国情咨文中的5361个单词。持续扩大统计范围，两国政府工作报告用词量的差距趋于零。

综上所述，俄罗斯国情咨文用词的频率整体略高于中国政府工作报告俄文版用词。

三、数据分析

分析两国政府工作报告的词频统计结果，有两类现象值得关注与研究：（1）一些单词在一国政府工作报告中反复被使用，但未出现在另一国政府工作报告中；（2）相同含义在两国政府工作报告中的表述方法不同。笔者运用数据挖掘技术在众多差异性结果中，根据差异大小挑选出以下8个例子进行论述。

（一）конечно（当然）和 безусловно（毫无疑问）

конечно 和 безусловно 是常见俄语词，在2013—2014年俄罗斯国情咨文中分别出现了84次和3次，但在同年中国政府工作报告俄文版中两词均未出现。конечно 作为插入语或语气词时可译为“当然，自然，无疑”；безусловно 作插入语或副词时可译为“毫无疑问，当然”（大俄汉词典，2001：84）。但在我国2013—2014年政府工作报告汉语版中，根本未使用副词“当然”“自然”“无疑”。因此，政府工作报告俄文版中未出现 конечно 和 безусловно 不足为奇。该现象是由两国政治话语体系不同所致，我国政府工作报告要体现“政治自信”，要从语气上表明“准确无误”，一切“似是而非”和“含糊”情况均要坚决避免。

（二）относительно（相对地）

在2013—2014年中国政府工作报告俄文版中，относительно 使用了19次，但在同年俄罗斯国情咨文中，该词未出现。中国政府工作报告俄文版中 относительно 大多出现于 ровное и относительно быстроера звитие 或 ровный и относительно быстрыйрост 的组合，合译为“平稳较快发展”或“平稳较快增长”。借助《俄罗斯国家语料库》和 Google Ngram Viewer 数据库，俄语中并无 ровное и относительно быстроера звитие 或 ровный и относительно быстрыйрост 的说法，但这不意味着我国政府工作报告俄文版中不能出现这样的翻译。“平稳较快发展”或“平稳较快增长”是我国政治文献独具中国特色的表述方式。从使用频率上看，选用 относительно 翻译“平稳较快发展”或“平稳较快增长”中的“较”字最合适。俄语中，除 относительно 外，还有3个副词能表达“相对”含义：сравнительно、условно 和 релятивно，它们的使用频率见图1：

图1　относительно，сравнительно，условно，релятивно 使用频率

其中，относительно 的使用频率最高，релятивно 的使用频率最低。在2013—2014年中国政府工作报告俄文版中，сравнительно，условно 和 релятивно 均未出现，即表达“相对”含义时首选单词 относительно，这符合俄语语言习惯，也最易被俄罗斯读者接受。

（三）примерно（大约）

примерно 在 2013—2014 年中国政府工作报告俄文版中常与数字连用，表达概数含义，共出现 14 次。同年俄罗斯国情咨文则选用 почти，около 或 приблизительно 表达概数含义。почти 和 около 的使用频率明显高于 примерно 和 приблизительно（见图 2）。但在中国政府工作报告俄文版中，почти 出现 0 次，около 出现 4 次，приблизительно 出现 2 次，明显少于 примерно 的出现次数。除 приблизительно 更书面化外，почти、около 和 примерно 在书面语及口语中皆可使用，加之这 4 个词在用法上并无明显差别，鉴于此，建议中国政府工作报告俄文版在翻译概数意义时，可相对增加 почти 和 около 的使用频度。

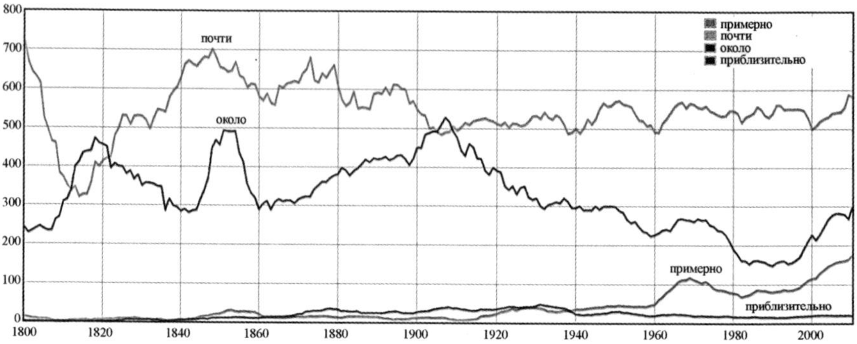

图 2　почти，около，примерно，приблизительно 使用频率

（四）медстрахование（医保）和 медицинскоестрахование（医疗保险）

медстрахование 是词组 медицинскоестрахование 的缩略形式，медстрахование 更倾向于译成“医保”，而 медицинскоестрахование 的翻译则更倾向于“医疗保险”。在 2013—2014 年中国政府工作报告俄文版中，二者往往混用，各出现 5 次，在同年俄罗斯国情咨文中，

медицинскоестрахование 和 медстрахование 分别出现了 1 次和 0 次。俄语中 медицинскоестрахование 的使用频率远高于 медстрахование（见图 3）：

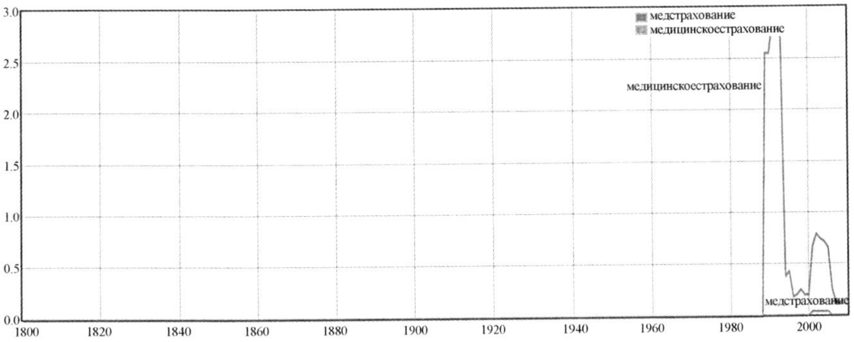

图 3　медстрахование 和 медицинскоестрахование 使用频率

与此类似的还有 соцстрахование（社会保险）、экостроительство（生态建设）、экоохрана（生态保护）等“音节型”缩略语，它们由一个单词的词首和另一个完整单词组成，这类“音节型”缩略语的绝对数量虽未超过“首字母型”缩略语，但近年来呈上升趋势。所以，翻译中国政治文献中的特定词汇时，是优先选用“音节型”缩略语还是全称尚有待商榷。

（五）еще 和 ещё（还）

2013—2014 年俄罗斯国情咨文中共有 488 个单词包含字母 ё，中国政府工作报告俄文版中 ё 的使用次数却为零。虽然《俄语正字法和标点符号使用规则》没有规定政治文献必须使用 ё（刘昶君，2012：29 – 31），但鉴于 2013—2014 年俄罗斯国情咨文中未采用 е 取代 ё，建议中国政府工作报告俄文版保留字母 ё 的使用，进一步缩小与俄罗斯国情咨文的用词差异。

（六）притом（况且）

单词 притом 属于连词，可译为“况且”“并且”“同时”（大俄汉词典，2001：1784）。在 2013—2014 年中国政府工作报告俄文版中，该

计结果相符。在2013—2014年中国政府工作报告俄文版中，или的使用频率反而低于либо的使用频率，или仅出现1次，либо却出现了16次，与《俄语国家语料库》的统计结果相悖。为使или和либо的出现频率与《俄语国家语料库》的统计结果相符，建议中国政府工作报告俄文版使用или替代либо，表达“或者”含义。

综上所述，2013—2014年俄罗斯国情咨文用词的频率整体略高于中国政府工作报告俄文版用词，建议中国政府工作报告俄文版增加《俄语国家语料库》词频表中最常用30000俄语词及其变形的使用量。具体来说，建议中国政府工作报告俄文版增加почти和около的使用频度，减少притом的使用次数，用автомобиль代替автомашина，用или而非либо表达“或者”含义并保留字母ё的使用。至于在翻译特定词汇时，优先选用“音节型”缩略语还是全称尚有待商榷。

四、结语

比较中国政府工作报告俄文版和俄罗斯国情咨文中最常用30000俄语词及其变形的使用量是本课题的阶段性研究成果。高频词的使用很大程度上决定了译文与目的语的接近度，高频词翻译是政治文献翻译的基础。

参考文献：

Плунгян, В. А, Сичинава, Д. В. Национальный корпус русского языка: опыт создания корпуса текстов современного русского языка [A]. ЛН Беляева и др. *Труды Межд. конференции «Корпусная лингвистика - 2004»* [C]. 2004: 216 - 238.

Sinclair, J. 1991. *Corpus, concordance, collocation* [M]. New York: Oxford University Press.

李剑冲：《语言学研究中的统计方法》，《内蒙古统计》2003年第5期。

刘昶君：《俄语字母ё趣议》，《俄语学习》2012年第4期。

秦颖：《翻译质量自动评价研究综述》，《计算机应用研究》2015 年第 2 期。

唐家渝，刘知远，孙茂松：《文本可视化研究综述》，《计算机辅助设计与图形学学报》2013 年第 3 期。

韦晓琴：《现代语言科学研究的有效手段—统计法——读查理 · 缪莱的〈语言统计学方法入门〉》，《法国研究》1985 年第 1 期。

中央文献俄译文本语句结构特征探析

——以政府工作报告俄译本为例*

姜雅明　李梦雅

（天津外国语大学欧洲语言文化学院）

摘　要：以政府工作报告为代表的中央文献是语言精练、逻辑严密的政论文，其汉语和俄译文本都有其独特的语体和文化特色。该文本的句法特征集中表现在谓语表达方式、主客体关系、句际逻辑关系、常用固定句型等方面。俄文译本的语句结构特征突出表现为常用静态谓语结构和被动语句，以谓语动词为核心的“形合”句子结构，凸显出政论文本的叙事性、客观性和逻辑性。

关键词：中央文献；翻译；俄语；句子结构

一、引言

中央文献既包括国家领导人的重要讲话、公开发表的文章和著作，

---

* 本文原载于《天津外国语大学》2016年第5期，本集收录时格式略有改动。

中共中央编译局2012年社会科学基金重点项目“中共中央重要文献翻译规范研究”（12A07）；天津外国语大学“中俄政治关系中的文化解码”科研创新团队成果。

也包括全国党代会、人代会和政协会议等重要政治文献。作为党和国家对外宣传的重要组成部分，中央文献翻译具有独特的政治意义。如何将中央文献准确翻译成外文，对译者提出了很高的要求。要保证中央文献内容在译文中的准确转达，句子结构的恰当转换是一个重点和难点。本文着重讨论中央文献俄译过程中句子结构处理方面的一些问题，在分析语言结构转换特点和规律的同时，探讨其中的民族语言文化和思维方式的特点。

二、政论语体文本的一般句法特征

从语体角度看，尽管以中央领导个人名义发表的讲话有一定的口语特点及个性言语风格，但总的来说，中央文献文本语言准确简练、逻辑严谨、格式规范，有明显的政论语体文本特点。该类型俄文和汉语文本比较常见的句法特点有：

从句型特点看，俄语政论文注重客体思维，多从客观角度阐述事实，描述事物或现象的本质，常用被动句、无人称句、倒装句和复合句表达；汉语政论文则注重主体思维，从主体角度陈述事实，句型以主动句为主，句子主语与主体基本一致。

从谓语表达方式看，俄语政论文中常用“动词＋名词词组”、“静词性合成谓语”、前置词或副动词短语等方式表达，以此弱化动词意义，体现句子的叙事性、静态性和书面语体的特点；汉语不通过词形变化表达语义，翻译时需要注意汉俄语句型的转换。

从句际连接方式和句子结构特点看，俄语政论文形态结构严谨，句子以动词为中心，使用丰富的连接词和关联词语使句子形成结构逻辑严密的框架结构，“形合”特征明显，也表现出这类文本特有的语言规范性和庄重感。汉语句际连接手段则不如俄语丰富，句子结构以“意合”为主，翻译时要充分领会原文句际之间、上下文之间的逻辑关系后，用恰当的外语句际连接手段表达出逻辑关系。

从常用语句看，汉语政论文有明显的程式化表达方式，四字词组、成语典故、政治套语和激励性口号较多。俄语政论文也有不少常用语句，但无论数量和使用频率都不及汉语政论文丰富，此类语句也构成翻译的难点。由中共中央编译局提供的政府工作报告俄文译本，语言准确精练，文风朴实典雅，堪称政论文翻译的经典。对于汉俄政论文本上述语句的特点，中央编译局的翻译家在相关论文中从翻译技巧应用的角度加以研究（徐燕霞，2014；张琳娜，2014），为本文提供了宝贵的思路。笔者将以中央编译局政府工作报告俄文译本为例，深入总结分析政论文句子翻译中的一些问题。

三、中央文献文本句子俄译的几个特点

研究政府工作报告发现，其内容主要包括总结和计划两大方面。一是对过去政府工作的回顾；二是今后政府工作的计划和措施。政府工作报告堪称政论文本的经典，其语言具有客观、简洁和规范等特点。这些语言特色需要翻译者在译文中准确呈现。我们在研究政府工作报告的汉语原文和俄文译本时发现，汉语句子译成俄语时要注意几方面的问题：

（一）注意从“动态”句式到“静态”句式的转换，突出叙事性

无论是对过去工作的总结，还是对未来前景的展望和规划，政府工作报告都强调语言的准确性和客观性，汉语句子大多以主题语为核心，呈现“话题—评论”的脉络和顺序，客观叙事性特点明显。所谓从“动态”句式到“静态”句式的转换，是指在汉语中大量通过动词表达“评论”的动词谓语，翻译成俄语时需要转换成俄语“静态”表达方式。通常采用几种方式表达：

（1）<u>动词＋名词词组</u>。把单一动词谓语转化成复合式谓语是常用的

谓语表达方式。例如：中国积极**参与**国际谈判（Китай **принимает** активное **участиев** международных переговорах）；我们成功**举办**了亚太经合组织第二十二次领导人非正式会议。（Мы с успехом **провели** 22-ю неофициальную **встречу** лидеров АТЭС.）

（2）名词（动名词）结构。用名词尤其是动名词词组做主语或补语。例如：**稳增长和调结构**相辅相成。（**Стабилизация**темпов роста экономики и ее структурное **регулирование** взаимообусловлены。这既可以扩大就业，还能增加居民收入。Это поможет не только**расширению** трудоустройства и **росту** доходов населения.）

（3）前置词或副动词结构。把部分汉语动词结构转化成前置词或副动词，如：**面对**经济下行压力加大态势，我们保持了战略定力；（**Перед лицом** тенденции увеличения прессинга из-за спада экономического роста мы сохраняли стратегическую решимость.）；加强雾霾治理，淘汰黄标车和老旧车指标超额完成。（Перевыполнены показатели по выведению из эксплуатации «автомашин с желтыми наклейками» и устаревших автомобилей **при усилении** борьбы со смогом.）；我们**迎难而上**，主要做了以下工作。（Смело **выступив навстречу** трудностям, мы сосредоточивали силы главным образом на следующих направлениях работы.）；我们**坚持**以人为本，持续增加民生投入。（**Держась** принципа «человек есть основа основ», мы продолжали увеличивать капиталовложения в дело благосостояния граждан）。

为了达到静态表达的效果，在例（1）中，尽量避免使用 встретиться с чем，участвовать в чём 之类的口语化动词结构；在例（2）中把动词 стабилизировать 转化为动名词 стабилизация，расширить 转化为 расширение，既是俄语句子成分处理的需要，也是俄语书面语体特点的体现；例（3）中则是分析两个分句关系后，把其中前一个分句的动词"面临"变成前置词结构 перед лицом…；运用副动词结构 выступив навстречу трудностям，体现主句行为的前提和条件意义“迎难而上”。类似的结构和用法在中央文献句子翻译中十分常见。

（二）注意从“主动”态句式到“被动”态句式的转换，突出客观性

《政府工作报告》的内容特别强调从客观事实出发，实事求是。汉语注重主体思维，从主体角度陈述事实，句型以主动句为主，而主体与主语基本一致。这种句子翻译成凸显叙事性和客观性的俄语句子时，需要转换成被动态句式，常用的谓语表达方式有反身动词、被动形动词及其短尾等。例如：

（1）有效实施积极的财政政策和稳健的货币政策。（Эффективно **осуществлялась**активная финансовая и взвешенная монетарная**политика**）

（2）推进党风廉政建设和反腐败斗争。（**Продвинулась работа** в плане улучшения партийного стиля и создания неподкупного аппарата, а также борьбы с коррупцией.）

（3）铁路、电力、油气、通信等领域对外合作取得重要成果。（**Получены**весьмаважныерезультатыприсотрудничествесзаграницейвсфережелезныхдорог，электроэнергетики，нефтииприродногогаза，связиит.д.）

（4）启动科技资金管理、考试招生、户籍、机关事业单位养老保险制度等改革。（**Запущен**целый пакет реформ в таких сферах, как порядок управления научно-техническими грантами; порядок вступительных экзаменов и набора учащихся, порядок прописки, порядок страхования по старости в учреждениях и организациях непроизводственной сферы и т. д.）

上述句子的语义重点都在于陈述事实，客观反映实际情况，而行为主体“国家”“政府”“中央”等暗含其中，并无必要呈现。反身动词

和被动形动词短尾做谓语的句式恰当地表现了这类句子的语义特点，凸显了行为客体的重要地位。

（三）注意从“意合”句式到“形合”句式的转换，突出逻辑性

关于西方语言重“形合”和汉语重“意合”的问题，不少学者做过深入的研究，得到一些得到广泛认同的结论，比如：“如果说西方语言的句子脉络是一种以动词为中心的空间结构体，那么汉语的句子的脉络是一种具有逻辑天籁的心理时间流。它不像西方语言的句子那样一动词为中心大气框架结构，以‘形’役‘意’，而是以意义的完整为目的，用一个语言板块（句读段）按逻辑事理的流动、铺排的句式来完成内容表达的要求”（申小龙，1995：131）。俄语属于典型的西方屈折语，即用词形变化为主要手段表示语法关系，以动词为中心的句子框架结构特点十分明显。不管是简单句还是复合句，都讲究句法的完整、严谨和逻辑的严密。以中央文献为代表的政论文十分注重意义层次的清晰合理，在翻译过程中，需要仔细阅读和深入领会原文意义，厘清内在的逻辑关系，之后应用外文的句法表现手段呈现出来。研究中央文献俄文译本，我们发现，体现复合句内部的逻辑关系主要需要掌握两个要点：

第一，要正确分析原文句子内部各分句之间的意义层次关系，是并列关系还是因果、条件、目的、让步等主从关系，恰当运用俄语副动词短语、前置词短语等手段处理分句之间的逻辑关系。例如：

（1）一年来，我国经济社会发展总体平稳，**稳中有进**。（Весь истекший **год** социально-экономическое развитие **у нас** в целом **шло ровно**, **продвигаясь** вперед **при** сохранении стабильности.）

（2）当前，世界经济正处于深度调整之中，复苏动力不足，地缘政治影响加重，不确定因素增多，推动增长、增加就业、调整结构成为国际社会共识。（Сегодня, когда мировая экономика переживает процесс глубокого регулирования, когда движущих сил для ее оживления недостаточно, когда растет геополитическое воздействие на нее и множатся факторы неопределенности, международное сообществопришло к единству мнений о необходимости стимулирования экономического роста, повышения занятости и структурной перестройки.)

（3）高举中国特色社会主义伟大旗帜，以毛泽东思想、邓小平理论、“三个代表”重要思想、科学发展观为指导，全面贯彻党的十八大和十八届三中、四中全会精神，贯彻落实习近平总书记系列重要讲话精神，全面推进社会主义经济建设、政治建设、文化建设、社会建设、生态文明建设，促进经济平稳健康发展和社会和谐稳定。（Высоко **неся** великое знамя социализма с китайской спецификой, **руководствуясь** теорией Дэн Сяопина, важными идеями тройного представительства и научной концепцией развития, полностью **претворяя** в жизнь дух XVIII съезда партии, 3-го и 4-го пленумов ЦК КПК 18-го созыва, а также целого ряда важных выступлений генсека Си Цзиньпина, всесторонне продвигать социалистическое экономическое, политическое, культурное и социальное строительство, а также и строительство экологической цивилизации. С**тимулировать** устойчивое и здоровое развитие экономики, социальную гармонию и стабильность.)

初看起来，例（1）中汉语句子的逻辑关系很简单：“一年来”（时间状语）+“社会发展”（主语）+“平稳”、“有进（步）”（谓语）。实际上这样的理解是过于简单化了，并没有真正理解句子的含义。仔细分析后发现，句子的核心在于表达“社会发展总体平稳”，而“稳中有进”则是该句的补充，是前句意义的递进。因此，翻译时以第一个分句为主，第二分句为辅，两个分句划分出主次关系。俄语主句将汉语静词谓语“平稳”转化动词谓语 шло ровно，而第二分句用副动词 продвигаясь 表达与前一分句动词同时进行的行为，用前置词词组 при сохранении стабильности 表达“在保持稳定的条件下”做条件状语，这样就充分表达了原句“社会发展总体平稳，并在保持平稳发展的同时有所进步”的意思。副动词和前置词词组的表达方式，使分句之间逻辑层次关系明确清晰了。

例（2）句按照汉语顺序逐句翻译，可能会使外国读者抓不住句子要点，不知所云。仔细阅读汉语句子，会发现其全句语义重心在后，表达的意思是：“在世界经济处于……局势下，国际社会就……问题达成了共识”。俄语句子紧紧抓住句子的逻辑意义的重点“国际社会就……问题达成了共识”，用一个动词结构 пришло к единству мнений о чём（“就……达成共识”）作为主句核心，用三个 когда 引出三个（同等成分）条件关系从句（“在……情况下”），使全句主从句逻辑关系和意义层次清晰分明，结构严谨完整。

例（3）句是中央文献中经常使用的政治套语，其翻译的关键是要准确理解分句中的动词“高举”“以……为指导”“贯彻”“落实”“推进”“促进”之间的逻辑关系。不仔细推敲，很容易将它们至于同一个层次依次作为分句的谓语进行平铺式的翻译。认真研究后发现，句子的目的在于表达“推进”和“促进”的内容，是主句也是全句的核心，而前面的“高举……”“以……为指导”“贯彻……”“落实……”则属于主句的修辞限定语，表达的是主句行为的前提、基础和条件意义。因此，在翻译俄语时，采用副动词 неся，руководствуясь，претворяя 就恰当地表达了这些限定语的含义，也使各分句之间形成合理的衔接和意义上的相互呼应，将真正要表达的汉语之“意”寓于俄语的“形”之中了。

在中央文献经常使用的套语之中，带有明显的隐喻特征的词语搭配和句子结构模式很常见，它们构成了具有鲜明中国特色的政治语篇基础。例如：提高……水平 повыситьуровень；高举……旗帜 высоконестизнамя；把……放在优先地位 поставитьнаособое（первое）место；弘扬…精神

（例9）完全靠语序和内在逻辑关系呈现，汉语原文里没有出现"既……又……""由于……""为了……""因此""虽然……但是……"等体现逻辑关系的连接词语，其"意合"特征明显，翻译时需要译者充分理解汉语句子内在逻辑关系，在俄语译文里添加适当的连接词语，这样才能充分表达原文语义，也符合俄语政论文表达的习惯。

（四）注意分析汉语系词"是"的含义，译好判断句

在上文研究分析中我们谈过，中央文献中有相当大比例以主题语为核心的句子，呈现"话题—评论"的脉络和顺序，客观叙事性特点明显。从句型特点来看，是由系词"是"连接的话题评论句（或判断句），有的时候系词"是"并不显现。翻译这类句子时，除了要考虑其叙事性和静态性的俄语表达之外，妥善处理好系词"是"也非常重要。在汉语原文里"是"似乎没有明确的语义，其实不然。翻译过程中需要仔细分析理解原文，把系词"是"要表达的各种内含意义用俄语实体动词表现出来。下面通过一些实例分析一些具体译法。

纯粹的判断句，"是"在句子里仅做系词使用，没有其他含义，表示"前者就是后者"，两者是同一件事，同一种特征。这种情况常用быть，являться，представлять（собой，из себя），或用破折号表达。例如："进"的总体特征是，发展的协调性和可持续性增强（Главным признаком продвижения вперед былоповышение гармоничности и устойчивости развития.）；今年经济社会发展的主要预期目标是：（Главные предполагаемые показатели по социально-экономическому развитию на нынешний годбудут следующими:）；事实表明，改革开放是当代中国发展和进步的源泉（Факты показывают，что реформы и открытость являются источником энергии для развития и прогресса Китая в шагу эпоху.）；新的一年是全面深化改革的关键之年（Текущий год-ключевой год всестороннего углубления реформ.）。

“是”（有时在原文里并未直接显现）在句子里不仅作为系词，同时兼有各种具体意义，可以用其他具有实体词义的动词来替代。翻译时需要仔细分析词义，选择恰当的俄语动词结构来表达。中央文献里常遇到的几种情况：

（1）“是”说明主语的具体内容，可用“在于”替换，可译成 заключаться，состоять в чём（в том，чтобы）的动词结构，有时可以省略动词，直接用“主语 + в чём”的结构表达。例如：政府工作的总体要求是：（Общие требования к работе правительства в текущем году состоят в том，чтобы…）；立国之道，唯在富民（Коренная задача государства в создании народу зажиточной жизни.）。

（2）句子含有“成为”“变成”的意思，可翻译成动词 становиться，стать。例如：我们与各国的交往合作越来越紧密（Наше общение и сотрудничество со странами мира становится все более и более тесным.）；推进科技资源开放共享，科技人员创新活力不断释放（Увеличилась доступность и совместное использование научно-технических ресурсов，благодаря чему стал непрерывно раскрываться инновационный потенциал научно-технического персонала.）。

（3）如果“是”表达“不仅过去是，而且现在甚至将来仍然是”的含义，要使用动词 оставаться，остаться。例如：“稳”的主要标志是，经济运行处于合理区间（Главный показатель его ровного хода в том，что функционирование экономики оставалось в разумных пределах.）；发展是硬道理，是解决一切问题的基础和关键（Поэтому развитие у нас остается непреложным законом вещей и явлений，основой и ключом для разрешения всех и всяких проблем.）。

（4）如果“是”含有“作为”“被当做”之意，则应译成 служить，послужить。例如：打造大众创业、万众创新和增加公共产品、公共服务“双引擎”（Главными «моторами» для развития экономики должны служить широкая предпринимательская инициатива и массовая инновационная деятельность, а равно и увеличение предложения общественных благ и общественных услуг.)。

（5）如果“是”含有“原来就是”“实际上是”的意义，要译成，оказаться，оказываться。例如：过去一年，困难和挑战比预想的大（В прошедшем году трудностей и вызовов оказалось больше, чем ожидалось.)。

（6）如果“是”含有“组成”“构成”的意义，则要翻译成составлять，составить。例如：尽管财政收入增速放缓、支出压力加大，但财政用于民生的比例达到70%以上（Несмотря на замедление роста финансовых доходов и увеличение прессинга со стороны расходных обязательств доля госбюджетных расходов на связанные с народным благосостоянием сферы составила свыше 70% общего объема расходов.)。

（7）如果“是”含有“提供……条件”“产生……效果”的含义，可以译成动词 давать，дать。例如：推进农业现代化，改革是关键（Ключ к продвижению модернизации сельского хозяйства дает реформа.)。

此外，还有一些汉语句子，形式上是判断句，实际上是含有其他语义关系的句子。例如：

（1）形式上看是判断句，语义上却是被动句，需要翻译成俄语的被动式。例如：教育是今天的事业、明天的希望（На современное образование возложена надежда на будущее.)；中国装备正大步走向世界（Китайское оборудование стремительно распространяетсяпо всему миру.)。

（2）形式上看是判断句，语义上却是具有让步意义的复合句的组成部分，需要译成俄语 хотя…но…的结构。例如：解决发展不平衡、不协调、不可持续的问题，关键在于加快转变经济发展方式，推进经济结构战略性调整，这既是一个长期过程，也是当前最紧迫的任务（Ключ к решению проблем неравномерности, негармоничности и неустойчивости развития в ускоренной трансформации модели развития экономики и продвижении стратегического урегулирования экономической структуры. И хотя процесс этот весьма длительный, но в настоящий момент он становится самой актуальной задачей.）。

（3）形式上看是判断句，可语义上是具有条件意义的复合句的组成部分，需要译成俄语 от чего зависеть, на основе чего, при условиях чего 等结构。例如：就业是关系国家发展和人民福祉的大事（Трудоустройство то важное дело, от которого зависит развитие страны и счастье народа.）。

以上分析了中央文献部分带有系动词“是”的句子译法，其关键在于译者对系动词“是”（有时并不显现）的含义的深入理解，准确判断句子是纯粹的判断句还是兼有其他含义的判断句，之后选择相应的俄语具体实体动词进行翻译，且不可简单化处理。有些汉语句子形式上是判断句，却要译成俄语被动句的情况，不仅需要分析动词的含义，还要看整个句子的结构和分析句子成分，搞清楚汉语句子主语（或主题）是施事成分还是受事成分，如例（1）中“中国装备正大步走向世界”一句里，“中国装备”显然是受事成分，而以受事成为主语的汉语句子翻译成俄语时一般都需要转换成被动句或不定人称句等形式。而形式上是判断句，可实际上可能是含有条件、让步等意义的句子，一定要仔细分析句子成分之间的逻辑关系后再选择恰当的俄语词语表达。

四、结语

以政府工作报告为代表的中央文献语言精练、逻辑严密，不管是中文和译文都具有独特的政论文体特色和民族语言文化色彩，叙事性和客观性在汉语中以主题评论句表达为主，句子主体思维及动态特征明显。

由于缺乏“形”的因素，句子结构以“意合”为主。相比俄语，其叙事性和客观性主要靠静态式谓语形式表达，复合句中的逻辑关系多采用副动词短语、前置词短语和丰富的连接词手段表达，使俄语分句之间合理衔接成为以主句动词为核心的框架结构，体现出俄语句子“形合”的特点，也体现出俄语政论文注重逻辑严谨和结构形式的完整性特点。在翻译中央文献中常见带有系词“是”的各种类型判断句时，需要结合上下文认真揣摩系词的内涵意义，将其通过相应的俄语实体动词表达出来。

参考文献：

申小龙：《当代中国语法学》，广州：广东教育出版社 1995 年版。

徐燕霞：《政府工作报告》（俄文版），《翻译札记》中央文献翻译通讯，2014 年第 1 期。

张琳娜：《汉译俄错译和中介语现象分析——以《2014 年计划报告》俄文翻译为例》，《中央文献翻译通讯》2014 年第 1 期。

中央文献重要概念在日本的传播*

张晓希　朱雯瑛

（天津外国语大学比较文学研究所；

天津外国语大学中央文献翻译研究基地）

摘　要：党的十八大以来，党中央高度重视加强国际传播能力和对外话语体系建设，提出了一系列具有鲜明中国特色、丰富理论内涵的重要概念。这些重要概念是中国特色社会主义的行动纲领，勾勒了中国未来的发展蓝图，中国在向国际社会发出声音的同时也把自身的政策主张融入国际舆论之中，作为对国际社会的回应。中央文献的这些重要概念目前已成为国外政府、政党、智库研究中国执政理念的一手资料。本文以日本为例，从日本政府、大学、研究机构以及民间各阶层对中央文献重要概念研究的历史和现状，来分析其研究的内容、特点、指向和目的。

关键词：中央文献；重要概念；对外传播；日本各阶层

---

* 本文原载于《天津外国语大学学报》2018 年第 3 期，本文集收录时格式有所改动。

基金项目：国家社会科学基金重点项目“中央文献术语外译词典（中英、中俄、中日）编纂的理论与应用研究”（14AYY003）；天津外国语大学中央文献翻译研究基地招标项目“中央文献在日本的传播与影响”（15ZB002）。

一、引言

话语体系不仅是话语权的有效载体，也是一个国家形象、实力和发展道路的外化象征。随着中国日益崛起，进入国际体系中心，国际社会对中国的发展理念和重要举措予以广泛关注。党的十八大以来，党中央高度重视加强国际传播能力和对外话语体系建设。2013 年 12 月，习近平同志在中共中央政治局第十二次集体学习时强调，要努力夯实国家文化软实力的根基，要努力传播当代中国价值观念，努力展示中华文化独特魅力，要注重塑造我国的国家形象，努力提高国际话语权，要加强国际传播能力建设，精心构建对外话语体系，拓展对外传播平台和载体，把当代中国价值观念贯穿于国际交流和传播的方方面面。在十九大报告中，习近平同志再次强调，要推进国际传播能力建设，讲好中国故事，展现真实、立体、全面的中国，提高国家文化软实力。

中央文献是关于中国社会制度、意识形态、内外政策、发展理念、发展模式最准确、最全面、最权威的阐释，它集中体现了党和政府的执政理念与治国经验，对于向国际社会介绍中国道路、理论体系、制度，展示当代中国形象，又针对性地回应国际社会的关切，最大限度地避免和减少误读误解，具有不可代替的权威性和影响力。中央编译局、中国外文局等部门的中央文献对外翻译工作为我国对外话语体系传播做出了重要贡献。尤其多年来，中央编译局一直承担着党和国家领导人著作、党代会、中央全会、两会文件以及其他中央文件的多语种翻译工作。2015 年起在“光明网”“理论中国”网站上陆续发布多语种的“中央文献重要术语译文”，促进已有翻译成果的应用和传播，提高了中央文献重要概念在国际社会的了解和接受度。多语种的宣传介绍推广，为国外的智库、研究机构、学者和民众提供一个了解中国特色社会主义道路、理论体系、制度的窗口和平台，对加强国际传播能力建设、促进中国理论走出去起到积极的推动作用。

党的十八大以来，以习近平同志为核心的党中央提出了一系列具有鲜明中国特色、丰富理论内涵的新概念、新范畴、新表述，如“中国梦”“全面深化改革”“国家治理体系和治理能力现代化”“依法治国”“创新、协调、绿色、开放、共享”五大发展理念；在国际事务中也提出多个富有新意的概念，其中包括“一带一路”“和平、发展、合作、共赢”“互联互通”“命运共同体”“亚洲新安全观”“亚太梦想”“新型大国关系”等。这些重要概念向国际社会发出中国声音，介绍中国的历史和现状，勾勒中国的未来走向。与此同时，把自身的政策主张融入国际舆论之中，作为对国际社会的回应，目前已成为国外政府、政党、智库研究中国执政理念的一手资料。

众所周知，中日两国关系特殊而复杂，既是邻国关系，又是大国关系，既有历史上的和平与对立，又有现实中的竞争与依存。既有意识形态和政治制度上的相互排斥、历史问题争议、未能解决的领土争议，也有对和平的发展环境、经济相互依存、共同安全利益等共同性。20世纪70年代之前，日本对中国的研究主要集中在历史、文学、语言和宗教等人文学科，随着两国关系的恢复，尤其是中国经济的持续快速发展和国际影响力的不断提高，取代日本成为世界第二大经济体后，日本从政府、学界到民间出现了研究中国热，而关注的焦点就是中央文献中涉及的关于中国政治、经济、文化、外交等重大问题的介绍、分析和研究。

二、日本政府各机构的研究现状

日本政府的中央行政机构由内阁府和总务省、法务省、外务省、财务省、文部科学省、厚生劳动省、农林水产省、经济产业省、国土交通省、环境省、防卫省等1府11省厅组成。这些机构和其下属的研究机构一起，主要负责调查、搜集国内外信息，研究审议、协调、调整以及协助内阁制定内外政策等。

（一）内阁府的《世界经济报告》

日本内阁府每年对外发布《世界经济报告》，一年二期。每期都有对当年中国经济政策和发展动向的详细分析。如：2013年第二期《中国经济保持平稳增长所面临的课题》的报告综合分析了规避中等收入陷阱、从过热的房地产市场开始减速的中国经济如何实现软着陆等问题；2015年第二期《中国经济的减速与世界经济》报告中指出，在世界金融危机之后，发达国家经济持续不振，但中国以及新兴国经济对世界经济的恢复起到了牵引作用。报告分析了中国政府对投资过剩和产能过剩的调整、制造业自制化程度加深、对东盟投资的增长、中国提高中长期增长率的对策和所面临的课题以及中国经济减速对世界经济带来的影响等；2016年第一期的《世界经济报告》中，以快速增长的中国汽车市场、电子商务、国内旅游观光业为例，指出中国消费结构的变化，并对中国目前保持经济稳定增长过程中向消费主导的经济转型、实施创新驱动发展战略等各种数据和对策进行了详细的统计和分析；2017年7月，与《经济白皮书》同时公布的《世界经济报告》中，对小型机动车减税、增加基础设施投资等各种政策刺激下，中国经济向利好方向发展，尤其以李克强总理的2017年《政府工作报告》为中心，对2017年中国主要改革发展和任务进行了重点介绍。

2017 年重点工作任务

课题	具体政策
(1) 推进“三去一降一补”	
(ア) 去产能	削减钢铁·煤炭·煤电产能，处置“僵尸企业”，职工的再就业等。
(イ) 去库存	支持库存较多的三、四线城市购房需求，房价上涨压力大的城市合理增加住宅用地，改造棚户区（城中村）住房600万套等。
(ウ) 去杠杆	通过资产证券化等，将企业、特别是国有企业负债降低到合理水平等。
(エ) 降成本	扩大小微企业享受所得税优惠范围。
(オ) 补短板	减少农村贫困人口1000万以上（其中搬迁340万人）等。
(2) 深化重要领域和关键环节改革	
简政放权，简化增值税税率结构（由四档税率简并至三档），对不良资产、债券违约、影子银行、互联网金融等累积风险高度警惕，基本完成国企公司制改革，加强产权保护制度建设等。	
(3) 释放国内需求潜力	
扩大服务·高品质产品消费，推进基础设施投资（铁路建设8000亿元、公路·水运1.8万亿元），完善政府和社会资本合作的相关优惠政策，推进户籍制度改革（1300万人以上进城落户）等。	
(4) 以创新引领实体经济转型升级	
培育·壮大新兴产业，加快传统产业的大数据、物联网等应用，推进大众创业·创新等。	
(5) 促进农业稳定发展和农民持续增收	
扩大水稻、小麦生产，消化玉米库存，新建改建农村公路20万公里等。	

（续表）

课题	具体政策
（6）积极主动扩大对外开放	
推进“一带一路”建设，推进中国—东盟自贸区议定（CAFTA）、东亚区域全面经济伙伴关系协定（RCEP）相关谈判等。	
（7）加大生态环境保护治理力度	
完成取暖以电代煤、以气代煤300万户以上，强化机动车尾气治理，普遍推行垃圾分类处理等。	
（8）推进以保障和改善民生为重点的社会建设	
提供公平优质教育，扩大医保用药保障范围等。	
（9）提高政府职能	
依法履职，惩治腐败等。	

（http：//www5. cao. go. jp/j-j/sekai_chouryuu/sh17 －01/index-pdf. html　内閣府《2017 年上半期　世界経済報告》P160——笔者译）

《世界经济报告》中指出，虽然中国政府在政策利率调整、股市资金的流入等方面不断实施调控政策，但物价呈现上涨趋势，房地产业仍存在泡沫风险。在这种背景下，2017 年 3 月召开的全国人大会议上，中国政府高度重视经济、社会安定的基础，提出 2017 年经济发展预期目标，将化解产能过剩、房地产库存等作为重点课题，表明了中国政府保持稳定与推进改革的决心。报告结合中国政府提出的方针、政策对中国经济现状和发展前景进行了预测。

（二）外务省的外交蓝皮书

日本外务省历年发布的外交蓝皮书中涉及中央文献方面的内容有党代会、人大、政协会议提出的重要路线、方针、政策的重要概念。如：2012年中央经济工作会议上提出的“稳中求进”工作总基调，从“速度”为主转为以“质量”和“效率”为中心，将过去的“稳定快速发展”的目标调整为“保持经济持续健康发展”；十二届全国人大会议第一次会议上习近平主席在讲话中提到的为实现中华民族伟大复兴的“中国梦”，党内反腐败斗争无禁区；中国共产党第十八届三中全会上提出的经济体制改革是“全面深化改革的重点”；十二届全国人民代表大会第二次会议上，李克强总理报告中以“背水一战的气概”和“突破利益固化的藩篱”表明中国坚持改革的强烈信念；中国共产党第十八届四中全会通过《中共中央关于全面深化改革若干重大问题的决定》，强调了“在中国共产党领导下”坚持中国特色的法治国家。经济方面，蓝皮书介绍了2014年中央经济工作会议提出的中国经济发展步入“新常态”，从高速增长转向中高速增长，经济发展方式面临从规模扩大向质量提高的转换期。2015年继续坚持稳中求进，继续实施积极的财政政策和稳健的货币政策，中国经济模式通过结构改革，从投资、出口主导型向消费主导型转变；十八届五中全会审议、通过了“十三五”规划，提出创新、开放的经济发展理念；2015年中央经济工作会议中强调去产能、去库存，进行供给侧改革。外交关系方面，外务省蓝皮书对中国政府领导人尤其是习近平主席的历次出访活动、主持会议和发表的讲话进行了详细介绍。如：在习近平主席提出的“一带一路”战略构想下开展积极的经济外交，加强高铁和基础设施的出口；习近平主席在周边外交工作座谈会上谈到作为周边外交的基本方针：①以邻为伴，②安邻、富邻，③体现亲、诚、惠、容的理念；在上海举行的亚信第四次峰会上，习近平主席提出“共同、综合、合作、可持续的亚洲安全观”；出席在巴西召开的金砖国家领导人会晤；在北京召开 APEC 峰会上通过的《北京反腐败宣言》；中美两国领导人举行会谈，达成温室气体减排协议；2015 年 6 月，习近平主席倡议成立的亚洲基础设施投资银行（AIIB）协议在北京举行签署仪式；2016 年 9 月 G20 首脑会议，强调在“战略互惠关系”下加强两国在区域和国际社会的合作关系等。蓝皮书结合国际政治、经济、外交环境和日本的现状加以分析，提出对策。

（三）财政省

对中国经济的研究主要来自财政省所属的财政综合研究所中国研究会。它是财务省下设的专门研究中国经济问题的研究机构。近 5 年来，该研究所研究的主要问题有：中国“新体制下的经济政策”“经济·社会问题现状”“中国结构改革的现状与展望”“中国经济的现状与今后的政策”“金融·人民币”“中国的社会·经济构造变化”“经济政策·宏观经济”“产业（应对产能过剩·创新）”等。2015 年度的研究报告主要内容有“中国经济的现状和今后的政策运营”，其中与中央文献相关的概念有“一种新常态”“两个中高”（经济保持中高速增长、产业迈向中高端水平）、“三个重大”（推出一批重大项目、一批重大工程、一批重大政策）、“四个全面战略”（全面建成小康社会、全面深化改革、全面依法治国、全面从严治党）、“五位一体”（经济建设、政治建设、文化建设、社会建设、生态文明建设——着眼于全面建成小康社会、实现社会主义现代化和中华民族伟大复兴）、“五大发展理念”（创新、协调、绿色、开放、共享）、“六个坚持”（坚持人民主体地位、坚持科学发展、坚持深化改革、坚持依法治国、坚持统筹国内国际两个大局、坚持党的领导）、“国家新型城镇化规划”“全面实施一对夫妇可生育两个孩子政策”“十三五规划的基本方针”“金融体制改革”“财政、分税制改革”“国有企业改革”“分配制度改革”“中国政府规制改革”“携手消除贫困促进共同发展”“大众创业、万众创新”“全面实现小康社会”

“中国的社会和经济构造的变化”等，全面解读了2015年党的十八届五中全会报告和“十三五”规划的出台情况及内容。2017年在“中国新的生长力——创新”的研究报告中，围绕中国政府提出的“创新”理念的必要性、优势、可能性以及发展前景，详细分析了“十三五”规划中“创新”成为最优先需要解决的课题的必要性；在2017年“中国的外交战略”研究报告中，围绕习近平主席提出的“一带一路”构想，从世界形势的变化和中国所面临的国际、国内环境等角度分析了“一带一路”构想产生的背景及课题。

（四）农林水产省

日本农林水产政策研究所是日本农林水产省下属的研究机构。在其研究课题《关于世界主要国家的农业战略研究》中，涉及了中国社会主义新农村建设的推进政策、资源制约下的中国农业现状与问题、食品安全、粮食需求与供给、水资源等。其中包括完善国家粮食安全保障体系、强化农业支持保护制度、建立农业可持续发展的长效机制、深化农村土地制度改革、构建新型农业经营体系、加快农村金融制度创新、健全城乡发展一体化体制机制、改善乡村治理机制；以及2014—2017年政府工作报告中提出的解决好“三农”问题，坚守耕地红线，提高耕地质量，增强农业综合生产能力，探索建立农产品目标价格制度，统筹整合涉农资金；保持农村土地承包关系长久不变，引导承包地经营权有序流转，慎重稳妥地进行农村土地制度改革试点，坚持家庭经营基础性地位，培育专业大户、家庭农场、农民合作社、农业企业等新型农业经营主体，发展多种形式适度规模经营；培养新型职业农民，做好土地确权登记颁证工作，开展土地股份合作、联合或土地托管；深化农村集体产权、农垦、集体林权、国有林场、农田水利、供销社等改革；赋予农民更多财产权利，完善粮食等重要农产品价格形成机制和收储制度等，并详细分析了中国农业新战略的实施对周边国家带来的变化和影响。

（五）文部科学省

关于世界各国的文化政策研究主要委托于野村综合研究所。野村综合研究所（Nomura Research Institute，简称 NRI）是日本著名的研究机构，该机构不仅在日本规模最大、具有很高的社会影响力，在世界智囊团中也名列前茅。该研究所在 2013 年度的调查报告中对中国“十二五”规划期间的文化改革发展规划纲要制定的背景、方针原则、发展目标等均进行了调查。与《中共中央关于深化文化体制改革 推动社会主义文化大发展大繁荣若干重大问题的决定》《国民经济和社会发展第十二个五年规划纲要》相关的重要概念有：“十二五”时期是全面建设小康社会的关键时期，也是促进文化又好又快发展的关键阶段，深化文化体制改革，推动社会主义文化大发展大繁荣；文化建设要坚持社会主义先进文化前进方向，贯彻“二为”（文艺为人民服务、为社会主义服务）方向和“百花齐放”“百家争鸣”的双百方针，弘扬主旋律，提倡多样化，推进社会主义核心价值体系建设；坚持以人为本，发挥人民群众的主体作用，不断激发全社会的文化创造活力；坚持改革创新，树立新的文化发展理念，创新文化管理思路，提高文化的科学发展水平；加快推进体制机制、内容形式、传播手段和发展业态创新，不断解放和发展文化生产力，增强社会主义文化的吸引力和凝聚力；坚持统筹兼顾，正确处理和把握文化改革发展中的重大关系，实现两轮驱动；统筹城乡、区域发展，形成城市带动农村和东中西优势互补、良性互动的发展格局；统筹国内国际两种资源，继承弘扬中华优秀文化，吸收借鉴世界文明有益成果，维护世界文化多样性等，报告对我国“十二五”期间的文化方针、政策等进行了介绍和研究。

三、大学的现代中国区域研究基地

日本许多大学都设有中国学研究中心。最引人注目的是 2007 年，为了加强对现代中国的全面深入研究，这些大学的研究机构重组整合，研究议题分工合作，以早稻田大学现代中国研究所为核心，联合庆应义塾大学、东京大学、京都大学、东洋文库和综合地球环境学研究所建立了现代中国区域研究基地，开始了5年一期的合作研究项目。主题是“现代中国综合研究——如何把握、理解一个新兴大国”，基地的每所大学分别从不同角度和领域进行研究。

早稻田大学亚洲研究机构现代中国研究所以“中国持续发展的可能性”为主题，分别从政治、经济、社会、历史、外交等多方面来探讨“中国的可持续发展”；京都大学人文科学研究所附属现代中国研究中心承担的研究课题是“中国近现当代史的多重构造”，从19世纪至今相当长的跨度来研究现代“中国共产党成立史”“二十世纪中国社会”的文化深层构造、社会经济制度等诸种现象；庆应义塾大学东亚研究所现代中国研究中心以“转型期的政治与外交·安全保障”，“转型期的党和国家”为题，从中国共产党和国家（中央·地方政府）、市场（企业）、市民社会（各种团体、地方自治团体、媒体等）相互关系的角度进行了分析研究。东京大学社会科学研究所现代中国研究基地以“中国·东亚的长期经济发展”为中心，从历史、制度、对外关系、区域经济和社会等多角度对“中国经济的增长和稳定”进行了深入研究；综合地球环境学研究所中国环境问题研究基地从自然现象和人文素质两个方面综合探讨了中国环境问题与地球环境之间的关系，分析了“由开发导致的文化、社会以及环境的变化”；东洋文库现代中国资料研究室有丰富的资料，为该项目研究活动提供所需的文献、资料。2012年该项目启动了第二期，新增爱知大学和法政大学，2013年新增神户大学。爱知大学国际中国学研究中心围绕“现代中国与亚洲”的主题进行研究，研究成果汇编成《现代中国经济与亚洲经济圈的形成》、《现代中国与亚洲世界的人口生态环境问题》、《现代中国政治与亚洲世界和平构建》、《中国文化与亚洲世界的文化共生》等专题论文集；法政大学研究基地以转型中的现代中国政治社会为对象，通过农业地区“农村市民”的觉醒、城市居民的自治、市民社会的“再生”等基层政治社会事象，研究当代中国在新转型期的政治、社会发展模式；神户大学现代中国研究基地从经济增长和制度之间的关系进行实证分析，探讨中国经济如何跨越“两个陷阱”，保持可持续发展。

现代中国区域研究基地项目的特点是日本政府主导，通过校际合作、多学科组合，发挥各自的研究专长，从不同角度将中国目前面临的重大挑战进行了深入研究，作为智库研究成果，为日本政府的对华政策提供参考。

四、社会民间研究机构

日本还有一些专门研究中国的民间机构。这些研究机构的特点是历史长、覆盖范围广，研究成系列化、多样化。如：

成立于 1946 年的中国研究所是日本战后最早设立的专门研究中国的研究机构。研究内容涵盖现代中国的政治、经济、社会、文化、教育、历史等现状，该研究所出版发行的刊物有《中国研究月报》《中国年鉴》，还有专门的图书馆。图书馆收藏中华人民共和国成立至今中国国内出版的相关图书和期刊约 45000 册，16 种报纸，290 余种杂志，其中近 90% 是中文资料。该研究所每年举办各种研究会、讲座、研讨会。近几年举办的讲座题目如“习近平时代的中国政治和外交”“中国对外发展战略”“美中新型大国关系的形成与展望——安全保障 · 经济依存 · 国际政治”等。

1951 年成立的日本现代中国学会是日本最早的跨学科研究学会，会员 700 余人。会刊为《现代中国》，研究对象包括政治、法律、经济、社会、语言学、文学、艺术、历史、教育等现代中国的各个领域。与中央文献相关的研究内容，如：“毛泽东、邓小平时代与 21 世纪中国”“改革开放新阶段与中国社会主义的走向”“中国社会主义的现阶段与改革的课题”“中国·亚洲社会主义的现在——现代化·国际关系”“中国社会主义建设的一般规律和特殊性”“《矛盾论》与《实践论》”“现代中国的政治与法”。该学会从1951年至今每年举办一次全国性学术会议，学会主题几乎都与中国社会面临的重要问题相关。

1969年成立的中国现代史研究会，以日本关西地区中国近现代史研究学者为中心，旨在推进日中学术交流和日本的中国研究，会刊为《现代中国研究》。1997年创刊至今共37期，其研究涉及现代中国的政治、经济、文化、外交、民族政策等各个领域。如：“中国解放区的社会经济史研究”“中国革命与中国革命史研究”“马克思主义在中国100年”“中国共产党史研究的历史与课题”“中国的经济发展与市场化”“中国现代外交的形成”“现代中国与东亚新环境”“中国农村的政治构图——从乡村领导看中央·地方·农民”“从法制看中国的少数民族问题”等。该研究会还曾于20世纪80年代与中国社科院经济研究所、南开大学、上海社科院经济研究所共同举办“中国近现代史学术座谈会”，并出版《中国近现代史学术研讨会论文集》。

1975年成立的现代中国研究会是以日本京都市内的文学家、历史学家为中心，由研究现代中国问题的学者组成的学习会。已发表的研究成果有《毛泽东著作年表》《转型期的中国》《毛泽东选集第五卷注释》《读邓小平》《周恩来》“21世纪中美关系与日本因素：从战略关系与利益结构的视点”“中国贫困问题的思考”“中国最新媒体报告”“中共党史研究”“中国经济近况”、以及“中国粮食问题、环境问题、金融问题、台湾问题”“日中关系、中国的现在和未来”等。学会活动如：会员在“公开研究会”发表研究成果、邀请国外学者举办“公开演讲会”等。演讲题目如：“‘新常态’下的中国经济与今后的日中经济关系”“习近平政权的法制”“中国少子高龄化社会和社会保障改革”“基于中国2013年三中全会决定的司法改革”“中国经济发展战略”等。

在日本，除民间团体之外，还有个人研究机构。如横滨市立大学名誉教授、中国问题研究专家矢吹晋于1985年成立了矢吹晋中国研究室。该研究室主要通过对中国信息的收集、分析、展望，为中国问题研究者提供一手资料。发行月刊《中国信息》、年刊《中国信息手册》、隔年刊《中国信息源》、不定期出版《中国最高领导WHO’WHO》，并建有研究室网站、举办演讲会、学术研讨会。介绍和研究的内容有“一带一路战略”、《中国共产党党员权利保障条例》、“胡耀邦诞辰100周年的现实意义”（2016年第1期），“中国军事大国的原点 邓小平军事改革的研究”，“习近平打老虎”等，并翻译和出版了关于《毛泽东谈政治经济学》《中国社会主义经济理论》《毛泽东与周恩来》《邓小平》等中国共产党和国家领导人著作和研究成果。

五、结语

日本政府机构、大学联盟、民间团体和个人对中央文献的研究特点可以归纳如下：**1、时间跨度大、范围广**。长时间对现代中国经济发展、社会变迁、政治变革、生态环境变化、对外开放等各个领域的重大问题进行跟踪研究和系统研究，中央文献的内容几乎都已涉及到。**2、跨学科、研究深入**。在日本，现当代中国研究已成为一个跨学科的综合研究领域，其学科性质决定了它所涉及的议题十分广泛而深入。研究机构聚集了不同学科的中国问题研究专家，不同课题还邀请相关领域的中国专家进行合作研究，改变了以往研究中国而缺少中国学者参与的局面。研究者将历史与现实相结合，并与国际社会的比较与借鉴中对现代中国做出了专业性和权威性的研究，其成果为日本政府决策起到了智库作用。**3、不同声音的研究**。虽然“崛起而富强的”中国新形象成为日本社会的主流意识，但由于研究者的立场、意识形态、研究思路和范式不同，有些研究者对中国问题的看法偏颇、史料运用方面失实、分析缺少客观性，导致过多的“负面”描述和错误结论。**4、研究活动多样化**。举办学术研讨会、演讲会、出版学术期刊、论文、专著等，并将其译成多种语言，利用媒体和网站及时向外界发布，经常与国际学术界开展学术对话及合作研究，使得其研究成果具有时效性和国际影响力。

参考文献：

日本内閣府：《中国の安定成長に向けた課題》，『世界経済報告』（2）. http：//www5. cao. go. jp/j-j/sekai_chouryuu/sa13 －02/html/index. html，2013。

日本内閣府：《中国経済の減速と世界経済》，『世界経済報告』（2）. http：//www5. cao. go. jp/j-j/sekai_chouryuu/sa15 －02/index. html，2015。

日本内閣府：《世界経済の直面するリスクと課題》，『世界経済報告』（1）. http：//www5. cao. go. jp/j-j/sekai_chouryuu/sh16 －01/index. html，2016。

日本内閣府：《グローバル化と経済成長・雇用》，『世界経済報告』（1）. http：//www5. cao. go. jp/j-j/sekai_chouryuu/sh17 －01/index. html，2017。

日本外務省：《外交青書》，http：//www. mofa. go. jp/mofaj/gaiko/bluebook/index. html，2013—2017。

日本財務総合政策研究所中国研究会：《平成 27 年度第 1 回中国研究会議事録》，https：//www. mof. go. jp/pri/research/conference/china _ research _ conference/2015/china2015_minute01. pdf，2015。

日本財務総合政策研究所中国研究会：《中国の新しい成長エンジンとなるイノベーション》，http：//www. mof. go. jp/pri/research/conference/china_research_conference/2016/china2016_02b. pdf，2017。

日本財務総合政策研究所中国研究会：《中国の外交戦略》，http：//www. mof. go. jp/pri/research/conference/china _ research _ conference/2016/china2016 _ 04b. pdf，2017。

日本農林水産政策研究所：《主要国農業戦略研究》，http：//www. maff. go. jp/primaff/kadai_hyoka/kadai/index. html，2014—2017。

日本野村総合研究所：《諸外国の文化政策に関する調査研究報告書》，http：//www. bunka. go. jp/tokei _ hakusho _ shuppan/tokeichosa/pdf/h24 _ hokoku. pdf，2013。

日本現代中国地域研究拠点：《各研究拠点概要》，http：//china-waseda. jp/research-centers/。

日本中国研究所：《一般社团法人中国研究所の概要》，http：//www.chuken1946. or. jp/Gaiyo. htm。

日本現代中国学会：《日本現代中国学会学会誌『現代中国』目次》，http：//www. genchugakkai. com/back-number. html。

日本中国現代史研究会：《『現代中国研究』目次》，http：//modernchina. rwx. jp/magazine/m_index. htm。

日本現代中国研究会：《現代中国研究会/活動記録/公開講演会・公開研究会・シンポジウム等目次》，http：//www. geocities. jp/smcs_genchuken/kbase. html。

矢吹晋中国研究室：《矢吹晋著作一覧》，http：//www8. big. or. jp/ ~ yabukis/index. html。

中共中央编译局：《政府工作报告》，http：//www. cctb. net/bygz/wxfy/，2013—2017。

中国外文局：《中国网多媒体全方位解读政府工作报告》，http：//www. cipg. org. cn/xwzx/gzyw/201703/t20170307_800089814. html，2017。

王雷鸣：《关于中央文献对外翻译传播的几点思考》，《马克思主义与现实》2014 年第 4 期。

何培忠：《日本的当代中国研究与海外中国学研究的思考》，《国外社会科学》2014 年第 5 期。

我国党政文献对日翻译活动研究

——以建国后65年日译单行本为例*

鲍　同　蒋芳婧

（中国人民大学；天津外国语大学）

摘　要：党政文献的对日翻译活动是我国政府外宣工作的重要组成部分，内容包括领导人著作、会议文稿以及党政重要政策文献。但是，在学术讨论中，学界多以英译活动为对象，较少涉及非通用语种，相关统计、研究欠缺整体性和系统性，所得结论不够全面。文章以具有代表性的对日翻译为例，对现有党政文献的非通用语种翻译成果进行详细梳理，分析时代特征，总结对外翻译与传播经验，为今后的外宣工作提供借鉴，为对外传播提供帮助。

关键词：党政文献；对日翻译；对外传播

一、引言

近年，我国党政文献的对外翻译成为学界的热议话题，《中国翻

---

* 本文原载于《中国翻译》2016年第5期，本集收录时格式略有改动。

本研究受到中国翻译研究院2016年度课题“党政文献对日译介宣传活动系谱研究”项目（2016C01）、中国人民大学“统筹支持一流大学和一流学科建设”经费“党政文献对日译介宣传活动研究”项目（2015H001）的支持。

译》、《马克思主义与现实》等期刊开辟专栏，集思广益，深入讨论①；《中国外语》、《国外理论动态》等期刊持续刊载学术论文，主要研究对象以纲领性文件、党政史料、领袖选集以及《人民中国》、“人民网”等媒体的译作为主，内容以20世纪80年代及之后的翻译活动研究居多，目的在于梳理历史，总结经验，“加强机制建设和顶层设计”、“回应国际关切、引导国际话语”（黄友义，2014：）。

但是，在相关研究过程中，研究对象多为英译成果，即使在讨论“争议岛屿”的外宣工作时也以英文译本为例。相对而言，非通用语种（系）的研究仅限于现象分析或史料分析，过程单一化，成果碎片化，所得结论不够全面，系统性略显不足，缺乏多语种视域下的整体研究和综合研究。另外，中国国家图书馆、日本国立国会图书馆（NDL）等处所藏我国党政文献非通用语种对外译介书籍不尽齐备。因此，有必要对现有党政文献的非通用语种翻译成果进行详细梳理，以展现对外翻译活动的全貌。本文即以建国后至2014年的65年间我国党政文献日译单行本为研究对象，包括“领袖著作、领导讲话和党代会、人代会、中央全会文件等重要文献的翻译”活动（贾毓玲，2011：78），较为全面地、系统地梳理对日翻译活动，将之划分为5个阶段，即：（1）初创期的50年代；（2）发展期的60年代；（3）特殊期的70年代；（4）调整期的八九十年代；（5）构建话语体系的21世纪。下文通过实例阐述每个阶段的主要活动，提炼并评价每个时期的特点，总结翻译经验，以期为今后的对外翻译工作提供参考。

二、翻译初创期：方兴未艾的50年代

长期以来，我国政府一直重视党政文献的对日翻译活动。建党早

---

① 详见《中国翻译》2014年第3期“话语体系建设与对外传播翻译论坛”、2015年第5期“翻译与对外话语创新论坛”、《马克思主义与现实》2014年第4期“中国梦与对外话语体系建设”等专栏学术论文。

期，中国共产党便通过报刊、广播等形式用日文进行政策、时事等方面的宣传工作。延安时期，中国共产党通过日文报刊、印刷品等载体进行翻译活动，积极联络在日友好人士，争取国际合作，获得政治认同。建国后，历任领导更加重视相关工作，翻译活动逐渐系统化、规范化。截至2014年，党政文献日译单行本近400部①，国际影响力与日俱增。

20世纪50年代属于党政文献对日翻译活动的初创期，具有展示形象与立体传播的特点。

（一）展示形象

由于当时的印刷条件有限、出版途径单一，单从数量上看，50年代的日译单行本仅约40部②。翻译内容比较丰富，涉及我国社会发展中的各个层面。尤其是宪法类、纲领类文献的翻译，成为当时对外译介工作的主要内容，也是较早被翻译的一批文件，如一届人大历次会议报告，包括李富春所作《国民经济报告》、邓子恢所作《黄河水利规划报告》，中共八大毛泽东致开幕词、邓小平所作《关于修改党的章程的报告》、周恩来于全国政协所作《政治报告》，系统阐述了中国共产党治理国家的决心与信心。其中，对经济发展的多项调研结果和对水利建设的各类数据采集，向国际社会展现了党和政府实事求是的办事原则。

报告还包括陆定一于怀仁堂向科研工作者、文艺工作者发表的讲演《百花齐放，百家争鸣》、周恩来于全国知识分子会议上所作《关于知识分子问题的报告》等，其中很多内容回顾了大政方针的历史沿革，系统梳理了政策规定制定的来龙去脉，为日本了解中共建党以来系列工作提

① 在特定时期，部分日译单行本内容含有错误言论，或仅以内部资料形式出现。对此，本文暂未纳入统计。统计数量含翻译、编译、重译单行本。篇幅所限，本文围绕代表性译著进行文本分析。

② 有学者认为，1956—1962年政治文献类外译数量仅有29部。这一统计可能未将对日翻译的成果纳入其中。此6年间，党政文献日译单行本至少有57部。

供帮助①。

这一时期的日译单行本还有会议决议，如全国人大通过的《中华人民共和国宪法》（1954）、中共八大决议、中共七届中央委员会决议、国务院《反对美国在台湾海峡地区的军事挑衅》的声明、少数民族政策集刊《关于西藏问题》等。这些文献以传递政治信息为目的，表明立场，阐释政策，具有权威性和严肃性。

此外，曾担任毛泽东勤务工作的地方干部陈昌奉所著回忆录——《跟随毛主席长征》（初版）也于1959年翻译出版，成为当时党史对外传播的有益补充，及时展示了新中国的内政外交，为树立国家形象起到了重要作用。

（二）立体传播

首先，20世纪50年代的党政文献对日翻译活动由新闻总署国际新闻局牵头，译员主要来自归国留学人员、归侨以及新中国成立前曾从事相关工作的同志，译作基本摆脱了宣传单（册）、影印册的形式，多以单行本为主，并以“外文出版社”名义出版。这些翻译活动在各方条件尚未完全成熟的情况下起步，迅速步入正轨，译文比较严谨，编辑符合规范，在“新中国”“共产主义思想”等方面的国际传播中起到引领作用。

其次，这些译作与1953、1954年先后创刊的《人民中国》日文版、《人民画报》日文版等报刊有机结合，形成合力，建构了对日翻译的“前沿阵地”，成为日本社会了解新中国的主要途径。从传播学角度看，日译单行本只是当时对日传播活动的一部分，除文字译作外，外文出版

① 日本贸易振兴机构下属亚洲经济研究所，在当时针对中国的研究报告如1960—1962年间编写的《中国经济发展的统计研究》、1964—1971年间编写的《中国经济的长期展望》等系列专著（刊）中，数次参考我国党政文献日译单行本数据。“五年計画（五年计划）”“土地改革（土地改革）”“全国人口调查（全国人口普查）”等用“汉字移植”的方式直译成日文的“中国国情术语”也在白语中固定下来。

社于1958年陆续出版《新中国照片》等系列影集，以图文形式展示建国后农村地区的发展变化；《人道与宽恕》则通过百余张照片和日文简介，记录了日本战犯在华学习、生活以及遣返回国的场景，向当时国际社会部分报道中对新中国的肆意歪曲予以有力还击。

三、翻译发展期：蓬勃发展的60年代

与新中国成立后的十年相比，60年代的党政文献对日翻译活动更加深入，负责对外事务工作的机关、单位（外文局等）组织、协调译者进行集中作业。这一阶段译作数量庞大，类型多样。

（一）数量庞大

所谓数量庞大，一方面日译单行本数量猛增，共计约220册。很多文章单一成册，《人的正确思想是从哪里来的?》的日译本正文近五页（14.5×9.5cm），是目前出版的尺寸最小的党政文献日译单行本。另一方面，领袖文稿的翻译活动逐渐活跃，其中毛泽东文稿的日译单行本超过100部，数量占这一时期译作近半。文稿译作包括毛泽东在20世纪20至50年代发表的《湖南农民运动考察报告》《中国的红色政权为什么能够存在?》《论联合政府》等，1949年前的文稿占大半。这些日译单行本在日本社会引起较大反响，很多被收藏于日本国立国会图书馆。至1960年，《在延安文艺座谈会上的讲话》至少有8种日文译本在日公开，而日本国图馆藏的是中国外文局1966年译作，体现了中国对日翻译的权威性和社会性。

（二）类型多样

这一时期翻译活动的另一个特点是类型多样。日译单行本大致包括四类：全国会议、中央会议的报告、决议；政府公报；领袖文稿、报刊

文稿；革命史稿和回忆录。

译作中报告、决议的内容比较全面，有全国人大二届二次会议文献集、三届一次会议主要文献，以及党的中央委员会、全国代表大会的集刊，还包括胡耀邦在共青团九大所作报告《为我国青年革命化而斗争》等。这些文件属于纲领性文件，翻译目的在于更加全面、详细地宣传国家政策和政府活动，使友好人士、侨胞侨眷、国外媒体深入了解中国的大政方针、机构设置和工作理念。

公报以国内建设情况为主，包括国家统计局编写的《伟大的十年：中华人民共和国经济和文化建设成就的统计》、国务院刊发的《关于1959年国民经济发展情况的新闻公报》以及国家计划委员会薛暮桥等人编写的《中国国民经济的社会主义改造》等，很多数据和信息都是首次公开，属于权威发布，体现党和政府严谨的工作作风以及向国际社会展示中国社会主义建设阶段性成果的信心与决心。

领袖文稿除前述毛泽东文稿外，彭真在印度尼西亚、贺龙于建军节、罗瑞卿于反法西斯战争胜利20周年发表的讲话，也在原文刊发后被迅速译成日文出版发行，体现了这一时期对日翻译活动的较高效率，为此后领袖全集、选集的翻译活动打下良好基础。报刊文稿以《人民日报》《红旗》杂志、《解放军报》的评论性文章为主，如《评美国共产党声明》《关于知识分子再教育问题》等，内容涉及内政、外交，翻译出版迅速，信息传递准确。其中，翻译的重点之一是与苏联共产党的论争文稿，目的是将当时苏联在政治、经济、军事对我国施加的压力公开化，在对大国沙文主义的斗争中争取国际舆论。这些工作体现了党和政府国际事务的一贯立场，发挥了无法替代的先锋作用和实验作用，为日后《人民日报》《北京周报》等纸质媒体的对日翻译活动提供了参考。

除上述三类译作外，该时期还翻译了一些革命史稿和回忆录，如文集《中国红军故事》、杨尚奎著《红色赣粤边》、吴玉章著《辛亥革命》等，成为当时党政对日翻译的重要文献，具有历史意义。特别是陈锡联、刘亚楼、杨成武等26位军官的回忆录文集《中国红军故事》，以主体视角追忆了红军长征时的艰难历程，助力中国近代史、军事史的国际传播。

在这些党政文献的翻译过程中，译者坚持实事求是的原则，在主管部门的领导下统一认识，明确目的，使对日翻译活动进行得有条不紊。针对不同受众，讲求译介方法，进一步促进了日本民众对中国的了解，加大了与日本友人的合作①，成为当时与日本交流的重要途径。另外，将苏联、朝鲜等国的党政文献进行日文转译，成为这一时期对日翻译活动的特色之一，内容包括《列宁论战争与和平》、朝鲜劳动党中央委员会直属党历史研究所编《争取人民的自由和解放》《菲德尔·卡斯特罗一九六二年十一月一日电视演说》以及斯里兰卡、越南、印度尼西亚等国无产阶级政权、党派的文献。这些活动团结了国际力量，体现了党和国家外交工作的全面性和主动性。

四、翻译特殊期：休眠状态的70年代

进入70年代，受社会环境影响，党政文献的对日翻译活动进展缓慢。一批外国专家回国，一部分翻译人员暂时离开本职岗位。翻译人员集中力量翻译两会文稿与领导人著作，兼顾外交文稿。

（一）集中力量翻译两会文稿、领导人著作

尹承东曾回忆：“从1970年到1975年，可说是翻译界的失业时期。……翻译人员几乎无事可做，大批的外语人才都去了五七干校劳动锻炼”（尹承东，2009：14）。然而，即使在这种形势下，党政文献的对

① 至1965年5月，日中友协已访问外文局10次，多次就日文刊物的推广发行交换意见。此外，日本大安书房等出版行业日籍友人也应国际书店邀请来华交流。

日翻译活动从未间断。党和政府的报告、决议、内政外交等政策性文献以及领导人手稿等均有翻译，60余部单行本刊行。译者秉持高度的社会责任感，将有限的人力物力集中在两会的翻译工作上，使两会文件的对日翻译活动得以延续。相关报告、决议包括《中国共产党第十次全国代表大会文献集》《中华人民共和国第五届全国人民代表大会第一次会议文献集》，内容涉及政府工作、宪法修改以及政府机构任免名单等，译作大多附会场全景、人物近照，在特殊时期持续传播马列主义、毛泽东思想，展现人民生活，反映社会动态，保持国际沟通。另一部分单行本是纪念历史时期的评论员文章，如《人民日报》《红旗》杂志、《解放军报》等报刊所载元旦社论、纪念建党49周年的社论以及庆祝中华人民共和国成立23周年的社论等。译作推进对外传播，做好概念文字解释，对来自国外的负面报道进行了有力驳斥。

与此前相似，毛泽东文稿约占该时期单行本数量的一半，是60年代相关活动的延续。其中，1970年有16篇文章被译成日语，以单行本的形式刊行，多为访谈纪要和外交声明，大部分发表于抗日战争时期和解放战争时期，翻译目的是在世界范围传播毛泽东思想，确立无产阶级话语权。其他译作还有詹时圃（粟裕）撰写的军事理论书籍《毛主席军事路线的伟大胜利》、刘伯承等人为纪念红军长征胜利40周年撰写的回忆录《回顾长征》等，增强了毛泽东思想的国际传播力度。

（二）兼顾外文文稿

20世纪70年代的国际形势瞬息万变，在外交活动的对外宣传方面，日译数量虽然不多，却仍占这一时期党政文献对日翻译单行本的一成左右，是建国后比重最大的一个时期，内容既有国际事务，也有双边外交。1971年，中华人民共和国恢复在联合国一切合法席位，外文局迅速翻（转）译了《在联大第二十六届会议一九七一年十一月十五日全体会议上大会主席和各国代表欢迎中华人民共和国代表团的讲话》，翻译了在联合国大会第二十六、二十七、三十届会议上中华人民共和国代表团团长乔冠华的发言，展示中国形象，宣传外交政策，开拓多边事务，增强国际发声。双边外交包括周恩来等高层领导访朝、访越文献，以及1972年的《中美联合公报》、签署《中日联合声明》相关文件的文献集等，体现了当时政府对双边外交事务的高度重视，具有重要的历史意义。

为翻译这些文献，外文局依照中宣部指示，在北京成立了包括日文在内的多语种翻译班子，进行集中工作。可以说，党政文献的翻译活动在当时保护了相当数量的外语工作者，为外宣事业储备了人才，为此后深入开展国际传播工作、话语体系建设工作积累了宝贵经验。

五、翻译调整期：承前启后的八九十年代

20世纪80年代，中国社会发展进入新阶段，特别是改革开放以后，党和政府加强对外传播，党政文献的翻译活动迎来新的局面，工作内容有所调整，调控译作数量，扩大翻译规模，进行与时俱进的创新，起到承前启后的作用。

（一）调控数量、扩大规模

1980—1999年间，日译单行本数量继续减少，约有30部，其中80年代译作占绝大多数，90年代仅有3部，且均为1995年前出版。从内容上看，全国人大和党代会的译作比较丰富，全国人民代表大会第五届三次、五次会议，第六届一次、二次、四次、五次会议，中国共产党第十二届、十三届全国代表大会的相关文件，如《中共中央关于经济体制改革的决定》等，均被系统翻译，结集出版，立体展示了一段时期内我国的政治生活，有效宣传了党和国家的大政方针，对国家形象和对外交流起到了良好效果，还为创收外汇做出贡献（戴延年等，1999［一］：379）。

从体例上看，单行本更注重规模化和系列化，党政领导的文稿结集出版，是这一时期翻译活动的重点，内容涉及三方面，一是个人选集，集中了从新中国成立前到改革开放后领导人的文稿，《刘少奇选集》《朱德选集》《陈云文选》《周恩来选集》《邓小平文选》在这一时期被逐部翻译，比较客观、完整地反映了领导人的政治思想。二是将当时的内政外交政策翻译成集，如第五届全国人大审议通过的《中华人民共和国宪法》（1982）、国务院工作报告、胡耀邦访日言论集、邓小平讲演、谈话集等，使国际社会充分了解我党和政府的执政理念，推进了国际合作，为中国发展争取了良好的国际环境。三是党史、回忆录，由罗瑞卿等人所著回忆录《西安事变与周恩来同志》、胡绳主编《中国共产党简史》，以及社会团体、学者、记者、同事集体撰写的《人民的将军—讲述朱德委员长》、依照手稿系统整理的《彭德怀自述》4 部作品，每部均超过 10 万字（日文，以下同），《中国共产党简史》上、下两卷超过 50 万字。这些翻译活动，在日本当时的人力物力条件下是无法完成的，体现这一时期党政文献日译活动的整体规模。

（二）与时俱进、承前启后

八九十年代的调整期总结经验、统合资源，同时也在积极顺应社会、进行与时俱进的调整完善，为今天的翻译活动打下了坚实基础。这一时期，很多译者重新回到工作岗位，译者团队逐渐固定，中共中央编译局文献部负责了对日翻译的主要工作。在翻译过程中，译者除对译文本身字斟句酌外，还从传播学的角度出发，注意充实译作结构，合理加入序文、后记等内容，介绍原作出处、翻译目的以及增减内容，成为具有中国特色社会主义思想对外传播的有效手段。《彭德怀自述》日文版由杨尚昆作序，同时加入一万余字的编辑后记，简述彭德怀为党和国家做出的贡献，给予客观评价。此外，译作“为帮助读者深理解内容，另附中国地图一张及彭德怀各时期工作区域图七张”（1984：2），体现了译者的工作态度和对译作社会作用的期待。译作暂未使用“彭德怀”字样作为题目，而是以《ある元帥の回顧録（一位元帅的回忆录）》命名，在一定程度上反映了当时翻译活动所处的社会环境。《中国共产党简史》在附录部分增添“人名索引”“事项索引”，将“抗美援朝”“经济体制改革”等词条逐一列出，明确了概念解析，丰富了日文表达，为日本学界的马克思主义理论研究提供了典型事例和理论支持。

六、翻译新时期：建构话语体系的21世纪

自90年代后期开始，对日翻译活动进入休整期，长达数年。一方面，除两会文献等一般性翻译活动外，领袖著作的翻译工作相继完成，规模化的翻译活动告一段落。另一方面，随着改革开放的深入开展，以介绍他国经验、文化为目的的外译中活动逐渐活跃，逐渐受到重视，译者工作由对外译介暂时转向对内译介。相关译作大量涌现，为此后中日互译工作的开展打下基础。其间，《人民中国》《北京周报》等报刊坚持出刊，用日文版定期刊载党政机关对经济、外交方面的评论性文章，成为当时我国政治时事对外传播的重要平台。

进入21世纪，党政文献的对日翻译活动逐渐增多，内容侧重加快面向国际的话语体系建构方面。至2014年，共有近40部日译单行本刊行。翻译人员在坚持常规翻译活动的同时，还探索具有中国特色的对日翻译活动。

（一）坚持常规翻译活动

2002年，《中国共产党第十六次全国代表大会文献》翻译出版，使对日翻译活动重新启动。此后，十七大文献集、十八届三中全会文献（集）等成为这一时期党政文献对日翻译的重点。被译成日文的领袖文稿主要有《江泽民选集》（三卷本）和习近平著《中华民族伟大复兴的

中国梦》《习近平谈治国理政》，翻译活动紧跟时代，具有现实意义，目的是“为回应国际社会关切，增进国际社会对中国发展理念、发展道路、内外政策的认识和理解”（习近平，2014），译文尽量贴近原文表达特征，有利于中国国际话语权体系的建构，为今后一段时期对日翻译活动指明方向，是纸质媒体、网络媒体和广播电视媒体对外传播的重要依据。

（二）探索特色翻译活动

除常规工作外，2004 年前后，结合《邓小平文选》等党政文献翻译经验，参考《朝日新闻》等日方媒体文献，中日双方的专家学者共同编写了《汉日政治经济词汇新编》一书，收录政治、经济、法律等三千余条词条（鲁永学等，2004：前言），是党政文献翻译工作者在调整期中对此前翻译活动的经验总结成果，成为对外传播和外语教学的重要工具书籍。另外，根据统计数据而作的《透视中国：一问一答》《中国事实与数字 2008》等政策解读类、社会解析类丛书的翻译，为党政文献的对日传播工作提供有力支撑。

从 2008 年起，由国务院新闻办公室编辑的各类政策性白皮书，以“海外中国问题研究资料”的形式被翻译成日文，目的在于确立国际社会话语权，内容包括气候、减灾、国防、反腐、航天以及“一国两制”等方面，二十余部译作，约占 21 世纪前 15 年日译单行本数量的四分之三，其中的很多信息都是首次以外文形式公开。而有关药品安全管理、中国互联网状况、人口资源、司法改革、中非贸易等方面的资料，为日本了解中国提供条件，促进两国对话与交流。译作中的相关数据经常被日本国驻华大使馆、中国日本商会、日本学术振兴会北京代表处等在华机构以及《朝日新闻》《产经新闻》等报刊转载、引用，体现出党政文献翻译活动中资讯信息的功能特征。特别是《钓鱼岛是中国的固有领土》《中国的稀土状况与政策》《中国武装力量的多样化运用》等白皮书的翻译，对日本社会存在的不当言论给予了正面回应，驳斥其非法要求，维护中国的领土主权，成为我国外交事务不可或缺的有力武器。

随着国际化进程的不断深入，在中国生活、工作、学习甚至定居的外国人员数量持续增加，其中一部分人的汉语水平并不足以熟练、准确地解读我国的相关政策法规，尤其是新近出台的、专业性较强的大政方针。而党政文献的各语种译文经过多方作业，译文贴切、自然、流畅，属于官方权威发布，具有真实性、可靠性和说理性，为这类人群提供了参考，帮助其理解、学习、贯彻、运用、传播相关文件，为世界范围的文化交流、机制建设和话语体系建设奠定坚实基础。

七、结语

前文对建国后 65 年间的党政文献对日翻译活动进行了较为全面、系统的梳理，进行阶段划分，总结时代特点。总体来看，这些活动及时展示了新中国的内政外交，为树立国家形象起到了重要作用，争取国际舆论，团结了国际力量，体现了党和国家外交工作的全面性和主动性，有利于中国国际话语权体系的建构，说明若想取得良好的对外翻译与传播效果，需要由特定部门牵头，组织协调各方力量，使译作通过单行本、报刊等多种渠道进行传播。同时译文要辅以政策解读类、解析类文字，形成全方位、立体化的对外翻译与传播模式。

“2013 年习近平总书记在中央政治局第十二次集体学习上指出，要精心构建对外话语体系，增强对外话语的创造力、感召力和公信力”（黄友义，2014：5），以提升国际认同、提高文化软实力。党政文献的对外翻译应继往开来，更加重视全面发展，在非通用语种领域大有作为。对党政文献翻译活动本身的研究，更应“深化研究内涵，从跨学科的视角对中译外涉及的各种现象和问题进行更系统、更深入的探索和思考”（杨平，2012：10），为相关工作提供智力支持，为中国的国际传播提供帮助。

参考文献：

戴延年、陈日浓：《中国外文局五十年大事记（一、二）》，北京：新星出版社1999 年版。

黄友义：《重视党政文献对外翻译，加强对外话语体系建设》，《中国翻译》2014 年第 3 期。

贾毓玲：《对中央文献翻译的几点思考》，《中国翻译》2011 年第 1 期。

鲁永学、大滨庆子：《汉日政治经济词汇新编》，北京：中央编译出版社 2004 年版。

滕梅、曹培会：《意识形态与赞助人合力作用下的对外翻译—外文局与 20 世纪后半叶中国对外翻译活动》，《解放军外国语学院学报》2013 年第 3 期。

尹承东：《从毛泽东著作的翻译谈建国以来的中译外工作》，《中国翻译》2009 年第 5 期。

杨平：《拓展翻译研究的视野与空间推进翻译专业教育的科学发展》，《中国翻译》2012 年第 4 期。

杨正泉等：《中国外文局五十年回忆录》，北京：新星出版社 1999 年版。

朱义华：《从“争议岛屿”来看外宣翻译工作中的政治意识》，《中国翻译》2012 年第 6 期。

『ある元帥の回顧録」編集グループ：《ある元帥の回顧録》，北京：外文出版社 1984 年版。习近平：《習近平国政運営を語る》，北京：外文出版社 2014 年版。

基于“功能加忠诚”原则对2016年《政府工作报告》日译的考察*

蒋芳婧　段东海

（天津外国语大学中央文献翻译研究基地）

摘　要：“功能加忠诚”理论是德国功能翻译学派诺德对功能主义翻译理论的新表述，也是适用于政治文献翻译的新方略。以诺德翻译理论为基础，考察了2016年国务院《政府工作报告》的日译版。通过分别从功能与忠诚角度对翻译行为的考察，总结出2016年《政府工作报告》的翻译策略，即译者在翻译过程中要遵守“功能加忠诚”的原则。从功能角度看，译者以翻译发起人的目的为翻译目的，以传播好中国声音为己任，力求正确传达原文；从忠诚角度看，译者在翻译过程中充分体现了对翻译发起人、原文作者以及译文受众的忠诚。

关键词：功能加忠诚；《政府工作报告》；中译日；功能翻译理论

---

* 本文原载于《天津外国语大学》2016年第4期，本集收录时格式略有改动。

中央编译局哲学社会科学研究项目“传播学视角下的政府工作报告对外翻译研究”（15C03）；天津市高等学校创新团队培养计划“外语研究与语言服务”项目；天津外国语大学“中央文献对外翻译的理论与实践研究科研创新团队”项目。

一、引言

关于《政府工作报告》对外翻译的研究近年出现了许多成果，多数成果聚焦于译者，如黄仕会和王毅（2015）等对译者主体性问题的研究，童孝华（2014）等从译者主体性出发做出的分析与总结。也有部分研究从翻译理论层面探讨翻译过程中的译者行为。基于对2016年国务院《政府工作报告》中译日工作的亲身体验，笔者从德国功能翻译学派第二代学者诺德的“功能加忠诚”理论出发，对2016年《政府工作报告》的翻译行为进行考察与评价。

二、《政府工作报告》对外翻译任务的特点

《政府工作报告》原文虽然只有两万字左右，但内容高度精练，涉及各个部门、各行各业，术语多，需要译者具有广阔的背景知识或查询能力，稍有不慎就可能出现误解与误译。

（一）背景知识要求高

报告全文涉及全国大大小小各个部门、各个行业的情况，范围十分宽广，如不了解相关背景知识，很难读懂原文。例如：

（1）加快财税体制改革。合理确定增值税中央和地方分享比例。把适合作为地方收入的税种下划给地方，在税政管理权限方面给地方适当放权……进一步压缩中央专项转移支付规模，今年一般性转移支付规模增长12.2%。

对于例（1）中“下划”“税政管理”“放权”等词的意思，如果不具备相关的财政知识背景，即便受过高等教育，恐怕也很难读懂。句与句之间的逻辑关系也需要具备相应的背景知识才能读懂。不了解相关背景知识的话，仅凭这段话提供的上下文，很难达到准确理解。

（二）术语多

报告原文中国计民生各领域的相关术语非常多，既有“专项转移支付”这类一看就知道是专业术语的词语之外，还有许多乍看像普通词汇的术语，必须结合上下文小心查证，搞懂该词语到底是什么意思，再下手翻译。如果仅凭想当然的理解而缺乏查证的话，很可能造成误译。例如：

（2）支持分享经济发展，提高资源利用效率，让更多人参与进来、富裕起来。

例（2）中的“分享经济”初译时被理解为动宾结果，即分享经济发展（的）成果，似乎也无不妥。而上下文语境显示，该词是指发挥大众创业、万众创新和互联网＋集众智汇众力的乘数效应的一项举措。将其理解成一个普通的动宾短语词组似乎有些偏颇。经过进一步查证，根据《人民日报》报道，原来该词是互联网商业的术语，指资源所有者将自己闲置的资源拿出来，供那些需要的人有偿使用，这是在互联网技术发展的大背景下诞生的一种全新商业模式。

（三）遣词造句高度浓缩

由于篇幅有限，对于一个行业或一项政策只能高度浓缩概括，只看字面而不去查证其相关背景的话，很可能理解不准确，翻译成日语之后，则会令受众看不明白，达不到正确传递信息的目的。例如：

（3）推进综合行政执法改革，实施企业信用信息统一归集、依法公示、联合惩戒、社会监督。

総合的な行政の法執行の改革を推進し、企業の信用情報について一元化した集約、法律に基づく開示、合同した罰則、社会による監督を実施する。

例（3）的汉语句子结构乍看一目了然，包括两个分句，每个分句都由动词加名词性宾语构成，无论是动词还是名词，并没有特别新、特别专的词，似乎翻译起来无难度。译文令日语母语的专家疑惑不已，提出该句在语法上虽然没有问题，但是内容上却不知所云。因为对于信息可以进行归集和公示，但是惩戒和监督的对象显然不应该是信息。经过查阅大量背景资料后发现，原来例（3）的意思是（相关部门）推进改革，实施信息统一归集，（将信息）依法公示，（相关部门对违法企业）联合惩戒，（全）社会（对上述行为进行）监督。括弧里省略的部分对中国相关人员而言是自明的，但绝大部分日本受众则不能理解。

三、“功能加忠诚”理论

诺德是德国功能翻译学派的第二代学者，将忠诚原则引入翻译的功能主义模式，提出了“功能加忠诚”的翻译理论，希望以此解决第一代激进学者中过度轻视原文的过激倾向。诺德所说的功能是指使译文在译入语的环境中按预定的方式运作的因素，忠诚指的是译者、原文作者、译文接受者及翻译发起者之间的人际关系。功能指的是“翻译的总体原则必须是译文文本的既定目的，而非原文的既定功能，决定了所采用的翻译方法和策略”（Nord，2013：4）。忠诚原则指出，译者应同时对原文信息发送者（或发起者）与目标读者负责，增加了译者与客户之间对翻译任务的商议。

（一）功能原则

诺德认为，翻译目的居于翻译过程中一切确定因素之上。诺德的老师、翻译功能学派创始人赖斯和弗米尔认为，翻译目的由译者决定，而诺德认为，翻译目的由发起人决定，“原则上目标语文本的目的要受到发起者的约束，而不能由译者自行理解。毕竟最终判断译文是否符合需要的是发起者。”

《政府工作报告》中译日的发起人为中共中央、国务院，发起目的虽然没有明确的翻译纲要，可以从许多书面资料中找到线索。中央编译局文献部的官方资料《中央文献翻译基本情况》中指出，（中央文献翻译）作为党和国家对外宣传工作的重要组成部分，中央文献被译成外文，向全世界宣传包括毛泽东思想、邓小平理论、“三个代表”重要思想、科学发展观等在内的中国化马克思主义理论成果和中国特色社会主义理论体系，介绍我们党和国家在不同发展时期的方针政策、施政方略、基本国策以及在社会主义建设时期特别是改革开放以来各领域取得的巨大成就，为党和国家的对外宣传工作做出了重要贡献，为向全世界展示中国共产党作为执政党的新形象及其路线、方针、政策，宣传中国社会主义革命和建设取得的伟大成就，中央决定将会议的所有文件翻译成外文，中央文献翻译已成为中国对外宣传事业的重要组成部分。由此可见，发起人的翻译目的是对外宣传中国党和政府的理论方针、政策，更具体地说，是向全世界宣传中国化马克思主义理论成果和中国社会主义理论体系，展示中国共产党的新形象、路线、方针和政策，宣传中国社会主义建设取得的伟大成就，“着力打造融通中外的新概念新范畴新表述，讲好中国故事，传播好中国声音”。

2016 年《政府工作报告》的译者们均认识到翻译目的是为了做好外宣工作，传播好中国声音，一方面追求译文的准确性，以达到正确对外宣传的目的；另一方面为了传播好中国声音，必须让受众看明白，能够接受。虽然 2016 年报告日译本传播的效果还有待深入调查与研判，但还是符合功能原则的。

（二）忠诚原则

根据忠诚原则，译者应同时对翻译发起者和接受者负责（忠诚），因为翻译目的不是由译者自己决定，而是由发起者决定的。同时译者还应对接受者（受众）负责，《政府工作报告》的翻译可以体现在忠实传达原文意思，利于受众理解与接受上。以下分别从发起者、原文作者以及受众的角度考察2016年《政府工作报告》是否遵守了忠诚原则。

1. 翻译发起人

《政府工作报告》的翻译发起人是中共中央、国务院，是我国最高领导机构，并非个人，而是一个集体，但同时也拥有一个特定代表，即国务院总理，体现集体决策的一致意志。如上所述，发起人的翻译目的是外宣，是向全世界宣传中国化马克思主义理论成果和中国社会主义理论体系，展示中国共产党的新形象、路线、方针和政策，宣传中国社会主义建设取得的伟大成就，“着力打造融通中外的新概念新范畴新表述，讲好中国故事，传播好中国声音”。译者在翻译时把讲政治放在第一位，把“讲好中国故事，传播好中国声音”作为翻译的指导原则，这些均体现出译者对翻译发起者的忠诚。

2. 原文作者

2016年《政府工作报告》是以李克强总理为代表和定稿人、国务院研究室的工作人员为主，由发改委、财政部、央行等组成的政府工作报告起草组。译者对原文作者的忠诚一方面体现在如例（1）~（3）所显示的追求译文如实传达原文真正想要表达的意义上，还体现在翻译过程中的一个程序——答疑环节上。每年两会文件翻译的流程中都包括答疑环节，即译者可以将原文中不明白的问题通过书面方式交给起草组，起草组将对问题一一进行书面解答。例如：

（4）加大农村基础设施建设力度，新建改建农村公路20万公里，具备条件的乡镇和建制村要加快通硬化路、通客车。

该句中的“建制村”在初译时翻译为“編制村（行政村）”，这个译法便于日本受众理解，但缺点是既没有保留原文，令专业型受众了解不到原文，同时加入了注释，增加了受众的阅读负担。通过结合上下文与网络查询，此处的“建制村”可能指的就是行政村，可否直接译为“行政村”呢？译者将此问题咨询起草组，得到了肯定的答复，2016年译本中即译为“行政村”。

3. 受众

2016年《政府工作报告》的日译过程从以下四个方面体现了译者对受众的忠诚。第一，有日本专家专门负责从日本受众的角度审视译文，把好语言和文化关。事实上，中央编译局文献部的每一个语言处都常年聘请语言地道的外国专家，专门从外国受众的角度来给译文把语言和文化关。这一制度的存在本身就说明了译者意识到了译文受众与原文受众不同，翻译中要做到令译文受众容易读懂与接受，即译者对受众的忠诚。

第二，以让普通受众看懂为目标，采取相应的翻译方法。2016年报告定稿人认为，报告译文的受众是记者以及阅读记者报道的普通民众，翻译时的一条重要原则就是要尽量让普通日本民众也能看懂。以下例（5）和（6）的修改与定稿过程充分体现了这一翻译原则。

（5）深化农村集体产权、农垦、集体林权、国有林场、农田水利、供销社等改革。

该句中的“供销社”译为“供銷合作社（農村で農業生産財・消費財の販売と農産物・副業産物の買い上げを行う商業機構）”，采用了原文加注释的翻译方法。笔者曾提出该译法解释过多，会造成读者阅读负担，是否可以去掉解释，直接译为“供銷合作社”。该词并非近年出现的新词，对中国有一定了解的日本人都应该知道。假如受众是不了解中国的日本人，是否可以译为“供銷合作社（農業協力組合）”，对一个日本受众熟悉的事物作解释更利于普通日本人理解。但笔者的提议未受到采纳，因为要让普通受众也看懂，必须加解释，严格说来，中国的供销合作社与日本的“農業協力組合”在概念上有部分重合，但两者并非完全对应的关系，前者所指范畴远远大于后者。

（6）我们将营造更加公平、更为透明、更可预期的投资环境，中国要始终成为富有吸引力的外商投资热土。

该句中的“热土”最初被译为“ホットスポット”，是一个让日本受众觉得别扭的表达。最后译为“魅力的な投資先”，受众能轻松读懂译文的意思。该句定稿为“われわれはより公平・透明・予測可能な投資環境を整え、中国を終始外国資本の魅力的な投資先にしなければならない”。

第三，为了让文化背景、知识储备与原文受众和译者迥异的日本普通受众读懂译文，定稿人在翻译过程中对许多需要中国背景知识的词都在文中或明或暗地加入了解释。中日两国的计量单位存在一些不同，比如亩是典型的中国土地测量单位，普通日本人很少知道。为了让普通日本受众容易看懂，原文中出现的“亩”均换算为日本人常用的土地测量单位“ヘクタール”（公顷）。为了提高受众阅读体验，亩换算成公顷后会出现小数点后有很多位的情况，译文会取整数，并在数值前加上“約”。

第四，为了确定一个词的译法，译者们可能花费半天时间上网查找各种背景资料，以求准确理解其意。例如：

（7）提高棚改货币化安置比例

该句中的“货币化安置”一词经过在网上仔细查阅相关背景资料，掌握其意义、用法、相关政策内容之后，译为“バラック地区の再開発における金銭的補償による住宅買い上げの割合を高める”。追求译文的准确即是对翻译发起人和原文作者的忠诚，也是对日本受众的忠诚体现。

2016 年《政府工作报告》中引用了一句古语“简除烦苛，禁察非法”，经过查询后得知该句出自《资治通鉴》，为获得最佳译法，译者还特意前往内部图书馆的书库寻找《资治通鉴》的日文版。有译者戏称 90% 的时间用在解决 10% 的问题上，剩下 10% 的时间解决了 90% 的问题。译者为了追求译文的准确性，往往会花多于前者几倍的时间去查找、掌握原文的真正所指、相关背景等。

四、结语

通过上述考察，笔者认为，从译者的角度来看，2016 年《政府工作报告》的日译版符合“功能加忠诚”的翻译原则。在功能层面，译者以翻译发起人的目的为翻译目的，以传播好中国声音为己任，讲政治，力求正确传达原文；在忠诚层面，译者在翻译过程中充分体现了对翻译发起人、原文作者以及译文受众的忠诚。

《政府工作报告》的日译版也存在不足之处，尽管专家型受众对该日译文的翻译质量评价很高，但普通型受众因缺乏相关背景知识，不少人认为内容太难，文章太长。如果要传播好中国声音，就要扩大译文在受众中的影响力，相比较目前的全译本，诸如摘译、图解简略本等方式显然更加有利。为了更好实现翻译发起人的目的，译者有必要与发起人进一步沟通，争取可以同时推出摘译、简略版本等。为了全方位考察评价 2016 年《政府工作报告》日译，今后还需要从翻译行为中译者之外的参与主体——发起人、原文作者、受众的角度对译文是否符合其他主体的“功能加忠诚”进行进一步考察。

参考文献：

黄仕会，王毅：《译者主体性在外宣翻译中的体现——以〈2014 年政府工作报告〉英译为例》，《江苏理工学院学报》2015 年第 1 期。

Nord，C.：《翻译的文本分析模式：理论、方法及教学应用》，李明栋译，厦门：厦门大学出版社 2013 年版。

童孝华：《翻译的主体意识——2014 年政府工作报告翻译心得》，中国翻译 2014 年第 4 期。

政治文献翻译中“融通中外的新表述”之“表”

——以《习近平关于实现中华民族伟大复兴的中国梦论述摘编》日译为例*

李钰婧

（天津外国语大学中央文献翻译研究基地）

摘　要：《习近平关于实现中华民族伟大复兴的中国梦论述摘编》是习近平总书记的重要著作之一，其外宣效果受到译文、受众等多重因素的影响。从习近平总书记提出的“融通中外的新表述”入手，通过对日本政府工作人员的问卷调查，针对其日译版译文的可读性、可理解性、可接受性进行了考察，以期为政治文献对外翻译及研究提供理论与实践借鉴。考察结果显示，日译版整体来说非常成功，但在一些翻译方法及技巧上仍存在可以改进之处。

关键词：融通中外的新表述；问卷调查；中译日

---

* 本文原载于《天津外国语大学》2016年第4期，本集收录时格式略有改动。

中央编译局哲学社会科学研究委托项目“习近平系列著作日译研究”（16CGWT01）；天津市哲学社会科学研究规划项目“对外宣传中话语体系的构建——以《今晚报》日译为例”（TJWW15－026）；中央编译局哲学社会科学研究项目“传播学视角下的政府工作报告对外翻译研究——以受众接受为中心”（15C03）。

一、引言

习近平总书记在2013年8月全国宣传思想工作会议上提出要加强话语体系建设，着力打造融通中外的新概念新范畴新表述。这为我国对外话语体系建设提出了新的要求。翻译是讲好中国故事，传播好中国声音的重要途径，正确、正面地翻译并传达出中国的新概念、新范畴至为重要。

首先，要明确表述内容的文本特征。德国功能主义翻译学派创始人赖斯（Reiss，1971）根据布勒（Karl Bühler）的语言功能论，把文本类型分为三种，即信息型（informative）、表情型（expressive）、操作型（operative）。而赖斯同时认为，某一特定文本的文本功能通常不是单一的，不同的文本功能可能同时存在，或者在文本的不同阶段出现。从这一分类来看，以领导人系列著作与讲话为代表的政治文献不单纯属于其中任何一种类型，而是属于以信息型为主、操作型为辅的复合型文本。虽然表情型功能虽不占主要地位，但政治文献中也有感染性强的文章，同样要进行相应的翻译处理。在界定了文本类型的基础上，要在“融通中外的新表述”翻译中解决“述”的问题即要通过翻译使“述”保证准确、忠实，以将原文信息充分传达给目的语受众，充分体现文献中所蕴含的态度、主张，实现文本的信息型功能与操作型功能以及表情性功能的综合实现。

其次，“新表述”更要“表”得清楚，“表”得顺畅。在2013年的首届“中国政治话语传播研讨会”（陈亦琳、李艳玲，2014）上，与会代表认为：“目前我国的对外宣传呈现自话自说、自我欣赏、自娱自乐的现象，虽然国人能懂，但不能让世界听懂。对外传播的思维、观念显得陈旧，传播方式概念化、理论化，惯用政治口号，平实生动的语言不够。”（孔根红，2014）笔者认为，要以“内外有别、外外有别”为原则，跳出完全对应、字字忠实的传统翻译观，以贴合目的语受众的习惯与需求的表达方式实现译文的表情型功能，关注受众的意义认知与美学欣赏，有针对性地制定最适合目的语受众的译文，不自说自话，不“以一敌万”。

本文拟以《习近平关于实现中华民族伟大复兴的中国梦论述摘编》的日译版为考察对象，通过对日本地方政府工作人员的问卷调查，针对日译版译文的可读性、可理解性、可接受性进行了考察，提出政治文献中译日做到“新表述”的路径。

二、“新表述”的“表”

《习近平关于实现中华民族伟大复兴的中国梦论述摘编》（以下简称《摘编》）的日译版2014年由中央编译局组织翻译，外文出版社出版。这是第一次系统对日翻译习近平同志关于“中国梦”的重要论述，有助于日本受众全面地了解“中国梦”提出的背景、内涵和意义。通过对日译版的受众调查可知《摘编》日译本已经充分做到了对于信息的准确与忠实，对文本的主要功能把握较为准确，对“新表述”中的“述”传达较为充分。但对于“新表述”中的“表”仍有值得商榷与改进的地方。

笔者认为，“表”有三个层面。第一层“表”的是表达方式与修辞手法。在构建中国特色话语体系的过程中，融通中外是实现目的的手段，也是构建过程中的指导原则。汉语有着自成体系的表达方式与修辞手法，“在许多中国人的观念中，华丽抒情的文体和热情奔放的语言具有文采和感染力”（陈小慰，2007）。即便是严肃的政治文献，也不乏气势恢宏的排比、颇接地气的比喻、字句工整的对仗等表达方式与修辞手法。同样日本也有着自己所熟悉并习惯的表达方式与修辞手法，与汉语的华丽铺陈相比，日语的表现形式更加朴素、务实。如果不考虑两种修辞传统的差异，不去了解目的语受众的语言习惯、表达方式、思维方式，翻译的传播效果势必会打折扣。正如“你们想说的都说了，我们想知道的还是不知道”（吴奇志，2008）。

第二层“表”的是情感与态度。语言有了表现形式与修辞手法，就可以传达语气，继而传达语气中所承载的情感、态度。庄重严肃的政治文献虽不能与生动优美的文学文本同等视之，但在翻译中仍需在修辞上如履薄冰，步步为营。在现代西方修辞理论框架中，翻译作为一种交际行为也高度重视修辞。美国著名修辞学家肯尼斯·伯克把修辞学定义为“使用语言来形成态度和影响行动”，政治文献的翻译当然也不例外。不仅如此，笔者认为，以政治文献翻译为代表的外宣翻译恰恰应是最需要以“合适的修辞与表现形式”去实现翻译目的的文本。因为修辞是“关于语言使用者如何在口语和写作中更有效的使用语言，通过各种语言手段更有效地劝说、影响读者，以达到思想认识上的高度同一或统一，尽可能完满的达到交际目的的艺术”（宋平峰，2011）。在政治文献中，有关作者、发言者的情感、态度与主张的表达占有很大的比重，如何在充分理解原文目的的基础上，用符合目的语受众期望、价值尺度及接受限度的方式将我们的立场与态度不被扭曲地传达出去，如何“把刚性的国内政治话语转变成柔性的学术话语，转化成富有吸引力和感染力的实际做法和生动故事”（张崇防，2013），是我们在翻译过程中不可忽视的。

第三层“表”的是信息与内容。在此层面中，“表”与“述”是分不开的。在“讲好中国故事，传播好中国声音”的过程中，贴合政治文献翻译目的的中国故事应是我们今后重点译介的内容。“非政治化的政治传播才能取得最好的传播效果”，正是通过各种各样的中国故事，政治文献想要传达的内涵才可润物细无声（陈小慰，2016）。认为，在具体操作层面，译者可作两方面的考量：一是努力使译文话语以目的语受众为转移，在话语内容、诉求策略、构建方式和美学手段上与受众建立认同；二是通过有效说服诱导使受众至少在熟悉的话语中，在愿意倾听的基础上接受译者加以影响的内容，实现译文的修辞目的。“这是译者积极主动挖掘译语修辞资源之为，目的是以符合受众预期的说服手段，向其呈现党和国家及领导人通过翻译希望传递、沟通、宣传的内容，而

不必有‘不忠’的负罪感和道德的压力与困惑。”（陈小慰，2016）

三、《摘编》日译版中的“表”

为了检验《摘编》日译版的“表”的效果，笔者选取了15个例句，在日本木津川市政府进行了实地问卷调查。通过问卷调查发现其日译版实现了文本的信息型功能，使原文的信息得到了忠实的表达，受众的可理解性与可接受性较高。而另一方面，译文中有些“表”述照搬了原文中的修辞手法，在可读性上仍存在可以改进的地方。

（1）私は中華民族の**偉大な復興**を実現することこそが、中華民族が近代以来抱き続けてきた**最も偉大な夢**である、と考えている。

（2）これは、現代における中国の人々の理想を十分に具現するとともに、たゆまず進歩を追求する先人たちの**栄えある伝統**も十分に反映している。

（3）わが国の青年世代は必ず大きな可能性にめぐまれ、かつ必ず大きな成果をあげられると思う。これは「**長江は後の波が前の波を押して流れる**」という歴史の法則であり、「**新しい世代は古い世代よりも立派になる**」という青春の責任でもある。

（4）経済・社会の絶え間ない発展を基盤にして「**共同富裕**」に向けて着実に前進していく必要がある。

（5）わが国の**労働者階級**は、歴史的使命感と責任感を強め、自分の仕事に立脚しつつ全局を視野に入れ…

（6）**実践が十分に立証しているように**、中国の特色ある社会主義は中国共産党と中国人民の団結・邁進・勝利を促す**旗印**である。

（7）理想は人生の方向を指し示し、信念は事業の成否を決める。理想と信念がなければ、**精神は言わば「カルシウム不足」**となり、もろくなってしまう。

（8）**愛国主義を核心とする民族精神**と改革・革新を核心とする時

代の精神で**民族全体の「気力」**を奮い立たせていかなければならない。

（9）労働者階級は我が国の指導階級であり、我が国の**先進的な生産力と生産関係の代表**であり、わが党の最もしっかりとした、最も信頼できる階級的基盤である。

（10）実際からかけ離れて業績の大きさのみを盲目的に競ったり、人的・財的資源を浪費して**「イメージづくりプロジェクト」や「業績づくりプロジェクト」**を行ったりしてはならない。

（11）中国の夢はつまるところ人民の夢である。それゆえ、しっかりと人民に依拠して**実現されなければならず**、絶えず人民に幸福をもたらすもので**なければならない**。

（12）**事実が雄弁に物語っている**ように、中国を発展・安定させ……中華民族の偉大な復興を実現するには、中国の特色ある社会主義を揺るぐことなく堅持し、**発展させていかなければならない**のである。

（13）**全党の同志**が未来を展望して**銘記しなければならない**のは、青写真を現実化するにはまだ長い道を**歩まなければならず**、長期にわたって粘り強く努力していく必要がある、ということである。

（14）われわれは中華民族の優れた文化・伝統を決して捨ててはならない。それどころか、しっかりと引き継いで大いに**発揚しなければならない**。

（15）全国各民族人民は、使命を胸に刻み、みなの心を一つにし、力を合わせて、十三億人の頭脳と両手で何にも負けない無限の力を**集めなければならない**。

本次调查中受众对译文的整体评价大体可归纳为以下四点：（1）受众均认为《摘编》日译版译文质量较高，在可理解性与可接受性上效果较好；（2）因提前告知了受众所调查的内容为中国政治文献，虽整体上译文的表述风格较为严肃生硬，但受众表示可以接受，也就是说，译文在文体风格上是符合受众预期的；（3）部分受众表示对于有些修辞与表达，若仔细思考虽可以大致理解，但却有破坏阅读兴致的可能，故在可读性上仍有提高的空间；（4）译文中带有中国特色的语汇异化程度较高，对于部分照搬原文的表达方式，受众感受到的是浓厚的异国特色。这种表述也许会使受众在刚接触译文的瞬间就产生些许不适感。而笔者预想的可能会引起受众质疑的地方并非百分百命中，如例（11）—（15）中对于“なければならない”的考察结果与预想不同，受众并未针对此处有过多的不同意见。有些在问卷中没有被着重标出的地方却让受众产生了疑问。由此可见，非母语者与母语者对日语修辞的理解程度是有差距的，这可作为后续的深入研究课题。

本次调查中，所有回答者都认为，译文整体可理解性较高，可接受性较好。在设置的 15 个例句中，23 名回答者对译文提出质疑的约占总数的26%，明确提出不明白、难以理解的占12%，部分回答者表示容易看懂，没什么不理解的，文章中虽然有些地方异国特色较明显，但有很多稍加思考可以理解。由此可见，《摘编》日译版的译文质量是相当高的。受众的不同意见集中在译文的修辞与表达方式上，可以归纳为三类。“在‘外宣三贴近’已经深入人心的今天，有些问题已不是问题，但对有些问题的讨论仍在继续。议论不再是对与错的问题，而是如何做的问题。比如，如何将我们自身的需求与目的语受众的需求结合起来；如何深入了解外国读者的感知力、判断力、思维习惯和思维方式；如何提高宣传技巧等。这些都是我们当前提高外宣效果面对的课题。”（吴奇志，2008：17）

1. 中国特色修辞方法的直译

此类例句代表的是“融通中外的新表述”中“表”的第一层。为了以抑扬顿挫、铿锵有力的语言感染听众，政治文献中随处可见中国式的独特修辞。但许多中国特色的说法和表达体现的只是修辞的差异，不可一厢情愿地简单硬译和保留，强求目的语受众理解和接受，否则结果往往可能事与愿违。政治文献的一个特点为大量使用隐喻美学手段，在不违反受众预期，不对其构成阅读局限的情况下，直译能够在保留原文修辞特色的基础上，增加对受众的潜在影响力。但在直译可能与译语文化或语境产生冲突的时候，则需要考虑换用其他美学修辞手段或舍弃喻体作释义处理，直接明示出隐喻内涵。（陈小慰，2016）

在本次调查中，回答者反映部分语句的直译痕迹较重。它们或是行文重复，或是直接沿用了汉语惯用的比喻手法，有些例句因沿用了汉语原文的语序等，使日语译文指代不清，产生困惑。例如，大部分回答者对例（1）中的“偉大な”表示不解，认为这个词不像是日语，“伟大”连续使用有些啰嗦。对于例（3）中“長江は後の波が前の波を押して流れる”，回答者有的表示后面有解释性文字，前面的直译可以省略，最好在前面加上“就像中国古语所说的”之类的解释性语句，否则不明白在说什么，影响阅读体验。回答者认为，例（12）中的“雄弁に”可以省略。以上两例显示，在政治文献的日译中，贴近受众的表达习惯，根据情况舍弃汉语原文中的华丽修辞，对于充分实现“融通中外的新表述”之“表”有着重要意义。例（6）中的“旗印”和（7）中的“カルシウム不足”也受到回答者们不同程度的质疑，认为译文中的表达不符合日语的习惯，汉语风格太过明显，不利于阅读的顺畅与对译文的正确理解。

2. 词汇背后的情感与态度

在“融通中外的新表述”的“表”中，词汇背后的情感态度、联想意义需要慎之又慎。本次调查结果显示，部分译文的词过于直译，不能使受众正确、正面地理解要传达的信息，反而产生了误解与困惑。如对于例（5）中“階級”一词，回答者的意见基本一致，即是否可以理解为歧视某个群体，这个词用在人身上感觉别扭，难以接受。此回答直接触及了政治文献翻译最为敏感的意识形态问题，若将容易引起受众误会

的译文推介出去，不仅不能显示出我国制度的先进性，反倒会使受众产生更多的警戒与偏见。对于例（11）中的“なければならない”，部分回答者认为带有太强的政治色彩，建议换成其他更客观的表述。

王平兴（2013）指出，检验译文的重要依据是对方国家的语言实际，“某个词语用法和搭配是否正确，主要看英语国家的人们是否使用，是否在相同或相似的语境中使用，所表达的意思是否与我们的译文所要表达的意思相一致，未见使用的则要看是否符合英语习惯”。政治文献日译版也要根据日语的实际，参考相关平行文本，以符合日语习惯的表达方式来制定译文，方可通过“融通中外的新表述”纠正外界对我国的误解与歪曲，树立我国的正面形象。

3. 字面传达的信息与内容

“融通中外的新表述”中“表”的第三层即最为核心的信息与内容。在2013年的首届“中国政治话语传播研讨会”上，中国外文局副局长、总编辑王刚毅、中国译协副会长陈明明等专家建议，要建立翻译文件概要的策划机制，在起草中文全文的同时写好中文概要，翻译好外文简读本，便于向国际社会推出我们的核心观点。北京外国语大学国际关系学院教授张志洲也认为，要对政治话语进行分类，分清哪些是适合对外传播的，哪些是不适合对外传播的，寻找有说服力的对外传播内容。

对于例（3）中的“青春の責任”和（14）中的“発揚”，受众均表示不明白什么意思，指出不是自然的日语。而对于例（4）中的“共同富裕”更是不理解，认为若不进行内涵上的解释与加译，则易理解为日语中的“相互扶助”。单凭译文回答者并不能了解共同富裕是中国改革开放的总设计师邓小平在前人探索的基础上，结合改革开放实践而形成的一套完整理论，无法原汁原味地传递给受众中国制度的精髓。国外受众同国内受众不同，不同国家、民族、宗教的受众有着各不相同的信息需求和接受习惯，要坚持“内外有别、外外有别”的原则，加强受众研究，做到因地制宜，因人制宜，因语制宜，了解受众，赢得受众，最终引领受众才能实现政治文献的精准和正面传播。

四、结语

在政治文献对外翻译中需要“融通中外的新表述”，应“新”“表”“述”各有侧重，又不可分割。具体来说，“新”体现在翻译意识与翻译理念、传播策略与传播手段、实践方式与研究视角。仲伟合（2015）曾提出，当今的翻译行业已经产生出六种变化，即翻译由译入为主转为译出为主，翻译内容扩展为所有的实用文体，翻译主体由单打独斗转为团队合作，翻译方式发展为人机互动，翻译队伍逐渐走向职业认证，翻译研究呈现多学科视野。这从各个侧面印证着当今翻译研究中的新气象。而通过翻译构建的“新表述”则更要“新”得有主动性、针对性。作为译者，翻译意识与翻译理念要紧跟前沿理论，始终以受众及跨文化交际原则为指导，加强与国外译者的合作，以最恰当的策略制定出最合适、最自然的译文，努力做到“心中有译象，下笔无译腔”。传播出版工作者要贴合当今世界通讯信息手段的发展，紧跟时代潮流进行多平台、多渠道的传播工作，积极进行中国与目的语国家相关领域的沟通与合作，有的放矢，打有准备之仗。研究者要将传统翻译研究与最新的大数据手段相结合，开拓视野，充分利用信息化手段对翻译过程进行宏观与微观的研究与分析，并要与译者（有些情况下翻译研究者并非译者）团结一致，合力译出最佳译文，改进现有问题，促进翻译事业的发展。结合《摘编》的日译问卷调查可以看出，功能主义翻译的跨文化交际理论至为重要。

“表”体现在表达方式与修辞手法、情感与态度、信息与内容。正如前文所述，在构建中国特色话语体系的进程中，比起其他文本的翻译，政治文献恰恰是最需要以合适的“表”来进行传播，从而树立中国正面形象的文本。要想“表”得准确、清楚、正面，译者需在不断充实外语知识的同时，对于汉语的钻研与学习同样不可忽视。一个好的译者首先是一个好读者、一个好作者。双管齐下，双语齐修，才可在翻译过程中游刃有余。从《摘编》日译版来看，正确使用日本受众熟知的比喻、熟知的语言习惯才能体现出最佳的翻译效果。

"述"体现在翻译对象的选择与取舍、原文内容的内涵与目的、译文承载的功能与效果。外宣翻译，尤其是政治文献的翻译，对翻译对象是全译还是节译，是直译还是意译，都须以翻译目的与目标受众为指导原则。从对《摘编》的日译版受众调查可以看出，根据受众文化的理解程度，适度的减译、改译、注释，充分活用各种翻译手段与策略，译与介相结合，实现译文在目的语中承载的功能，达到良好的翻译与传播效果。

本文就《摘编》的日译版是否实现"表"展开了受众调查，并进行了分析，验证了诸多学者提出的政治理论翻译应注意的问题。限于篇幅所限，本文未能就"表"的翻译提供更合适的译文。问卷调查的人数和调查项目还显单一，这都需要进一步完善。理想的中国政治文献的外译，应本着跨文化原则和受众视角，以新的问题导向、研究视点为指导，"表"得贴切，"述"得生动，才能更好地发出中国声音，完成世界表达，树立我国正面形象。

参考文献：

Reiss, K. 2000. *Translation Criticism—The Potentials & Limitations* [M]. Manchester: St. Jerome Publishing.

陈小慰：《外宣翻译中"认同"的建立》，《中国翻译》2007 年第 1 期。

陈小慰：《翻译教学中修辞意识的培养》，《外语教学理论与实践》2012 年第 3 期。

陈小慰：《政治文献翻译中的"修辞观"》，《中译外研究》2016 年第 5 期。

陈亦琳，李艳玲：《构建融通中外的新概念、新范畴、新表述——中国政治话语传播研讨会综述》，《红旗文摘》（文化版），2014 年第 1 期。

鞠玉梅：《关于中西修辞学传统的思考》，《齐鲁学刊》2007 年第 3 期。

刘亚猛：《追求象征的力量：关于西方修辞思想的思考》，北京：生活·读书·新知三联书店2004年版。

刘亚猛：《当代西方修辞研究的两个特点及其缘由》，《当代修辞学》2010年第2期。

刘亚猛：《修辞是翻译思想的观念母体》，《当代修辞学》2014年第3期。

宋平峰：《西方修辞学翻译视域下的读者意识》，《牡丹江师范学院学报》（哲学社会科学版），2011年第1期。

王平兴：《关于党政文献汉译英的词语搭配和语义韵问题》，《中国翻译》2013年第3期。

吴奇志：《艰苦而深刻的转变——与外宣专家沈苏儒一席谈》，《对外传播》2008年第11期。

张雯，卢志宏：《中西方修辞传统与外宣翻译的传播效果》，《上海翻译》2012年第3期。

仲伟合：《对翻译重新定位于定义应该考虑的几个因素》，《中国翻译》2015年第3期。

中央文献俄译中的显化现象研究*

刘甜甜

（解放军外国语学院研究生管理大队一队）

摘　要： 显化是指在译文中添加或明示原文中隐含语言成分的过程，目的在于更清楚地再现原文中的隐性信息。以语料库翻译学的理论为基础，采取功能语篇分析模式的显化分析法，通过大量实例对中央文献汉俄翻译中的显化现象进行研究。研究发现，概念功能信息显化包括文化信息显化、概念意义显化、语用含义显化和动作参与者显化，人际功能信息显化包括情态显化和评价意义显化，语篇功能信息显化包括明确代词指称、明示省略成分、增补连接词和明确时态等。产生这一现象的主要原因在于社会文化和语言因素。

关键词： 中央文献；翻译共性；显化；功能语篇

一、引言

中央文献翻译包括领袖著作、领导人讲话和党代会、人代会、中央全会文件等重要文献的翻译，理论性、政策性和综合性强（贾毓玲，

---

* 本文原载于《天津外国语大学》2017 年第 3 期，本集收录时格式略有改动。

2011：78 -81）。中央文献具有指导实践的作用，同时也是传播中国大政方针的重要渠道，其翻译更是一项极其严肃的工作，应高度重视。目前国内对中央文献的研究很多，但主要集中在汉英翻译方面，而汉俄翻译研究较少，而且学者们的关注点主要在翻译策略、意识形态对翻译的影响等方面。我们认为，由于汉俄两民族间的语言、社会体制和国情文化等方面的显著差异，中央文献的俄译仅遵照等值、对等的翻译原则是远远不够的，应适当地进行显化处理。本文即以《习近平谈治国理政》和《政府工作报告》的俄译为例①，分别从概念功能信息显化、人际功能信息显化和语篇功能信息显化三方面分析中央文献翻译中的显化现象。

二、显化与显化翻译

显化概念最早是由维奈和达贝尔内（Vinay & Darbelnet，1958）作为一种翻译技巧提出的，他们将其解释为“对原语中暗含的，但可以从语境中推导出的信息在译语中加以明示”。布卢姆·库尔卡（Blum-Kulka，1986：17 -35）在此理论基础上提出了显化假说，即翻译过程会使译文相对于原文更加冗长，表现形式为衔接方式的明晰化程度提高。因为译者倾向于在译文中添加一些衔接性的标记和额外信息，以帮助译语读者理解，这可能是翻译文本的一个普遍性策略。随着语料库翻译学的兴起，以贝克为代表的学者将语料库的研究方法引入了翻译研究领域，对翻译语言（文本）的整体特征进行描写。作为一种客观存在的语言变体，翻译语言具有既不同于源语又有别于目的语的独特风格，这是翻译行为作为两种语言的中介过程带来的必然结果。贝克（Baker，1996）

① 本文所用的中文例子出自《2016 年政府工作报告》和《习近平谈治国理政》，对应的俄文译例出自中央编译局网站（http：//www. cctb. net/）发布的俄文译本和外文出版社的《习近平谈治国理政（俄文版）》。

发现翻译文本具有原创文本所没有的典型语言特征，并且这些特征不是特定语言系统干扰的结果，这一特征即翻译共性。后来翻译共性被概括为简化、显化和范化等几个方面。贝克认为，显化是指译文把原文中隐含的信息表达出来。学者克劳迪（Klaudy，1996）认为，显化不仅仅是指译者在译作中添加原作中不存在的表述，而且还包括明示原文中所暗含的、只有通过预设才能认知的信息，也包括使用强调、凸显和措词等手段突出原文中的某些内容。国内学者柯飞（2005：305）指出："作为一种翻译现象，显化（以及隐化）不应只是狭义地指语言衔接形式上的变化，还应包括意义上的显化转换，即在译文中添加有助于译文读者理解的显化表达，或者说将原文隐含的信息显化于译文中，使意思更明确，逻辑更清楚。"至此我们发现显化可以指翻译文本与原创文本之间的语内类比关系，也可以指原文和译文之间的语际对比关系，在方法论上的选择不同，对显化的认识可能不一致。黄立波（2008：454－459）注意到了国内外学者对于显化理解上的分歧，提出了语际显化和语内显化。语际显化指翻译过程中在译文中添加或明示原文中隐含语言成分的过程，语内显化则指翻译文本相对于译语中非翻译文本所表现出的显性程度提高。显性指词汇、语法在语篇解码后表现出的一种特征或特性。这里的显性程度提高既包括语言的形式化程度提高，也包括翻译文本的语意丰富度增加。

目前国内对于显化的研究也主要分为语内显化和语际显化这两个方向。对于语内显化的研究多数是基于语料库的方法，以概率为研究手段，以大规模检索为前提，主要从词汇复杂度、词汇丰富度、词汇密度、高频词汇、平均句长等方面对语料的词汇和句法特征进行定量分析，并与原创语料进行对比，描写翻译文本相对于目的语原创文本的显化特征。这是语料库翻译学兴起带来的新研究范式，这种对翻译语言（文本）进行的整体特征描写使翻译研究从规定式研究转向了描写式研究。语料库强大的文本容纳与处理功能也使翻译研究变得更为客观科学，提升到宏观的客观规律探索层面。但是相关文献主要是对比描述翻译文本和目的语原创文本的词汇运用，少量涉及句法特征，而对于译文语篇特征的关注更少，而且大多是研究衔接手段等形式上的显化现象，对于意义显化的研究不够。而且由于这种研究范式忽略了译文和原文的关系，很难深入了解显化产生的内在原因，难以对翻译实践起到指导作用。目前国内英语学界在这方面的研究成果颇丰，而俄语语料库在构建过程中必然会面临语料选取、识别、对齐和检索等方面的难题。囿于现阶段的机器标注水平，对俄语语义标注较为困难，俄语学界在这方面的研究还处于起步阶段，有待进一步完善。

对于语际显化的研究大多是以原文文本与译文文本构成的平行语料库为基础，对比分析原文与译文或同一文本的不同译本的翻译语言特征。这种研究范式更接近于传统的翻译研究方式，即在对比中进行，充分考虑译文与原文的关系，探究译文的显化策略与翻译手段，可以对翻译实践起直接指导作用。显化翻译突破了传统译论把忠实原文作为衡量译作标准的规约，而是旨在把原文中隐含的信息明晰化，使译文比原文更清楚、明确、易懂，逻辑关系更明确。我们认为，这在中央文献的俄译过程中是非常重要的。因为中央文献是政治性极强的文本，涉及中国的大政方针和国情状况，而中俄两国的政治体制和基本国情又具有很大差别，如果译文一味追求对等和等值是很难做到的，而且容易给读者带来理解上的困难。但是单纯的语际显化研究又很难在整体上把握翻译文本的显化趋势，缺乏翻译语言与原创语言的对比，容易造成表达不地道的中式外语。

我们认为，语内显化和语际显化都应作为显化研究的对象，只有将两种范式结合起来才能弥补彼此的缺陷，而且更应该着重考察语际显化。因为虽然语内显化可以从宏观上把握翻译语言的整体特征，但语际显化是语内显化研究的基础，大量译例能够为后者提供重要佐证。这并不是重新回到源语与译语二元对立的旧研究范式上，而是一种将语内显化和语际显化相结合的复合研究范式。鉴于篇幅所限，本文只探讨中央文献翻译中的语际显化问题，以下简称显化。

三、功能语篇分析模式的显化分类

目前学界对于显化的分类尚未达成共识。维奈和达贝尔内（Vinay & Darbelnet，1958：27）将显化分为词汇显化和信息显化。这种分类太过笼统，界限不清晰。克劳迪（Klaudy，2004：80－84）根据显化产生的原因，将显化分为强制性显化、非强制性显化、语用显化和翻译固有显化。强制性显化指语言系统差异导致的显化，包括句法显化和语义显化，而非强制性显化指翻译过程本身、译者偏好、目标语规范等因素造成的显化。这种分类方式虽然较为细致，但却有所重叠，因为语用显化和翻译固有显化又可划分为强制性显化和非强制性显化。此后也陆续有学者尝试对显化作出分类，其中较为成熟的当属运用功能语篇分析模式对显化进行分类。韩礼德（Halliday，1985：31）将语言功能分为概念功能、人际功能和语篇功能。概念功能指语言帮助人们对主客观世界中各种经历加以表达的功能，人际功能指语言具有表达讲话者身份、地位、态度、动机等功能，语篇功能则指语言使本身前后连贯，并与语域发生联系的功能。豪斯（House，2004）根据这一理论将非强制性显化进一步细化为三类：第一类与语言的概念功能相关，即对命题信息的详述、延展或增强；第二类与语言的人际功能相关，包括使用情态词或引用等语用手段；第三类与语言的语篇功能相关，通过信息照应、词汇衔接等手段实现。国内学者胡开宝和胡一凡（2008：72－80）按照源语文本隐含信息所实施的语言功能将显化分为概念功能信息显化、人际功能信息显化和语篇功能信息显化。本文将参照这两位学者的功能语篇分析模式的显化分类框架，对中央文献俄译中的显化现象进行分析。

四、中央文献俄译中的显化

（一）概念功能信息显化

翻译过程中的概念功能信息显化是指译者使源语文本中隐含的概念功能信息或命题内容明晰化。语言是对存在于现实世界和内心世界中的过程和事物的反映。因为对于世界的认知刻有深深的民族烙印，汉俄两个民族语言中的世界图景存在差异，他们的世界观和国情并不完全相同，在进行语码转换（翻译）过程中必然会面临无法完全对等转换的问题。因此，概念功能信息显化在进行政府工作报告俄译时是完全必要的，具体表现为文化信息显化、概念意义显化、语用含义显化和动作参与者显化。

1. 文化信息显化

文化信息显化即将源语文本中隐含的文化信息明晰化。这里我们采用狭义的文化观，暂且将文化分为物质文化、制度文化、行为文化和精神文化。中央文献涉及国民经济、社会事业和劳动就业等方面，同时也会涉及外交和国际形势等方面的内容，因此蕴含着丰富的文化信息。结合中央文献特殊的公文语体形式，翻译过程中的文化信息显化屡见不鲜，表现在语言层面具体有以下几种情况。

四字成语是汉语的一大特色，通常蕴含丰富的文化内涵或历史典故，是博大精深的汉语言文化的浓缩和精华。四字成语大多词形工整，音律优美，体现了汉语独特的音乐美和节奏感。在翻译过程中想要把这些特点都转换过来实属不易，有时只能舍弃形合以求意合，尽量将其蕴含的文化信息显现出来。例如：

（1）服务业在国内生产总值中的比重上升到 50.5%，首次占据**“半壁江山”**。

Удельный вес сферы услуг в ВВП поднялся до 50. 5%, **впервые превысив его половину**.

（2）以**韦编三绝**、**悬梁刺股**的毅力，以**凿壁偷光**、**囊萤映雪**的劲头……

При этом нужно проявить максимальное усердие и старание, как делали**наши древние предки, которым ради учебы приходилось трижды порвать ремешки на дощечных книгах, привязывать свои волосы к балке в потолке, колоть себе ногу шилом, прорубить дырку в стене для чтения при свете свечи из дома соседа, читать при свете пойманных светлячков и при сиянии снега.**

（3）当然，自主创新不是**闭门造车**，不是单打独斗，不是排斥学习先进，不是把自己封闭于世界之外。

Естественно, самостоятельные инновациине означают**работать за закрытыми дверями**и бороться в одиночку, не отстраняют учебу у передовых, не надо изолировать себя от внешнего мира.

谚语、俗语、俚语是广大劳动人民智慧的结晶，通常为本民族大多数人所熟知，通俗易懂。但外译时需要考虑到译语读者的文化和认知差异，尽量将其中的意义通过解释说明直观地展现给读者。例如：

（4）萝卜青菜，各有所爱。

Комуредька, акомукапуста—каждомунравитсясвое.

（5）路遥知马力，日久见人心。

Силаконяпознаетсявдалекомпути, асердцечеловека—вдолгомобщении.

（6）独木不成林。

Одинвполеневоин.

（7）没有比人更高的山，没有比脚更长的路。

Нет горы, на которую человек не может подняться, и нет дороги, которую человек не может преодолеть.

高健（1999：57－62）在《语言个性与翻译》一文中指出，汉语"在词汇方面对古旧词语的包容性较强，至今仍保持着较高的文白结合的可能性，而且是今天世界上唯一古今词语的继承传统不曾中断和延绵不绝的罕见典型"。中央文献中引用古诗词、警句的现象十分常见，具有韵律优美、对仗工整的特点，意境和内涵也需要细细揣摩玩味。诗词之美很难用外语翻译出来，只能退而求其意舍其形，将含义显化出来，有时需要加以注释，补充说明出处和背景文化知识（例中的注释这里不再引用）。例如：

（8）我劝天公重抖擞，不拘一格降人才。

Я советую Богу вновь воспрять духом и назначить способных людей без ограничения их стажа.

（9）千磨万击还坚劲，任尔东西南北风。

Человек должен быть волевым и стойким перед всякими трудностями и ударами.

（10）功崇惟志，业广唯勤。

Для великого подвига необходимы великие устремления, а для великого дела—упорный труд.

（11）行百里者半九十。

Последний шаг—самый трудный.

在绝大多数民族文化中，数字不仅仅是用来计数，而是承载着丰富的文化内涵。有些数词在汉语中已失去了原有意义，并不是确指，而是虚指，而有些数词在汉语和俄语中具有不同的文化意义，这些数词在中央文献俄译过程中都应格外注意。例如：

（12）对困难群众，我们要格外关注、格外关爱、格外关心，**千方百计**帮助他们排忧解难，把群众的安危冷暖时刻放在心上，把党和政府的温暖送到**千家万户**。

Важно усиливать**улучшение** стиля и **повышание** умения, готовить отряд высококвалифицированных государственных служащих, обладающих высоким уровнем профессионализма.

缩略词和缩略结构是语言在经济原则作用下的结果，在一定的社会群体内被广泛传播和使用。中央文献的概念性词语更是频繁使用缩略词（缩略结构），体现其高度凝练的性质。国人对于中央文献中概念性缩略语的理解都需要很高的理论素养，外译给国外的受众更是要解释说明清楚才能被他们理解和接受。例如：

（20）我们深入开展“**三严三实**”专题教育，锲而不舍落实党中央八项规定精神，坚决纠正“**四风**”，严格执行国务院“约法三章”。

Углубленно развертывая специальныевоспитательные мероприятия в духе «**строгогосамосовершенствования, строгого отношения к своим служебным полномочиям, строгой самодисциплины, реалистического подхода к делу, деловой созидательности и правдивости**», настойчиво проводя в жизнь дух «восьми установок» ЦК КПК, мы решительно исправляли «**четыре поветрия**»**—формализм, бюрократизм, гедонизм и роскошество, строго соблюдали «три правила» Госсовета, включающие запрет на строительство новых правительственных служебных зданий и прочих сооружений, сокращение штатов бюджетников, снижение расходов на служебные зарубежные командировки, на приобретение и эксплуатацию служебных автомашин, а также на служебные приемы**.

（21）深化商事制度改革，开展**证照分离**试点。

Необходимо углублять реформу системы коммерческих дел, развертывая пилотные проекты по**выдаче патента на право деятельности предприятий без предварительного оформления отраслевых лицензий**.

3. 语用含义显化

语用含义显化是指译者将源语文本中的修辞手法或表达含蓄的语句

中的语用含义翻译出来。我国的外宣经常讲究含而不露，引而不发，切记硬、直、透、露，强调软包装硬内核，巧妙地达到宣传的效果。外宣翻译中用词不当、语气生硬等问题都可能导致严重的后果。在中央文献翻译中应充分考虑语用因素，处理好礼貌原则和委婉语气的表述，为适应国际政治环境和国外受众的接受能力，将含蓄语句及隐喻等修辞手法的意义显化。例如：

（22）我们不搞“**大水漫灌**”式的强刺激，而是持续推动结构性改革。

Отказавшись от резких стимулирующих мер в форме «**огульного орошения» в сфере экономической и инвестиционной политики**, мы продолжали продвигать структурные реформы.

（23）有人说，每个人的世界都是一个圆，学习是半径，半径越大，拥有的**世界**就越广阔。

Есть мнение о том, что личный мир каждого человека кругообразный, где учеба играет роль радиуса—чем больше он учится, тем шире становится его**внутренный мир**.

（24）因此，要下好**先手棋**，打好**主动仗**。

Поэтому мы должны**взять инициативу в свои руки и участвовать в конкуренции по собственной инициативе**.

4．动作参与者显化

中央文献大多是简约精炼的文体风格，常常隐去动作的发出者或承受者。在翻译过程中为了方便读者的理解或出于行文需要，需要添加原文文本中隐含的动作发出者或承受者。由于俄语的形态极其丰富，动作参与者的显化有时也可以通过格的形式显化出来。例如：

（25）完善一对夫妇可生育两个孩子的配套政策。

Необходимо совершенствовать комплексные мерыв связи с осуществлением государственной **политической установки**, позволяющей супружеским парам иметь двух детей.

（26）今年要实现大病保险全覆盖，政府加大投入，让更多大病患者减轻负担。

В текущем году предстоит полностью охватить**все сельское и неработающее городское население** страхованием на случай серьезных заболеваний，соответственно увеличатся правительственные расходы，направленные на облегчение бремени еще большего числа пациентов с серьезными заболеваниями.

（二）人际功能信息显化

人际功能信息显化指译者指明源语文本中交际参与者的关系、人物的语气、情感和态度等情态意义以及人物对事物的判断和评价。中央文献这种公文类文献常常不涉及交际双方的关系问题，我们主要研究情态显化和评价意义显化。

1．情态显化

中央文献为了体现客观公正性，通常全篇使用陈述语气，淡化主体意识和情态取向，但整体上体现了党和国家的意志，而且有时表达比较委婉含蓄，具有一定的情态意义。在翻译过程中应该谨慎处理这些情态信息，根据具体语境揣摩其情态意味，并通过情态动词、情态副词、形容词性谓语等加以显化。例如：

（27）用中国梦和中国特色社会主义凝聚共识、汇聚力量……

Необходимо достичь консенсуса и объединения сил на основе китайской мечты и социализма с китайской спецификой…

（28）继续实施积极的财政政策和稳健的货币政策。

Следует продолжать активную финансовую и взвешенную монетарную политику.

（29）创新财政支出方式，优化财政支出结构，该保的一定要保住，该减的一定要减下来。

Следует посредством обновления форм бюджетных расходов оптимизировать их структуру, **неукоснительно** гарантируя все необходимые выплаты и **решительно** сокращая все, что полагается сократить.

2. 评价意义显化

评价意义主要通过评价词汇来实现，体现语言使用者的意识形态。有些词汇主要表达人的情感和态度，包括态度性形容词、名词性词组、评价副词等（魏在江，2011：23 –29）。在中央文献的外译过程中经常使用带有评价意义的形容词或副词对原文中隐含的价值判断加以明示，以体现说话者的态度和情感等。例如：

（30）实施上述政策，今年将比改革前减轻企业和个人负担5 000 多亿元。

Благодаря вышеупомянутым мерам в текущем году с предприятий и физических лиц будет снята налоговая нагрузка на сумму свыше 500 млрд.

（31）经济社会发展稳中有进、稳中有好。

На основе сохранения стабильностисоциально – экономического развития достигнуты**позитивные** сдвиги в его улучшении.

（32）需要远近结合，趋利避害，有效应对。

В связи с этим необходимо было учесть текущее развитие с**перспективным** планом, использовать **благоприятные** факторы и минимизировать **неблагоприятные**, обеспечить эффективность принятых мер.

（三）语篇功能信息显化

语篇功能信息显化是指在语篇重构时将语句之间的关系显化出来。

汉俄思维方式的差异在语言中的表现非常明显，中国传统思维重直觉、重悟性的特点使得汉语洋溢着诗性的品格精神，而西方民族重逻辑思维的特点使得其语言建立在理性的分析和规定之上，重形合，形态丰富，关系外露。俄语的表达精确、理性，富有法治精神，结构严谨。而与俄语力求言能尽意相比较，汉语则在结构上没有那么多的限制，经常出现较多的省略。在俄译的语篇重构过程中经常要将语篇中隐含的语句关系明晰化，包括明确代词指称，如（33）和（34）；明示省略成分，如（35）和（36）；增补连接词，如（37）和（38）；明确时态，如（39）和（40）。

（33）要关心支持欧美同学会·中国留学人员联谊会工作，加强组织建设，健全工作机构，配强工作力量，为**他们**开展工作创造条件。

Необходимо также поддерживать работу ассоциации WRSA/COSA, помогать ей вусилении внутриорганизационного строительства, совершенствовании организационной структуры и укомплектовании рабочими кадрами, тем самым создать предпосылки для успешного проведения работы**ассоциации**.

（34）**这件事**一举多得，务必抓好。

Поскольку**эта работа** позволит одной мерой достичь несколько целей, поэтому необходимо как следует взяться за ее выполнение.

（35）加快建设质量强国、制造强国。

Ускоренно превращать**Китай** в **одного из мировых** лидеров по уровню качества продукции и по уровню развития обрабатывающей промышленности.

（36）强化创新引领作用，为发展注入强大动力。

Усиливая ведущую роль инноваций **в ходе развития**, вливать в **него** могучие движущие силы.

（37）在适度扩大总需求的同时，突出抓好供给侧结构性改革，既做减法，又做加法，减少无效和低端供给，扩大有效和中高端供给。

Наряду с разумным расширением общего спроса специально браться за структурные реформы в сфере предложения. **При этом** следует выполнять, образно говоря, задачи и по сложению и по вычитанию. **То есть**, уменьшить неэффективное предложение и предложение низкого класса и, наоборот, увеличить эффективное предложение и предложение среднего и высокого класса.

（38）以敬民之心，行简政之道，切实转变政府职能、提高效能。

Упрощение администрирования должно идти из глубокого уважения к народу, **что** приведет к действенной трансформации функций правительства и повышению его эффективности.

（39）粮食产量实现“十二连增”，居民消费价格涨幅保持较低水平。

12 лет подряд**возрастало** производство зерна, при этом рост потребительских цен **удалось** удержать на относительно низком уровне.

（40）高铁运营里程达到3万公里、覆盖80%以上的大城市，新建改建高速公路通车里程约3万公里，实现城乡宽带网络全覆盖。

В частности, общая протяженность эксплуатируемых скоростных железных дорог**достигнет** 30 тыс. км и их сеть **охватит** больше 80% крупных городов, **будут** сданы в эксплуатацию новые и перестроенные скоростные автодороги общей протяженностью около 30 тыс. км. Услугами широкополосного Интернета **будет** охвачен нс только город, но и село.

五、结语

显化是指在译文中添加或明示原文中隐含语言成分的过程，目的在于更清楚地再现原文中的隐性信息。显化分为概念功能信息显化、人际

习式话语中俗谚语的俄译问题*

肖德强

（中共中央编译局）

摘　要：以俄罗斯当代著名翻译理论家科米萨洛夫的翻译对应理论为基础，采用归纳分析的方法，对习式话语中俗谚语翻译的等值对应、近似对应、仿造对应进行分析。研究表明，要准确翻译习式话语中的俗谚语，一是吃透原文，准确了解俗语或谚语的字面意思和内在含义；二是确定翻译方法中的等值对应结构，在不确定对应结构的情况下采取近似对应或仿造对应译法；三是在采取仿造对应译法时要尽量贴近源语结构和表达方式以及读者的接受程度。只有综合运用翻译手段的才能准确呈现习式话语的风格特点。

关键词：习式话语；俗谚语；翻译对应；翻译策略

一、引言

俗谚语是民间创造、广为流传且形象精炼的语句，特点是口语性强，通俗易懂，在言语交际中起着独特的作用。许多作家和演说家都在

---

* 本文原载于《天津外国语大学》2017 年第 3 期，本集收录时格式略有改动。

自己的文章、演说中大量使用俗谚语，以期达到更好的交际效果。然而，俗谚语的翻译难度相当大，译者既要具备高水平的外语技能，还要具备相当的知识储备和文化素养。我国学界对于俗谚语这一特殊语料的翻译研究由来已久，但2000年之后的研究成果一直侧重于研究外文俗谚语的汉译问题，而对中文俗谚语的外译研究则关注较少。中俄两种语言之间的俗谚语互译研究也呈现出类似情况，俄语俗谚语的汉译研究较多，而汉语俗谚语的俄译研究则很少。前一类研究基本都是从宏观视角笼统归纳俄语俗谚语的翻译方法，很少有人关注某一类特殊文本或话语环境中的俗谚语汉译问题，而后一类研究的现有成果则仅限于几篇针对文学作品中出现的中文俗谚语的俄译策略。本文的研究对象是习近平主席讲话中的俗谚语俄译问题，亦即特定语境中的俗谚语翻译问题。一方面，中文俗谚语的俄译研究本就极少，另一方面，针对领导人讲话中所出现的俗谚语进行翻译研究确有新意，具有一定的学术价值。

习近平主席的话语风格独具特色。党的十八大以来，他在一系列重要讲话、文章、访谈中常常运用古代典籍、经典名句，尤其善于使用各种俗语谚语。无论是在国内外正式讲演、署名文章、寄语中还是深入群众进行工作考察时，他总是用大白话、大实话和群众语言拉近与老百姓的距离，用讲故事、举事例的方式阐述治国理政之道，用古今中外的优秀文化元素广征博引，向世界展示中国风格、中国气派，形成了独具个性的言语风格，海外媒体称之为习式话语。在翻译这些讲话时应当努力再现这种语言风格，在准确传达原文信息的同时再现独特的中国语言文化魅力，其中恰当翻译所引用的俗谚语成为一个重要任务（科米萨洛夫，2006：202）。本文依据俄罗斯当代著名翻译理论家科米萨洛夫提出的翻译对应理论，将习式话语中俗谚语的翻译方法分为等值对应、近似对应、仿造对应三种类别，结合实际译例分析这三种对应情况下的俗谚语翻译策略。

плавание.）来形容两国关系。2015 年 5 月 7 日，他在《俄罗斯报》上发表了《铭记历史，开创未来》的署名文章，引用了莫斯科红场上无名烈士碑上那句著名的碑文："你的名字无人知晓，你的功勋永世长存。"（Имя твое неизвестно，подвиг твой бессмертен.）同年 5 月 8 日，在《苏维埃白俄罗斯报》上发表的文章《让中白友好合作的乐章激越昂扬》中引用了白俄罗斯人民常说的名言"牢固的友谊利斧难破"（Крепкую дружбу и топором не разрубишь.）。这种对译入语国家名言警句的直接引用在演讲中能够迅速拉近与听众或读者的距离，而且译者也能轻而易举地直接找到译语中完全等值的表达。

第二种情况是译语中有完全相对等的形象性表达，如前面提到的"趁热打铁"、"一石二鸟"、"百闻不如一见"等。又如：

（1）"**一花独放不是春，百花齐放春满园**。"各国经济，相通则共进，相闭则各退。(《习近平关于全面深化改革论述摘编》)

«**Один распустившийся цветок еще не означает приход весны**, она придет с цветением всех цветов в саду». Взаимосвязь национальных экономик ведет к совместному прогрессу，а закрытость—к регрессу каждой из них.

俄罗斯俗谚语 один цветок весны не делает，одним цветком весна не придет 即解释了"一花独放不是春"，虽然翻译时在修辞上稍微作了调整，但基本做到了等值对应。

（2）党的各级组织要拿出**滴水穿石**的劲头、铁杵磨针的功夫，在坚持不懈、持之以恒中见常态、见长效。(《习近平在十八届中央纪委七次全会上的讲话》)

Всепарторганизациидолжныпроявлятьсильныйдух， какговорится，**«каплякаменьточит»**，неустанным и последовательнымтрудомформировать нормальноесостояние и создатьдолговременныйэффект（внутрипартийногоконтроля）.

这里的“滴水穿石”与俄语谚语 каплякаменьточит（滴水能够把石头穿透）意思基本一样，而“铁杵磨针”所表达的意思跟滴水穿石是一样的，翻译时可以省略。

（3）法律规定**白纸黑字**摆在那儿，要多学学、多看看，心中高悬法律的明镜，手中紧握法律的戒尺，知晓为官做事的尺度。（《习近平关于全面依法治国论述摘编》）

Законы—это написанные**черным по белому** нормативные правовые акты，их следует чаще изучать и внимательнее читать，необходимо сохранять в душе авторитет закона，рассматривать его как мерило и понимать границы своих должностных полномочий.

俄语俗语 черным по белому 与英文 inblackandwhite 比较相似，就是白纸黑字的意思，也可视为等值对应。

（4）**天上不会掉馅饼**，努力奋斗才能梦想成真。（习近平主席 2017 年新年贺词）

Маннанебеснаянеупадет. Толькнеустанныеусилияспособныпривести к осуществлениюмечты.

俄语中的惯用语 маннанебеснаянеупадет 具有宗教渊源，манна 意为（《圣经》故事中的）天赐食物，和汉语的“天上不会掉馅饼”意思基本一致，翻译时可以直接引用。

第三种情况是一些国际通用的术语或惯用语采取等值对应译法简单易行。例如：

（5）社会上各种各样的诱惑缠绕着党员、干部，**“温水煮青蛙”**现象就会产生，一些人不知不觉就被人家请君入瓮了。（《习近平关于党风廉政建设和反腐败斗争论述摘编》）

В обществечленовпартии и кадровыхработниковокружаютразнообразныесоблазны，чтоможетпривести к возникновениюявления «варитьлягушку в теплойводе»—некоторыеуженезаметносползли в яму，которуювырыли дляниxдругие.

（6）如果党的政治纪律成了摆设，就会形成“**破窗效应**”，使党的章程、原则、制度、部署丧失严肃性和权威性，党就会沦为各取所需、自行其是的“私人俱乐部”。（《习近平关于党风廉政建设和反腐败斗争论述摘编》）

Есличитатьпартийнуюполитическуюдисциплинубесполезной，товозникнет «**эффектразбитыхокон**»，когдаУставпартии，еепринципы，порядки и планыутрачиваютстрогость и авторитетность，а партияпревращается в «частныйклуб» поинтересам，гдекаждыйудовлетворяеттолькосвоипотребности и проводитсвоюлинию.

例（5）中的“温水煮青蛙”是个众所周知的惯用语，寓指人在安逸的环境中会不知不觉地消沉、放纵和堕落，待醒悟过来却为时已晚。此处用来提醒党员干部要时刻保持警惕之心，以抵制社会上各种各样的诱惑。而例（6）中的“破窗效应”是犯罪学中的一个概念术语，喻指不良现象如果被放任存在，会诱使人们仿效，甚至变本加厉产生，继而产生严重的后果。这两个语句都是国际通用的术语或惯用语，采用了等值对应的译法，这样很容易让受众理解。

等值对应译法能够保证译文的高质量，是译者在翻译俗谚语过程中的首选译法。但是受语言特点、文化差异等因素的影响，这类等值的俗谚语并不是很多。在实际翻译过程中，大多数情况下采用的是近似对应和仿造对应译法。

四、俗谚语的近似对应翻译问题

近似对应的实质就在于译者用具有目的语文化特点的现实事物取代了源语中与之有许多共同之处的现实事物，虽然两者属于不同国度的文化产物，但文化含义非常相似（胡谷明，2010：23），近似对应的优点在于易懂性。习式话语中也有不少俗谚语可以采用近似对应的翻译方法。例如：

（7）有问题并不可怕，怕的是对问题麻木不仁，要对症下药，**亡羊补牢，未为晚矣**。（《习近平关于党风廉政建设和反腐败斗争论述摘编》）

Страшно не наличие проблем, а равнодушие к ним. Нужны целенаправленные меры. **Лучше поздно, чем никогда**.

“亡羊补牢，未为晚矣”出自西汉刘向的《战国策·楚策四》，意思是羊跑掉了再补羊圈还不算晚，比喻出了问题以后想办法补救，可以防止继续受损失。俄语中虽然没有完全等值语，但是有一句谚语 Лучше поздно, чем никогда.（迟到总比不到好，迟做总比不做好）用在这里有异曲同工之妙。

（8）要强化程序观念，该报告的必须报告，该打招呼的必须打招呼，该履行的职责必须履行，该承担的责任必须承担，少些“迈过锅台上炕”的做法，也少些“**事后诸葛亮**”的行为。（《习近平关于党风廉政建设和反腐败斗争论述摘编》）

Необходимо укреплять свое понимание строгого соблюдения процедур. О делах, назначенных к докладу, необходимо докладывать, о делах, требующих предупреждения—предупреждать. Возложенные на себя обязанности следует выполнять, за принятую ответственность—держать ответ. Следует максимально избегать случаев работы без соблюдения процедур и поведения, про которое говорят: **быть крепким задним умом**.

该句中的诸葛亮是中国古代人物，人们把他比喻成智慧的象征。这种俗语不可能在译语中找到等值语，但俄语中 заднимумомкрепок（事后聪明）的说法意思相近，也符合该句的逻辑，无疑是近似对应的最佳选择。

（9）在全面深化改革中，我们要处理好尊重客观规律和发挥主观能动性的关系。一方面，要坚持一切从实际出发，按照客观规律办事，一张蓝图抓到底，抓好打基础利长远的工作，不能拍脑袋、瞎指挥、乱决策，杜绝短期行为、**拔苗助长**。(《习近平关于全面深化改革论述摘编》)

Входевсестороннегоуглубленияреформнамследуетправильноразрешатьотношениямеждуважительнымподходомкобъективнымзаконамиразвертываниемсубъективнойактивности. С одной стороны, важно по-прежнему исходить из существующей реальности и поступать в соответствии с объективными законами, а начатое дело, идущее по хорошо продуманному плану, полностью доводить до конца. Надо серьезно заниматься работой по закладке фундамента и перспективному развитию, нельзя просто хлопать себя по лбу, бестолково дирижировать и выносить необдуманные решения. Притом важно перекрывать пути близорукой практике и**оказанию медвежьих услуг**.

“拔苗助长”比喻违反事物的客观规律，急于求成，反而坏事。俄语中并无完全等同的等值对应的表达，但俄语俗语 медвежья услуга（熊的服务），即欲益反损的帮助，可以用来近似对应。

以上几个例句是比较典型的近似对应法，这种对应能够保证翻译达到高层次的等值。但由于在使用的过程中受上下文、语境等因素的影响，一些俗谚语虽然有对应译语，但并不适合放到文中使用。例如，俄罗斯有句谚语 Семероодногонеждут. 表面意思是七个不等一个，意即少数服从多数。在较自由的语境下可以这么说，但是在严肃的政治话语中就不太适合，最好直译为 Меньшинство подчиняется большинству. 当对应的译语具有鲜明的民族色彩时，这种对应方法也不便使用。如果我们的国家领导人说出 ездить в Тулу со своим самоваром（带着自己的茶炊去图拉，转义为多此一举）这样的话来，肯定会令人感到比较奇怪。在中央文献翻译过程中，很多情况下不得不采取第三种对应译法，即仿造对应。

五、俗谚语的仿造对应翻译问题

仿造对应即仿造法，不仅可以在成语翻译中使用，而且也适用于词汇层面的翻译。仿造法的适用对象主要是那些无等值对应物存在的语言单位，如无等值词汇的仿造。运用仿造法需要注意的是如何获得恰当的成语形式，为了达到最佳仿造效果，要尽量使仿造的译法接近译语中已有的成语形式。

当译语中确无等值对应和近似对应时，只能采取仿造的方式再现原文的形象和内涵。但前提条件是仿造的译语既通俗易懂，又不与译语表达习惯产生冲突，不会引起歧义。例如：

（10）党的十八届三中全会决定、四中全会决定形成了姊妹篇，改革和法治如**鸟之双翼、车之两轮**，将有力推动全面建成小康社会事业向前发展。（《习近平关于全面依法治国论述摘编》）

Решения 3-го и 4-го пленумов ЦК КПК 18-го созыва являются решениями одной серии, реформы и принцип верховенства закона неотъемлемы друг от друга, **подобно двум крыльям птицы или двум колесам одной оси повозки**, они согласованно продвигают дело всестороннего построения среднезажиточного общества.

（11）在这次教育实践活动中，建章立制非常重要，要把笼子扎紧一点，**牛栏关猫**是关不住的，空隙太大，猫可以来去自如。（《习近平关于全面依法治国论述摘编》）

Выработка правил и формирование новых институтов является крайне важной задачей, решить которую предстоит в ходепроведения нынешних практических мероприятий по воспитанию в духе партийной линии масс. Прутья в клетке должны быть поплотнее, ведь **в загоне для коров кошку не удержишь**, расстояние между жердями там слишком велико, и кошка легко выпрыгивает оттуда.

无论是“鸟之双翼，车之两轮”还是“牛栏关猫”，在俄语中都找不到对应的俗语，进行直译字面意义较为清楚，能够体现原文含义，俄语读者也很容易理解。这样的例子在中央文献资料中不胜枚举，也是翻译中较为常用的一种译法，如“百花齐放，百家争鸣”（Пусть расцветают сто цветов，пусть соперничают сто школ.），“打铁还需自身硬”（Чтобы ковать железо，нужно самому быть сильным.），“磨刀不误砍柴工”（Заточка топора，как говорится，не задерживает рубку дров.），“扬汤止沸，不如釜底抽薪”（Лучше вытаскивать дрова из-под котла，чем переливатькипяток в другую посуду для прекращения кипения.）都采用的是直译的方法。

当译语中本来能够找到对应的俗谚语，但是由于国情文化或语境的不同，不适合直接使用，就需放弃原有的等值对应或近似对应，而运用仿造对应法。例如：

（12）“四风”问题积习甚深，可谓**冰冻三尺非一日之寒**。（《习近平关于党风廉政建设和反腐败斗争论述摘编》）

Проблемы «четырехповетрий» какзакоренелыепривычкиужепроникли в нашужизнь，какговорится，**метровыйледнезаодинденьобразуется**.

我们首先想到俄语中的 москванесразустроилась，但这个语句带有强烈的俄罗斯民族色彩，不适合直接用在此处，需要按照该句的句式结构进行仿造，比较恰当地表达了原文的意思。

（13）一个人什么时候容易犯错误？就是以为自己万物皆备、一切顺利的时候，得心应手了就容易随心所欲，随心所欲而又不能做到不逾矩，就要出问题了。**月盈则亏，水满则溢**。（《习近平关于党风廉政建设和反腐败斗争论述摘编》）

В каком случае человек легко допускает ошибки？Именно тогда，когда полагает，будто держит все в своих руках，будто все идет благополучно. Когда дела идут гладко，человек с легкостью следует своим желаниям, но следуя своим желаниям, он не может удержать себя в рамках закона, тогда и возникают проблемы. **Китайская поговорка гласит: полная Луна обязательно пойдет на убыль; переполнившая ванну вода обязательно прольется на пол.**

"月盈则亏，水满则溢"指一个人在最得意的时候往往容易犯错误，比喻盛极必衰。俄语谚语 Ктонынемал—завтравелик, анынвелик—завтрамал.（现在卑微的人将来会更强大，而现在显赫的人将来会更渺小）有相近的意思，但又不能准确表达出该句的深层含义。可仿造出 Полная Луна обязательно пойдет на убыль; переполнившая ванну вода обязательно прольется на пол.（月亮到了最圆的时候就开始亏损，盆里的水满了就会溢出到地板上），并且增加了补充性的说明文字 китайская поговорка гласит（如中国谚语所说的），这样处理使译文意义贴近原文，形式上神似俄文。

上面几种仿造对应情况有的是形式上按照原文进行仿造，有的是根据原文意思仿造，都属于直译。而有些俗谚语不能进行任何形式的仿造翻译，只能采取意译的方法。例如：

（14）我国历来有"**好人不见官**"的习俗，更有"惜讼""厌讼"甚至"耻讼"的传统，不到万不得已老百姓不愿意打官司。（《习近平关于全面依法治国论述摘编》）

В Китае издавна говорят: **«порядочный человек не предстает перед судом»**, у нас также существуют такие традиции, как «с осторожностью относиться к судебным искам», «гнушаться» и «стыдиться судебных исков». Народ не хочет затевать никаких тяжб до тех пор, пока его положение не станет безвыходным.

该句里的俗语"好人不见官"并不是说好人不跟官员见面，而是说老百姓不愿意提起诉讼打官司。中文字面表达与深层含义不一致，直译是行不通的，只能采用意译法。

姚莉君，李春梅：《习近平的话语风格及其特点》，《改革与开放》2016 年第 1 期。

叶芳来：《浅谈俄语谚语的翻译》，《郑州大学学报》（哲学社会科学版），1987 年第 1 期。

周盛德：《俄罗斯谚语、俗语汉译略议》，《厦门大学学报》（哲学社会科学版），1987 年第 2 期。

陌生化视阈下政治文献术语翻译中的显异研究
——基于近年来政府工作报告俄译本的实证分析*

王　晔

（南开大学外国语学院）

摘　要：大量翻译实践证明，我国政治类文献术语在外译过程中有着明显的显异倾向，此种翻译策略受语言内外多重因素的制约。通过对近年来政府工作报告及其俄译本的对比分析，批判性地运用俄国形式主义学派的陌生化理论，考察陌生化手法在政治类文献翻译中的必要性和可行性。在论证陌生化翻译美学价值的同时，揭示政治翻译活动背后那只“看不见的手”对翻译的操控，即陌生化翻译的政治本质。

关键词：政府工作报告；陌生化翻译；美学价值；翻译的政治

一、引言

政治文献翻译属于我国外宣翻译的一种，具有独特的文体特征和严

---

* 本文原载于《天津外国语大学》2017 年第 3 期，本集收录时格式略有改动。

国家社会科学基金重点项目“中央文献术语外译词典（中英、中俄、中日）编纂的理论与应用研究”（14AYY003）；中国博士后科学基金资助项目“中国古典文学俄译本之翻译批评模式研究”（2016M601246）。

格的翻译要求，是对外宣传中国共产党和中国政府的治国理念和政治主张，树立中国在国际社会上良好形象的重要手段。中央编译局从上世纪80年代开始承担两会主要文件的翻译工作，这些译本是国内最权威的译本之一，也是我国政府对外宣传的重要渠道。通过对近年来中央编译局所译的政府工作报告俄译本中大量政经术语的研究发现，中央政治文献在外译过程中表现出明显的显异特征。这一特征不仅是翻译美学价值的体现，更是翻译背后那只“看不见的手”的操控。本文将批判性地运用俄国形式主义学派的陌生化理论，通过对近年来政府工作报告及其俄译本的对比分析，探究政治文献术语外译中的显异特征和这一现象背后的超语言因素。

二、陌生化理论及其在政治文献翻译中的运用

政治文献术语具有简洁、准确、单义性的风格。“除了遵循普遍的语言规范、标准外，追求语言的开放性、共时性、包容性和创造性，并与现实生活相融已成为政论语言的一大特色。”（李特夫，2007）改革开放以来，随着新思想、新事物的不断涌现，诞生了一大批富有中国特色的新词汇、新提法，这些词汇敏感地反映了社会生活和社会思想的变化，涵盖了政经、科技、文教等领域。在一年一度的政府工作报告中，中国特色的政经术语占相当比例，它们总会让读者眼前一亮，给人耳目一新的感觉。而这种感觉产生的重要原因就是语言的非常规使用所产生的陌生化效果。

陌生化作为一种艺术创作手法早已为中外作家和文艺理论界所熟知，但是直到20世纪初，俄国形式主义学派才将其提炼升华成一套完整的理论体系。陌生化又称为反常化或奇异化，是俄国形式主义的核心概念，由其代表人物什克洛夫斯基（В. Шкловский）首倡，基本含义为：“诗歌或文学作品中的一切表现形式，都不是对现实的严格模仿、正确反映或再现，相反，它是一种有意识的偏离、背反甚或变形、异

化。”（张冰，2000：8）语言形式为什么必须具有陌生化功能？这是因为语言具有二重性的特点，它既是人类不可或缺的认知工具，同时又会禁锢我们的思维，麻痹我们的感知。“人们对平常所熟悉的语言组合或陈词滥调往往不能作出立即的反应，他们不再把文字看作文字，也不去确切地理解文字联合所指的意义……甚至会因文学审美蜕变成机械化的语义认知而感到腻烦……只有当我们把文字以新鲜的方式令人吃惊地组织在一起时我们才能够‘认清’它们，并了解它们所象征的意义。”（宗白华，1981：69）因此，什氏强调艺术形式是否具有陌生化功能是艺术审美能否发生的重要前提。“艺术的手法就是事物的‘陌生化’手法，是复杂化形式的手法，它增加了感受的难度和时延，既然艺术中领悟过程是以自身为目的的，它就理应延长；艺术是一种体验事物之创造的方式，而被创造物在艺术中已无足轻重。”（Шкловский，1980：335）

虽然陌生化针对的是文学创作而非翻译活动，但翻译策略的制定和翻译效果的评判有着陌生化理论可以建构的意义，而且对政治文献这类非文学作品的翻译同样具有借鉴意义。通过对近几年来政府工作报告俄译本的分析，我们发现这些译本在翻译策略上都有明显的陌生化倾向，尤其是涉及国家大政方针、政治立场的关键性表述，译文更是紧贴原文，甚至“宁信而不顺”。站在形式主义学派的陌生化理论立场上，我们对此现象或许会有进一步的认识。

陌生化在翻译领域并不陌生。据刘英凯（1999）考证，这一术语最初是由爱尔兰诗人西默斯·希尼在其著作中的一节“翻译的影响”中提出的：“翻译过程中译者适当抛弃语言的一般表达方式，将译入语的表达世界变得‘陌生’，以更新译者和读者已丧失了的对语言新鲜感的接受能力，使翻译确实地履行传播信息，促进不同民族间相互理解和交流，在不同文化间架设桥梁的功能。”这一定义明显借鉴了形式主义学派的陌生化概念，但直接运用于翻译领域则显得不够严密，没有体现出翻译的双重文本性和跨文化属性。在翻译过程中，陌生化在源语和译语两个层面存在着交叉对应关系。在探讨陌生化手法的再现时，我们首先必须对源语和译语两个层面上的陌生化之间的关系有个清醒的认识。

“翻译是一种特殊的跨文化交际活动，在两种文化的碰撞交流中，陌生化效果不可能总在两种语言间平行移用，源语层面上的陌生化放到译语中可能就不再陌生，而非陌生化的表现手法直接传译到译语文本中则可能产生陌生化的效果。”（吴莹，2007）在陌生化翻译过程中，译者首先要确定对于译入语而言的陌生化效果是基于两种语言体系的差异，还是原作者为了特定表达需要而故意偏离语言常规造成的变异。译者要分清这种陌生化是属于语言层面的差异，还是言语层面的变异。倘若是前者，翻译时不可照搬，而是要进行程序性的结构转换。因为汉语作为一种意合语言讲究以意统形，积词组而成句，以句读段为基本构成单位，所以多流水句，词与词之间缺乏必要的形态联系，各成分的结合多依靠语义的贯通及语境的映衬。这种独特的句法结构对俄语而言就是陌生的，这在政府工作报告的翻译中体现得尤为明显。报告原文中不乏以短语形式出现的术语群，这些术语结构单一，连接成分使用较少，逻辑关系不明显。而俄语作为形合语言强调以形显意，语法严密，往往通过形式词和形态变化来体现句子各成分间的关系。因此，汉译俄时译者必须透彻理解原文，挖掘词与词之间的逻辑关系，并借助介词、形动词、副动词、连接词甚至从句等手段为所译短语搭建起严整的空间结构，分清主次，突出重心，使之合乎俄语的表达习惯。例如：

（1）突出主题，贯穿主线，统筹兼顾，协调推进，把稳增长、控物价、调结构、惠民生、抓改革、促和谐更好地结合起来。

выделять в ней（работе）основное, **пронизывая** её（работу）главной линией, **осуществляя** при этом единое и всестороннее планирование и гармонично **продвигая** её вперед, //ещё лучше увязывать стабилизация роста экономики, контроль за ростом товарных цен и структурное урегулирование **с** обустройством народной жизни, сосредоточенностью на реформах и стимулированием гармонии.

译文把由10个短语构成的长句分为两部分，前四个四字格短语作为第一部分，后六个三字格短语与之并列。第一部分中突出主题是中心，其余三个短语以副动词形式（пронизывая，осуществляя，продвигая）充当从属成分，第二部分借用前置词 с 将前三个短语和后三个短语关联起来，整句译文主次分明，脉络清晰。

在陌生化翻译过程中，译者真正应给予充分重视是言语层面上偏离常规的变异手段，尤其是“那些政治色彩浓厚、思想深刻，涉及相关政治主张、立场态度的关键性词汇表达，即使在译语文化中存在着空缺或不相适应的情况，也不得随意归化，更不能省略或删减，必须……保持原汁原味”（李特夫，2007）。政府工作报告的语言总体上是平实谨慎的，但同时也要贴近群众，努力做到文风朴实，语言生动。历年的报告中都会出现一定数量口语化的术语，形象、直观地反映了我国社会生活的方方面面。跨域的陌生化语言形式也让中国受众倍感亲切，而陌生化的翻译能很好地再现中国政府的亲民为民形象。例如：

（2）“**米袋子**”省长负责制

порядок ответственности губернаторов провинций за «**зерновой мешок**»

（3）**一揽子**计划

целый пакет**планов**

（4）**织密织牢**社会保障安全**网**

уплотнить и упрочитьсеть безопасности по социальному обеспечению

陌生化是动态概念，不是绝对的陌生，而是在一定条件显得陌生。在翻译过程中，两个文本间文学传统、时代背景或意识形态的差异也许会使陌生的变得熟悉，使熟悉的变得陌生，以至于不被理解和接受。因此，并非原文所有的陌生化手法都能直接挪用于译语文本中，译者必要时必须进行再创造。复制陌生化的形式不是目的，关键是形式的效果和价值。译文中的再创造是对原作的背离，还是更高程度的忠实，这涉及陌生化在源语文本和译语文本间的交叉对应关系，也是陌生化运用于翻译领域的特殊之处。有学者认为："原作里的'陌生化'手法在译作里得以再现，严格说来还不能算是移用，而只能说译者注意到了原作者的异常的修辞手法……'陌生化'手法移用于翻译，恰好是译者的再创造，'陌生化'手法的运用，往往使译文同原作的语言形式之间保持一定'距离'，突出译者再创造的艺术效果。"（郑海凌，2003）

政府工作报告中一些具有中国特色的政经术语在译成俄语时会出现词汇空缺现象，译者往往需要创造出一个新词来对应，这样的译文同样会产生陌生化效果，能引起俄语读者的关注和思考，如"老龄事业"（геронтосервис，геронтология 与 сервис 合成的缩略语）、"生态文明建设"（экокультурное строительство，эко 前缀与 культурный 合成的新词）。译文中的新词虽然在词典里查不到，但不会影响读者的理解，因为它们是译者遵循俄语构词法规则进行的再创造，俄语读者能够做到望文而生义。

又如，"**城镇居民**基本医疗保险制度"（системы основного медстрахования для **неработающего** городского населения）指的是通过家庭缴费和政府补助，建立基本医疗保险基金，帮助城镇非从业人员解决大病医疗费用问题，这一术语解释中所包含的关键信息非从业人员在字面上并未体现出来。译者在翻译时添加了 неработающего（无业的）一词是完全必要的，传达的潜在信息是我国的医保制度并非刚刚建立，而是在原有基础上更加完善，涵盖面更广了。由此可见，陌生化翻译包括异化，但不限于异化，还体现在译者在主观能动性的驱使下进行的创造性转换。

政府工作报告中还会经常出现具有文化伴随意义的词汇，翻译时就涉及文化意象的重构、修润与转换。这些在我们看来习以为常的文化符号对目的语读者而言可能就是陌生的。陌生化翻译强调异的价值，认为只有将差异尽可能地融入目的语中去，才能真正实现吸收出发语文化与丰富目的语文化的目的。对于那些与译入语语言和文化传统无本质冲突，且能吸引读者的陌生化形式译者应予以保留。但由于文化差异的存在，很多时候同一言语形式在不同语言中可能内涵完全不同，此时译者要格外谨慎，避免单纯直译造成文化意象的错位，给译语读者的理解造成困难，甚至引起他们的反感。众所周知，龙是中华民族的象征，在汉文化里代表着崇高、正义、神圣。“龙头企业”就是指对其他企业有号召力和示范引导作用的带头企业，但在报告的俄译本中通常被译成ведущие предприятия，因为在西方文化中，龙是邪恶的象征。为了避免文化上的冲突，译者只得舍弃对俄国读者而言陌生的文化形象，仅将其所指含义译出。

在政治文献的外译中，陌生化翻译是普遍存在的，它的使用主体之一就是从事外事翻译的工作人员。这种译文肯定有存在的价值，通过直译、音译、语义再生等手段表达具有典型中国特色的事物和现象，词汇、句式和语篇保留了鲜明的汉语特色，但同时又符合目的语的基本语言规范，是目的语与中国特色的事物、思想、文化相结合的产物。译文如果要冲破审美惯性，造成陌生化的效果，译者必须对文本进行变形。“这种变形往往是文本与异域特色的一种杂合的结果，既不是完全的归化，也不是完全的异域性化。”（陈琳、张春柏，2006）因此，陌生化翻译不等于异化，更不是归化，而是源语文本的诗学特征与译语文本的诗学传统相糅合形成的一种对受众读者而言具有陌生化效果的杂合文本。

三、意识形态的操控和话语权的把握

俄国形式主义学派的陌生化理论深刻地影响了后来的批评流派，但是我们也不能忽视其与理论优势共生的缺陷。该派学者对语言形式和陌生化的过分推崇导致的排他性使得他们“相当武断地排除和否定了传统诗学或文学理论所不应忽视的重要维度，实际上，文学与社会生活、文学与意识形态、文学与阅读接受和主体阐释等关系仍然是诗学或文学理论研究中的重要组成部分”（李建盛，2003）。翻译也从来都不是真空状态下的纯语言文字的转换活动，尤其是政治类文献的翻译，超语言因素起着举足轻重的作用。在政治文献的翻译研究中引入陌生化概念目的不仅仅是在艺术审美层面展现陌生化手法的美学价值和由此给读者带来的审美愉悦，更重要的是揭示翻译行为背后那只“看不见的手”对翻译的操控，即陌生化翻译的政治属性。

政治类外宣文本直接服务于政治，“它的对外输出特性大多反映出源语文化的社会主流意识形态和诗学观，更是所谓政治的‘喉舌’和文化的‘窗口’，带有明显的政治目的和官方色彩”（胡芳毅、贾文波，2010）。因此，较之其他文本的翻译，政治文献翻译中意识形态的主导作用要突出得多，译者需要保证原作和原作者的绝对权威性，政治立场要鲜明。我国外交部资深翻译家程镇球（2003）就曾指出：“政治文章的翻译要讲政治”“从事政治文章翻译的同志要有政策头脑和政治敏感”。

陌生化翻译鲜明地凸显了政治文献翻译的政治性。陌生化翻译不仅仅限于异化翻译，更是译者发挥主观能动性对原作进行的积极阐释和建构。这种再创造大多出于文本外因素的考虑，超越了文字转换层面，体现了政治对翻译的操控。诗学观、意识形态及赞助人等诸多语言外因素就像一只“看不见的手”始终操纵着翻译的全过程。

翻译政府工作报告时，译者常常需要将术语明晰化、具体化，根据语境补充出原文字面没有但却隐含其中的言外之意。这样的译文与原文拉开了一定距离，表面看起来是对原文的背离，而实则是更高层次的忠实。例如，“政务公开”一词属于中国特色社会主义行政管理体制，在往年的政府工作报告的翻译中都采取了字面直译法，如2010年“要深入推进政务公开”被译为 Âàæíî ïðîäîëæàòü øèðèòü **ãëàñíîñòü** àäìèíèñòðàòèâíîé ðàáîòû。但在 2013—2015 年报告的俄译本中，中央编译局把这个术语改译为 ïðîäâèãàëàñü**òðàíñïàðàíòíîñòü**àäìèíèñòðàòèâíîéðàáîòû，2016 年译为 ïîâûøåíèå **ïðîçðà ÷ íîñòè** äåÿòåëüíîñòè ïðàâèòåëüñòâà。这样改动还是经过很多考量的，ãëàñíîñòü 在表示公之于众的同时还含有带特定目的的宣传之意，政府在 ãëàñíîñòü 的行为中还可以采取其他非公正的方式达到公开的目的，这就体现不出政务公开所含的使行政权力公开透明运行之意。而采用 òðàíñïàðàíòíîñòü 或 ïðîçðà ÷ íîñòü（近义词，均为透明之意）一词则明确表示了中国政府执政为民的决心，也避免了西方人对中国政府的政务工作产生不必要的偏见和误解。用 òðàíñïàðàíòíîñòü（ïðîçðà ÷ íîñòü）替换 ãëàñíîñòü 体现了陌生化翻译的最高宗旨，即达到政治层面的忠实。又如，“保障性住房制度”与“保障性安居工程”是近几年政府工作报告中必提到的术语，在 2009—2016 年的报告中共出现了 41 次，译法也大致相同，都为 системагарантированногожилья 或 программаобеспечениягарантированнымжильем。这样的译法从语言层面上看没有问题，甚至做到了字字对应，但细究起此术语的内涵和外延，译文却是欠额翻译。保障性住房是指市场无法解决，政府提供的针对低收入人群的住房，包括两限房、经济适用房、政策性租赁住房及廉租房等。上述译法显然没能突出“保障性住房”一词的关键所在——由谁提供？保障谁？只有 2009 年的俄译本曾经将“保障性住房建设”译为 строительстводоступногожилья в рамкахпрограммсоциальногообеспечения，в рамкахпрограммсоциальногообеспечения（在社会保障框架内）体现出政府在这一民生工程建设中的主导作用。但 доступноежилье（可负担得起的住房）却不足以说明保障性住房的适用对象，廉价的保障性住房对中高收入人群更是 доступный 的，却不是我们政策的保障对象，所以这种译法还是不够准确。综合比较历年译法的优劣，我们认为，гарантированноежильедлялюдей с невысокимзаработком 是更贴近原文的。这一译法在英译本中也可以得到印证，“low-income housing 经过两年多的使用，现已成为‘保障性住房’的规范性译文”（贾毓玲，2011）。大量的翻译事实证明，陌生化翻译不仅契合政治文献翻译的本质，同时也体现了译者的主体地位和对翻译话语权的掌控。

一般而言，翻译以从外族语译入本族语为主，也就是说译者多数情况下以自己的母语作为译入语。而我国外宣翻译，尤其是政治类文献翻译的一个突出特点就是汉译外翻译工作都是由中国译者承担。这是由于“中国语言文字的特殊性，也由于历史和现实的原因，世界上目前没有足够的翻译能替中国承担庞大的、日益增长的中译外任务，因此，这几乎是我们不得不正视的‘唯一选择’”（蔡武，2007），而且这种翻译大多为一种 teamwork。而更深层次的原因是当代翻译文化研究学派代表勒菲弗尔（Lefevere，2004）所提出的“翻译就是对源语文本的改写”，并且“改写即操纵，并为权力服务”。换言之，政治文献在外译过程中，由于高度的政治敏锐性，必然会与西方主流意识形态和诗学观发生碰撞和冲突。假若译者代表的是目的语国的主流意识形态，亦即译者的母语为译入语，翻译就成为一种意识形态操控下的改写。译者会有意或无意地把本国意识形态强加给译文，这样翻译的后果是不堪设想的。外宣翻译工作的目的就在于“要向不同政治体制、不同意识形态、不同文化传统和观念、不同社会条件和历史背景的国家和民族宣传和介绍中国独具特色的国情风貌、文化传统、伦理道德、政治主张、社会现状等等”（胡芳毅、贾文波，2010）。译者的任务就是要向外输出我国的主流意识形态，让世界了解一个真正的中国。因而，党和政府重要政治文献翻译的重任必然落在中国译者肩上，我方的译者必须要掌握话语权，并决定翻译策略。

以每年政府工作报告都会出现的“华侨”或“侨胞”一词为例，历年俄译本的通行译法是 зарубежныесоотечественники（海外的同胞）。соотечественник 在词典里的解释就是 человек，происходящийизтойжестраны，имеющийтожеотечество（具有同样血统、同样国籍的人）。译文准确地反映出我国的国籍制度，我国不赞成公民拥有双重国籍，长期居住海外但没有加入外籍的华人才是华侨。但在权威的汉俄词典以及俄罗斯主流媒体中，“华侨”通常被译成 китайскиеэмигранты，проживающиезаграницей。эмигрант 在俄语里仅指移居海外的侨民，没有明确的国籍归属，这与汉语“华侨”一词的政治内涵是有偏差的。与 зарубежные соотечественники 相比，китайскиеэмигранты 这种归化译法改变了言说者的叙述立场，故而完全失掉了“侨胞”一词所包含的亲切感和认同感，无法传达出原报告字里行间所包含的深情厚谊，身居海外的华侨看后也难以激起他们心中的归属感和“桑梓之情”。

总之，在政治类文献外译过程中，中方译者要掌握话语权，这是翻译政治属性的必然要求。首先，在翻译的选材上，选择什么样的材料能让外国人真正地了解中国，中国译者最有发言权；其次，在原文的理解上，尤其是对党和国家大政方针政策的领会上，中国译者的准确度和深刻程度要远远高于外国译者；最后，在译文的表述中，译者只有牢牢地掌控话语权，译文才能体现我们的主流意识形态，准确传达出我方的政治观点和立场，本着对外宣传的目的让世界了解一个真正的中国。

四、结语

陌生化理论在政治文献翻译中的运用具有必然性和可行性。但需要指出的是，陌生化翻译并非一味地追求奇崛险怪，将译文变得艰深晦涩，以致无法理解。陌生化翻译的关键是坚持适度原则，而适度的关键在于译者对异的把控。这就意味着译者要积极进行主观再创造，在受众读者可接受的前提下尽可能地贴近原文，创造一种使接受主体获得全新感受的事物和文本经验。

政治文献的翻译直接服务于政治，本文的研究并未局限于文字转换层面，而是延伸到语言外部的政治文化层面。考虑到意识形态与陌生化翻译之间相辅相成的关系以及译者主体身份的建构和翻译话语权的掌控，强调了翻译中政治和文化因素的介入，从而为政治文献的翻译研究提供了更多元的视角，拓宽了翻译研究的领域。但也要看到意识形态并非万能，我们不赞同勒弗菲尔等人过分强调文本外因素，将意识形态、赞助人和诗学影响绝对化的观点。翻译的本质任务在于探寻语言转换的规律，最终还是离不开语言这一翻译本体。无论是译者还是翻译研究者，只有具备良好的政治素养和语言功底，对影响翻译的内外因素考虑周全，把握适度，从语言与政治两个层面并行探究，才能达到译文的政治思想价值、社会宣传价值和文体审美价值三者的融合统一。

参考文献：

Lefevere, A. 2004. *Translation, Rewriting and the Manipulation of Literary Fame* [M]. Shanghai: Shanghai Foreign Language Education Press.

Шкловский, В. 1980. Искусство как приём [A]. *Из истории советской эстетической мысли* 1917 – 1923 [C]. М.: Искуссство.

蔡武：《中译外——中国走向世界之路高层论坛》，[DB/OL]. http://www.china.com.cn/zhibo/2007-04/06/content_8785210.htm，2007。

陈琳，张春柏：《文学翻译审美的陌生化性》，《清华大学学报》（哲学社会科学版），2006年第6期。

程镇球：《政治文章的翻译要讲政治》，《中国翻译》2003年第3期。

胡芳毅，贾文波：《外宣翻译：意识形态操纵下的改写》，上海翻译，2010年第1期。

贾毓玲：《对中央文献翻译的几点思考》，《中国翻译》2011年第1期。

李建盛：《俄国形式主义诗学的理论视野及历史评价》，《俄罗斯文艺》2003年第1期。

李特夫：《翻译中的“政治”：政论翻译研究》，《江西师范大学学报》（哲学社会科学版），2007年第2期。

刘英凯：《信息时代翻译中“陌生化”的必要性和不可避免性》，《外语研究》1999年第3期。

吴莹：《陌生化概念研究——陌生化在翻译领域中的运用》，《天津外国语学院学报》2007 年第 5 期。

张冰：《陌生化诗学：俄国形式主义研究》，北京：北京师范大学出版社 2000 年版。

郑海凌：《“陌生化”与文学翻译》，《中国俄语教学》2003 年第 2 期。

宗白华：《美学散步》，上海：上海人民出版社 1981 年版。

《2016年政府工作报告解读》英译中表达型文本功能的实现*

石　蕊

（天津外国语大学英语学院国际商务系）

摘　要： 政府工作报告等中央文献具有表达型文本功能，此类文本的翻译须做到语义忠实再现原文，以强调政治等效，突出政治文本主体性为准则，在语言形式、政治内涵、文化精神等方面达到“达意”与“传神”的兼容并蓄，貌合而神不离，从而实现表达型文本功能。《2016年政府工作报告解读》英文版运用语义翻译和交际翻译等多种方法，在文献术语规范和文化形象表达的灵活转译等层面实现了中央文献的表达型文本功能。

关键词： 文本功能；表达型文本；语义翻译；交际翻译

一、引言

功能翻译理论重在将翻译与语言功能结合，认为“对源语文化是

---

* 本文原载于《天津外国语大学》2017年第3期，本集收录时格式略有改动。

国家社会科学基金重点项目“中央文献术语外译词典（中英、中俄、中日）编纂的理论与应用研究”（14AYY003）；中央编译局社会科学基金项目“中共中央重要文献术语翻译规范化研究”（12A07）。

‘再现’（reproduction）还是‘改写’（adaptation）应根据翻译目的、翻译要求和文本功能类型而定”（贾文波，2007：10）。“翻译的‘功能主义’就是指专注于文本与翻译的一种或多种功能的研究。”（Nord，2001：1）。英国翻译理论家纽马克根据文本功能不同将各类文本分成表达型文本、信息型文本和呼唤型文本。

政府工作报告属于党和国家重要文献，涉及国家的大政方针，“理论性、政策性和综合性强，具有鲜明的时代特色、实践特色和民族特色”（贾毓玲，2011：78）。中央政治文献涵盖国家各领域大政方针政策，此类文本的对外翻译不仅是语言转换，更要讲政治、讲原则、讲立场。翻译不仅要在内容、观点上忠实于原文，还要力求可读性、可理解性和可接受性，考虑海外受众的接受效果。基于这样的翻译理念，要避免语气的生硬和表达的牵强。根据纽马克的表达型文本分类，政治文献的核心是说话人的思想。《十二届全国人大四次会议〈政府工作报告解读〉》（下文简称《解读》）内容分为2015年工作回顾、“十三五”时期主要目标任务和重大举措以及2016年重点工作，内容包括创新驱动发展战略、新型城镇化、现代农业、中国特色大国外交等热点领域，展现了国家领导人的执政理念、国家性决策、战略等重要信息。笔者亲身参与了《解读》英文版的翻译工作，深切感悟以《解读》为代表的中央文献翻译务求稳、准、活，忠实再现原文的核心思想，突出政治文本的权威性、主体性，实现表达型文本功能。

二、《解读》的表达型文本功能

“从文本功能角度看，处在两个文本之间的译者在制定翻译策略时，最重要的是选择翻译的角度：是从原文作者的角度出发，还是从译文读者的角度出发，服务对象的重点是原文的发送者还是译文的接受者。”（平洪，2002：20）英国翻译理论家纽马克划分出表达型、信息型和呼唤型文本功能，其中对于有些文本（如表达型文本）译者应“尽可能地使用贴近源语的语义、句法结构将原文语境意义准确表达出来”，应先忠实于原文作者，其次是忠实于目的语和目的语读者（贾文波，2005：61），根据文本功能采用语义翻译（semantic translation）和交际翻译（communicative translation）策略。语义翻译法是处理表达型文本的首选策略，即“尽可能地使用贴近源语的语义、句法结构将原文语境意义准确表达出来”，以彰显文本个性，使译文在结构和词序安排上力求接近原文形式，突出文本的表达性要素特征（Newmark，2001：39）。但在具体操作中纽马克也强调很少有文本只有单纯一种功能，大部分文本都是以一种功能为主，而其他二者兼而有之。因此，译者必须首先确定一种文本的主要功能，或在同一文本的不同部分确定每一部分的语言功能，从而有针对性地采用相应的翻译策略和手法，或用语义翻译贴近原文，或用交际翻译顾及译文读者，注重译文效果（贾文波，2005：57）。

以《解读》为代表的中央文献的文本功能主要表现为表达型功能，核心当是源语发送者，说话人在文本中的地位是神圣的，语言风格等主体性亦不可忽略，交际翻译便成为辅助译法。“对一个文本的翻译，没有纯粹的语义翻译或绝对的交际翻译，只有几种翻译方法的相互重叠。”（马兴腾，2010：123）因此，在具体翻译操作中要形成以语义翻译为主贴近原文，交际翻译为辅顾及译文读者的互补策略，双管齐下，保证译文效果，成功实现《解读》的表达型文本功能。

三、《解读》英译文本功能的实现

《解读》由来自国家权威部门的专家领导从国家政治、经济、民生、教育、农业、外交等领域对2016年政府工作报告进行全方位、多角度、深层次的解读，既彰显政治影响和国家形象，也反映说话人的政治态度和语言风格。翻译时（特别是对外翻译）务必要紧跟原文语义和作者思想，此类文本的翻译策略应首先考虑原文作者的角度，翻译时需谨慎小心，中规中矩，注意紧扣原文实质，决不可随意更改或发挥，切不可随心所欲强加入译者的个人观点。个人的语言习惯和表达风格迥异，可谓个人印记和权威性并举。英译过程须把握几点原则：（1）稳，译者须胆大心细，既要提高翻译的语言水平，也要提高翻译的政治水平及对经济社会文化发展的理解水平，细微差别就会带来内涵的流失，同时又不能一味死译，要吃透原文意思，敢于下笔；（2）准，政治语言的翻译要最大程度接近原文的含义，对概念的理解提出了更高的要求，“首先，要紧扣原文，不得任意增删，政治文章上用词严格，要仔细衡量用词的政治含义和影响”（程镇球，2003：18），如果是字对字去翻译，无法深刻反映其内涵；（3）活，个人语言风格也是翻译中的重要元素，作者的个性成分构成了表达型文本的表达要素，如何传递不同讲话人的言论含义，同时保留其语言个性，需重要考量。鉴于此，针对《解读》的表达型文本功能，英译过程中须考虑多种翻译方法互补，在“‘忠实于原文’和‘注重目标语读者感受’之间取得平衡”（陆仲飞、王大伟，2016：21）。

（一）术语规范

《2016 年政府工作报告解读》是对政府工作报告的具体解读，内含大量政治、经济、民生等各方面的术语。中央文献政治术语是中国政治领域使用的特定语言符号，其对外翻译尤其重要。由于中国政治制度、社会体系、思维模式、语言文化与西方国家存在诸多差异，故对外翻译中往往很难在目的语中找到精准的对应语。中国政治术语必须有中国特色，“形神兼备，达意传神”是文献政治术语翻译的坚实标准。既要在形式、语义上达到忠实于原文，避免生硬的中式英语，更要强调政治等效，避免政治歧义或误读，具有时代特色的政治术语还要展现国之精神。

1. 新词

“车库咖啡”（garage coffee）、“工匠精神”（craftsmanship）、“供给

侧结构性改革”（supply-side structural reform）、“光网城市”（fiber-optic city）、“海外仓”（overseas warehouses）“互联网+”（the Internet Plus）、“僵尸企业”（zombie enterprises）、“中国制造2025”（The Made in China 2025 strategy）等具有中国特色的新词“在英语中缺乏表达相同事物的同义词，是作为一种全新的意义进入英语的”（李文中，1993：20），应以语义翻译为主，“试图在目的语的语义和句法结构允许的范围内传达原著的确切意义”（叶朝成、张建伟、叶灵子，2013：99）。而翻译过程“绝不是机械的术语转换，而是根据具体文本语境进行选择的过程”（孟令霞，2011：44）。中国政治术语在语言形式、政治内涵、文化精神等方面具有鲜明的中国特色，英译时必须讲求形似与神似、“达意”与“传神”浑然一致，貌合而神不离。

2．政策性术语

《解读》中频现国家政策性术语，多以数字化形式出现，即N个N，结构简洁，体现政治宣传的表达型功能。英译时不可直接以同样简略、缩略等语言形式对应，应根据该术语属性选用恰当的译法，忠实原文，达到语义与政治的双重等效。在处理某些政治词汇时不能一味地定型定性，须考虑选词的政治立场、语气与接受效果。一些词汇需要选择适当的角度才能被合理表达，如“一带一路战略”中的“战略”（strategy）一词在西方人看来具有侵略性和扩张性，因而会译为“倡议”（initiative）这样比较温和的词汇；而“宽带中国战略”并非国家战略，是具体行业的长远规划，应译为The National Broadband Internet Agenda。政治大词是代表中国领导人执政新理念的国家性方针决策，应严格遵照已有的权威译本。首次出现以全称形式在正文中阐明，或以脚注形式标明具体内容，后文中再现此术语时用缩略语形式替代。例如：

（1）按照“五位一体”总体布局和“四个全面”战略布局

...act in accordance with the overall plan for promoting all-round socialist economic, political, cultural, social, and ecological development and the

Four-Pronged Comprehensive Strategy…

The Four-Pronged Comprehensive Strategy refers to making comprehensive moves to finish building a moderately prosperous society in all respects, deepen reform, advance the law-based governance of China, and strengthen Party self-conduct.

（2）推动“三大战略”和“四大板块”形成叠加效应

We will foster synergy between the Three Initiatives (the Belt and Road Initiative, the coordinated development of the Beijing-Tianjin-Hebei region, and the development of the Yangtze River Economic Belt) and the coordinated development of the western, northeastern, central, and eastern regions to…

（3）抓好“一带一路”建设战略落实

We will ensure the successful implementationof the Silk Road Economic Belt and the 21st Century Maritime Silk Road Initiative.

（4）大众创业万众创新（双创）

entrepreneurship and innovation initiatives

（5）经济保持中高速增长，迈向中高端水平（双中高）

the medium-high end and a medium-high rate of growth

（6）三去一降一补（去产能、去库存、去杠杆、降成本、补短板）

cut overcapacity and excess inventory, deleverage, reduce costs, and strengthen points of weakness

例（1）中的“五位一体”“四个全面”等政治大词应严格遵照中央文献严谨译法，避免简译为 the overall plan 或 Four Comprehensives。例（2）和（3）中反映国家具体战略措施的名称首次出现以全称对应，后文可用简化形式替代，即 the Three Initiatives, the Belt and Road Initiative。例（4）和（5）中某些政治术语在原文中先以全称出现，后文中采用缩略形式，英译只能以全称对应，不可以缩略。少数术语采用数字简化形式，译文则须逐一展开，绝不可以缩略形式对应，如例（6）。

《解读》中还有一些国家传统政策的缩略语形式的术语，如"'1+3+6'中拉合作新框架"与"两不愁，三保障"，因在国内家喻户晓，原文中只以简略形式出现而未以全称解释，英译时须考虑译文读者的接受度，遵循"打破外壳，释放意义"的原则，采取文内阐释或注释的解释性翻译方法诠释其内涵。例如：

（7）解决好贫困人口的"两不愁、三保障"问题

We mean that efforts should be made to solve the problem of "Two No-worries and Three Guarantees" so that rural residents living in poverty will have no worries over food and clothing and be guaranteed compulsory education.

（8）"一融双新"工程

Projects to help rural migrant workers become permanent urban residents, to cultivate emerging small and medium-sized cities, and to promote new models of urban development...

（9）贫困地区义务教育"两免一补"

...the policy that students from poor families are exempted from miscellaneous fees and textbook tuition and granted boarding subsidy in the stage of compulsory education...

《解读》中大量出现的专业术语也是翻译的难题之一。有些术语已经有了权威的译法，但"地缘博弈"、"规模以上工业"、"人、地、钱的挂钩机制"等名词还没有通用译法，需通过翻阅大量资料统一译法，确保高频词汇在前后文中翻译准确、统一。例如：

（10）深化"放管服"改革

It will deepen reforms to streamline administration, delegate more powers, improve regulation, and provide better services.

（11）健全"人、地、钱"挂钩机制，深入推进国家新型城镇化综合试点和中小城市综合改革试点，促进农村转移人口市民化。

We introduced policies for making both the transfer payments and the land designated for urban development granted to the government of a local jurisdiction conditional upon the number of people with rural household registration who are granted permanent urban residency in that jurisdiction.

（二）形象表达的灵活处理

《解读》的表达型文本功能要求翻译尽量紧扣原文的内容和作者的思想。不同于文学翻译追求韵律、风格、文体等境界的雅韵之感，政治文献翻译讲求再现源语庄重严谨韵感的同时，更要体现国家民族气魄。“‘传神’更重要的在于神似，也就是在精神实质上的相似。”（李瑞凌，2012：32）政治术语翻译的“传神”是要求忠实于原术语中蕴含的民族之魂、国家之魄，在精神实质上实现源语与译语的神韵对等。

1．以意为重，通顺易懂

准确是政治翻译的基本要求。政治文献翻译在实现语义忠实原文的同时务必讲求政治等效，特别是具有政治深意的词句必须字斟句酌，精准“达意”，必须做到“政治文本的翻译要求较高的忠实度、政治意识形态的敏感性、措辞的准确性和一定的可读性”（杨大亮、赵祥云，2012：39）。当然紧扣原文不等于死扣原文，对带有明显主体风格和中国文化特色的表达采用交际翻译进行适当改译。摆脱固守语义翻译造成原文结构僵化反而更利于译文读者理解和接受，有效实现翻译目的。“吃透中文的精神，以‘意’为重，摆脱中文字面的束缚，按照英语的习惯，表达原文的内涵，翻译要求忠实准确地表达原义，同时又要使译文通顺易懂。”（王弄笙，2002：28）《解读》中的各位说话人在遣词造句、语气措辞、语气态度等方面风格迥异，英译时不应过度重意而忽略“神似”。借用中国成语、习语、俗语等形象比喻的表达能展现原文的内涵形象，又易于读者接受。说话人常借用诗词典赋达到信息传递的神韵感，因英语中基本无对应表述，故以意为先，不必拘泥于原文形式。

例如：

（12）新旧动能转换“青黄不接”

The transition from the conventional to the new driving forces was not quite smooth.

（13）服务业占据国民经济的“半壁江山”

Service industries account for more than half of the national economy.

（14）很多干部工作起来是“五加二”“白加黑”

Many government officials are working all hours and burning the candle at both ends.

（15）创新是闯关的核心之举，这对我国来说，同样是不二法门。

Innovation is the key to such a superb leap. This, for China, is also the only proper course to take.

（16）古人讲：“仕而废其事，罪也。”

In ancient times, people used to say, “It is a sin for officials to abandon their duties.”

（17）事实上，核心技术是买不来的，正所谓“国之利器，不可以示人”。

As a real fact, money cannot buy core technologies. “The edge tool of a country is not to be shown to others”, as the saying goes.

（18）过去的一年，国内外形势跌宕起伏，多种挑战和风险不期而至，我国发展过程历尽艰辛，常常是“山重水复疑无路”，但最终是“柳暗花明又一村”。

China has encountered many difficulties in development, and, at times, it has seemed as if there might not be a way forward, but it has ultimately managed to maintain its course.

2. 形神兼备

“中央文献文本突出模式化、套路化的同时，领导人语言个性化趋势明显，除了沿袭引经据典特色外，越来越多地使用生活化、接地气的语言。”（严文斌，2015：8）《解读》中的多位说话人与时俱进，选用富于时代气息、接地气的亲民表达，以形象的比喻阐释深邃的道理，通俗易懂，鲜活生动，如“让一线直接呼唤炮火”“打激素”“拉郎配”等。

（19）这就像“走钢丝”一样，是一套高难度的动作。

It was a set of high-risk movement, just like “walking a tightrope”.

（20）改革力度大、分量重……也有议论多年、整改阻力大、多年都啃不动的“硬骨头”。

The reform in all the areas mentioned above is significant and challenging. …Others are hard nuts with tremendous resistance that fail to be cracked by years of strenuous efforts and heated discussion.

（21）传统动能到了一定时候，其潜力发挥到极致，经济发展就会遇到“天花板”，这个时候需要新动能及时跟上，才能突破障碍、实现持续发展。

Traditional drivers of growth reach a ceiling once they have maximized their potential, at which point a newdriver is needed in order to overcome barriers and achieve sustainable development.

（22）在拉动经济增长的“三驾马车”中，相较投资的增速下降和出口的负增长，消费在过去一年的表现更为亮眼，充分发挥了经济增长的“稳定器”和“压舱石”作用。

In sharp contrast to the decline in investment growth and the negative growth in export in the past year, consumption, as one of the three factors driving economic growth, gave full play to the role of the “stabilizer” and “ballast” for economic growth with its eye-catching performance.

如上几例所示，英语中若已有约定俗成的对应表达，应直接借用。“三驾马车”选用语义翻译达到语义对等，而“稳定器”和“压舱石”

在英文中有对应表述，可直译以增强读者接受度，语义与形象双赢。

“交际翻译的关键在于传递信息，让读者去思考，去感受，去行动，注重读者的理解和反应，试图对译文读者产生一种尽可能接近原文对读者所产生的效果”（叶朝成、张建伟、叶灵子，2013：99），既能让西方人读懂，又增加了可读性。政府工作报告中经常运用的比喻词汇在国人看来很接地气，却往往难以为西方人所理解，就需要采取意译法，尽量用西方思维给出合理解释。例如：

（23）提高中国护照“含金量”

make Chinese passports more prestigious

（24）经济社会发展“一条腿长、一条腿短”的短板

unbalanced development of the economy and society

（25）居住证与户籍合二为一……可以说“小证件”里有“大乾坤”。

This small card will have big implications.

（26）我们对银行业风险上升早有预计，提前做好了“以丰补歉”准备。

The Chinese government has been aware, for some time, of the increased risk in the banking sector, and has already taken precautionary measures.

3. 一词多解

由于中外文化差异，翻译时应灵活掌握，具体问题具体对待。有时可以采用现成的英语表达，对于在英语里找不到对应词的，则应吃透原文词义，正确组合搭配，用符合英语习惯的方式恰当地表达出来。绝不可一种方法译到底，该直译则直译，该意译还得意译（贾文波，2005：73）。例（27）和（28）的原文均以加减法形象比喻，译文根据原文语境变形不变意。例（29）—（31）中反复出现“牛鼻子”“先手棋”等形象比喻词，译文并未拘泥于固定模式，而是结合语境考虑原文说话人的意图和语气，语义翻译和交际翻译相结合，让西方人理解这些词语在

不同语境下的真正含义。正所谓“一个文本的翻译中不可能一种方法贯穿到底，实际上是两种方法广泛地交替使用”（同上）。

（27）结构性改革既要做“减法”，也要做“加法”。

Structural reform needs to reduce supply in some areas while increase it in others.

（28）推进供给侧结构性改革要坚定不移迎难而上，又要把握好“加法”和“减法”。

Making progress in supply-side structural reform, we should firmly meet challenges head-on, striking balances between "less" and "more".

（29）要实现经济持续健康发展，就必须大力实施创新驱动发展战略，牢牢牵住科技创新这个“牛鼻子”，走好科技创新这步先手棋、关键棋。

In order to realize sustained and healthy development of the economy, we must vigorously implement theinnovation-driven development strategy, and ensure successful accomplishment of this key task.

（30）把简政放权、放管结合、优化服务作为改革的“先手棋”。

The upper hand was gained in the reform with the work to streamline administration, delegate more powers, improve regulation, and provide better services.

（31）习近平总书记指出：“谁牵住了科技创新这个牛鼻子，谁走好了科技创新这步先手棋，谁就能占领先机、赢得优势。”

President Xi Jinping remarked, "Whoever seizes the opportunity brought about by scientific and technological innovation, whoever takes the lead in scientific and technological innovation, he will have the cutting edge."

四、结语

中央政治文献涉及我们党和国家政治、经济、文化、民生等诸多方面的路线方针、决策大局，思想内容具有广度、高度和深度。中央文献翻译需要译者具备语言文化等基本素质的基础上，务必透彻理解原文，准确表达译语。中央文献翻译以“传神达意”的翻译标准来衡量，强调意与神的兼容统一，既要做到政治语义内涵等效，准确传递源语中的政治立场，又要在译语中再现源语的政治神韵。意神兼备是政治术语翻译的理想境界，保证了政治术语翻译的高质量。

强调文本功能对政治文献翻译的影响为此类文本的对外翻译采取相应翻译策略提供了理论可行性和实践操作性。“在纽马克的翻译理论中，强调把语义翻译与交际翻译看成一个整体，翻译中不可能孤立地使用某种方法，也不能说语义翻译与交际翻译哪一个更好。”（原虹，2003：2）实践证明，在翻译以《解读》为代表的表达型文本时，须以忠实原文信息为首要准则。“政府工作报告翻译的主体意识，主要是在翻译过程中，时刻注重体现主题的地位和角度，维护主体的形象和利益，做到翻译不跑偏、不产生疏漏等问题。”（童孝华，2014：92）因此，表达型文本功能的实现须从文本功能出发，结合翻译目的，考虑语义翻译或交际翻译等翻译策略各有所长，相辅相成，更好地满足整体效应，同时照顾到原文作者和译文读者，这才是中央文献翻译的理想境界。

参考文献：

Newmark, P. 2001. *Approaches To Translation* [M]. 上海：上海外语教育出版社.

Nord, C. 2001. *Translating as a Purposeful Activity Functionalist Approaches Explained* [M]. 上海：上海外语教育出版社.

程镇球：《政治文章的翻译要讲政治》，《中国翻译》2003 年第 3 期。

贾文波：《应用翻译功能论》，北京：中国对外翻译出版公司 2005 年版。

贾文波：《功能翻译理论对应用翻译的启示》，《上海翻译》2007 年第 2 期。

贾毓玲：《对中央文献翻译的几点思考》，《中国翻译》2011 年第 1 期。

李瑞凌：《汪榕培“传神达意”翻译标准考辨》，《天津外国语大学学报》2012 年第 3 期。

李文中:《中国英语与中国式英语》,《外语教学与研究》1993 年第 4 期。

陆仲飞,王大伟:《汉译英中的灵活用词——《2016 政府工作报告》英译文研究》,《上海翻译》2016 年第 4 期。

马兴腾:《解读语义翻译和交际翻译的区别与联系》,《三峡大学学报》(社会科学版),2010 年第 8 期。

孟令霞:《从术语学角度看术语翻译》,《中国科技翻译》2011 年第 2 期。

平洪:《文本功能与翻译策略》,《中国翻译》2002 年第 5 期。

童孝华:《翻译的主体意识——2014 年政府工作报告翻译心得》,《中国翻译》,2014 年第 4 期。

王弄笙:《近年来汉英翻译中出现的一些新问题》,《中国翻译》,2002 年第 1 期。

严文斌:《"趣"说政治话语对外传播》,《中国翻译》2015 年第 5 期。

杨大亮,赵祥云:《政治文本翻译探析》,《上海翻译》2012 年第 1 期。

叶朝成,张建伟,叶灵子:《彼得·纽马克的交际翻译和语义翻译述析》,《湖北工业大学学报》2013 年第 6 期。

原虹:《论语义翻译和交际翻译》,《中国科技翻译》2003 年第 2 期。

解读、商讨与建构

——外宣翻译过程中译者的能动作用*

尹　佳

（天津外国语大学国际传媒学院）

摘　要：基于批评话语分析有关话语即社会实践的论述，以英译《习近平谈治国理政》过程中的相关资料为分析语料，讨论外宣翻译过程中译者可能发挥能动作用的三个方面：(1) 译者对原文意识形态的认知与解读；(2) 译者在翻译过程中进行的意义商讨与选择；(3) 译者在译文中运用的话语建构策略。研究发现，外宣翻译过程中译者在对原文意义的理解和译文的语言表达方面以及通过译文对原文意义的再建构方面都有发挥主观能动作用的空间。

关键词：批评话语分析；外宣翻译；译者能动作用

---

* 本文原载于《天津外国语大学学报》2017年第5期，本集收录时格式略有改动。

天津外国语大学"十二五"科研规划项目"国际传播视角下中央文献对外翻译的策略研究"(15YB09)

致谢：作者感谢导师田海龙教授对本文写作给予的具体指导。本文对外宣翻译过程中译者能动作用的探索亦得益于田海龙教授给博士生讲授的"话语与翻译研究"等课程，谨此致谢。

一、引言

外宣翻译被认为是“在全球化背景下以让世界了解中国为目的、以汉语为信息源、以英语等外国语为信息载体，以各种媒体为渠道、以外国民众（包括境内的各类外籍人士）为主要传播对象的交际活动”（张健，2013：22）。其中党和国家重要文献的对外翻译构成了我国外宣翻译的重要内容。这方面的研究体现在不同的层面，如在词汇和句法层面对习近平主席讲话中引用的俗语、谚语俄译问题进行的研究（肖德强，2017）、对政府工作报告中日同形词的翻译研究（修刚、米原千秋，2016）以及对中央文献俄语译本语句结构特征的探究（姜雅明、李梦雅，2016）等。一些学者从功能的角度考察中央文献外译问题（蒋芳婧、段东海，2016），更有学者借助词频分析的方法考察中俄政治文献的翻译（王铭玉、刘子夜，2016）。这些研究丰富了中央文献对外翻译研究的内容，拓宽了研究的视角，促进了以中央文献对外翻译研究为主的外宣翻译研究的发展，同时为探究译者在中央文献对外翻译中是否可以发挥能动作用提供了空间。

外宣翻译作为一项严肃的翻译活动有着与文学翻译不同的诸多特征，对译者驾驭话语过程中诸多变量的能力也有着特殊的要求。在外宣翻译过程中，译文对原文的忠实程度在任何时候都是衡量译文质量的首要标准。但是翻译过程并非在真空的、绝对中立的语境中进行，译者在翻译过程中对译文话语形式的选择无不反映出译者的价值取向，而译者的选择也进一步影响译入语读者的接受与认知。在这个意义上，“翻译也是译者参与社会活动，体现其意志，实现其目的的一种方式”（田海龙，2017）。翻译研究亦应在对译本研究的基础上进一步研究译者在翻译过程中的作用。因此，研究译者在外宣翻译过程中的能动作用应该成为外宣翻译研究的一个重要课题。

研究译者在外宣翻译中的能动作用可以从批评话语分析的研究成果

中汲取营养。批评话语分析以社会实践的话语（如政治话语、媒体话语）为研究对象，研究过程与生产的话语都具有社会实践的性质（田海龙，2013），为翻译研究提供了理论和视角方面的借鉴（田海龙，2017）。本文借鉴批评话语分析的研究成果，从话语的角度探究译者在外宣翻译过程中的能动作用，讨论译者从文本解读、意义商讨与话语建构三个层面发挥的能动作用。Fairclough（1992：72－99）指出，话语是由文本、话语实践和社会实践三个维度构成的统一体，话语生成者要考量文本形式结构和意识形态相互之间的联系，实现文本的生成（production）、传播（distribution）和接受（consumption）。我们以 Fairclough 的三维分析框架来审视外宣翻译，将文本的生成、传播和接受过程视为译本的生成、传播和接受过程，结合《习近平谈治国理政》的英译，分别考察译者在译本生成、传播和接受过程中可能发挥的主观能动作用。

二、译者的能动作用

按照方梦之（2004：78）的观点，译者的主观能动作用主要体现在四个方面：选择原文、解读原文、决定翻译方法及决定表达方式和应用翻译技巧。由于在外宣翻译方面选择原文是一个集体行为，这里主要讨论译者在原文的解读方面、对意义的商讨与选择方面以及对译文的话语建构方面可以发挥的主观能动作用。

（一）译者对原文意识形态的认知与解读

译者对原文的认知和解读是译者发挥主观能动作用的第一步。就外宣翻译而言，原文本中有许多具有中国特色与历史特点的内容，译者需要积极主动地调查研究相关的资料，正确理解原文中各种词汇、语句之间的关系和表达的内容。例如：

（1）社会主义革命和建设时期，懂政治、懂业务、又红又专的干

部，就是好干部。（习近平，2014：412）

During the socialist construction period, good officials needed to be politically and professionally competent. (Xi Jinping, 2014: 461)

1957 年 10 月 9 日，在党的八届三中全会上毛泽东对干部队伍提出了“又红又专”的政策性要求：“我们各行各业的干部，都要努力精通技术和业务，使自己成为内行，又红又专。”“红”是指政治，“专”是指业务（杨凤城，1997）。了解了“又红又专”这一政治术语产生的历史背景及文化内涵，译者并没有直译这个国外读者不太容易理解的词汇。

（2）第二，进一步解放思想、进一步解放和发展社会生产力、进一步解放和增强社会活力。全会决定提出的这三个“进一步解放”既是改革的目的，又是改革的条件。（习近平，2014：92）

Second, we must further free our mind, further release and develop the productive forces, and further stimulate and strengthen the vigor of society. The “three furthers” put forward at the plenary session are both objectives and conditions of our reform. (Xi Jinping, 2014: 103)

在这段话中“解放”一词共出现了四次，而译者分别给出了四种不同的翻译方式。第一个译为 free，第二个译为 release，第三个译为 stimulate，而第四个则省略不译。译者充分发挥主观能动性，认识到这个具有鲜明中国特色词汇在不同语境中的不同意义，并巧妙地翻译出它的确切含义。

在对原文意义理解的过程中发挥译者的能动作用对于在外宣翻译过程中处理原文引用的典故及成语方面显得尤其必要。领导人用典寄意深远，译者不仅需要了解领导人讲话中引用古文的字面含义，更要掌握其语境含义，才能将这些文化负载词的核心内涵翻译出来。例如：

（3）治大国若烹小鲜（习近平，2014：409）

Governing a Big country Is as Delicate as Frying a Small Fish. (Xi Jinping，2014：457）

此句的译文增译了 delicate 一词，恰如其分地表达了原文蕴含的治理国家需要像烹饪佳肴一样精心的意义，可以看到译者在充分理解原文内涵方面所下的工夫。诗词、谚语的古为今用本身就蕴含着一种以古喻今的隐喻，而精准地理解并翻译出原文中的隐喻部分则需要译者充分发挥主观能动作用。

（二）译者在翻译过程中进行的意义商讨与选择

Hatim 和 Mason（2005：93）认为，译者除了应有能力处理任何源语语篇中的意图，还必须有能力对译作有可能产生于目标语读者/听者身上的影响作出判断。外宣翻译的译者在翻译过程中进行的意义商讨与选择要跨越两种文化语境，力求在原文的意识形态与译入语隐含读者的意识形态之间寻找一个平衡点。译者在翻译过程中作出的意义协调及相应的语言选择是根据自 Halliday 系统功能语言学中有关选择即意义的论述，或曰“选择即意识形态意义的体现”（佟兆俊，2011）。译者作为话语生产者需要在翻译过程中不断揣摩译入语读者在接收信息时建构于人际知识的心理模型，并且需要不断地调整翻译策略，以期达到最佳交际效果与文化的可理解输入。笔者在采访《习近平谈治国理政》英译本的译者时看到这样一个例子：

（4）同时，我们也要实事求是，这次活动为时一年，具体到一个单位也就 3 个月，不能要求一下子就把党内存在的所有矛盾和问题都解决了，很多矛盾和问题仍然要靠经常性工作来解决。这里面有一个伤其十指和断其一指的关系问题。（习近平，2014：373－374）

初稿：The activities will last a year, which means three months for one unit, so we cannot expect to solve all the contradictions and problems inside the Party in a sweep, and many problems still need to be solved through regular work. Here we must consider one question: Wounding ten ills or cutting off one, which is better?

定稿：This education program will last a year, and be conducted in quarterly units, so we cannot expect to resolve all problems inside the Party at one stroke.

Many problems will remain to be addressed through regular work. Here we must consider one question: Ten wounds partially treated or one completely cured—which is better? (Xi Jinping, 2014: 410 -411)

这段文字中的“活动”是指党的群众路线教育实践活动，教育是这次活动的核心内容，译者将初稿中的 activity 改为 education program，突出了这次教育实践活动的指导思想。英文读者缺乏与原文措辞相关的文化语境知识，不具有源语文化语境知识的目的语读者面对文化缺省时经常出现意义真空（韦忠生，2014）。是否存在这种意义真空，如何在译文中弥合这个真空地带，则为译者如何跨越两种文化认知语境在翻译过程中进行意义商讨与选择留下了空间。本例经过意义商讨与选择，将汉语的“活动”最终译成英文的 education program 补充了文化缺省的内容。这段话中“伤其十指和断其一指”的译法也值得关注，初稿 Wounding ten ills or cutting off one, which is better? 与定稿 Ten wounds partially treated or one completely cured—which is better? 两种译法方向不同，前者是向外的伤与断，与字面意义相对应，而后者是向内的处理和治愈，结合中文抓住问题的实质，集中力量办重点的引申含义，再加上 partially treated 与 completely cured 巧妙地与解决问题结合起来。定稿没有进行字面翻译，而是在意义的选择与协商中向英语读者传递了原文的核心内涵。

黄友义教授在接收笔者采访的过程中曾提到一个典型案例（尹佳，2016）。习近平主席在欧美同学会成立 100 周年庆祝大会上的讲话中曾提到古人勤学苦读的故事，如悬梁刺股、凿壁借光、囊萤映雪等。其中的凿壁借光在外宣翻译中就要注意直译是否会给外国受众造成理解上的歧义。这个成语产生的历史文化背景国外受众非常陌生，在国际社会聚焦中国知识产权保护的前提条件下“借”字就不适宜直译出来，而“凿壁”若直译出来有可能会给人留下侵犯邻居隐私的印象，因此，不妨用匡衡的人名来替代这个成语，并用加注的方式介绍人物故事的历史背景，令外国受众更好地理解这个成语在当今社会语境下的启示意义，重点比喻刻苦努力的学习精神，而不会让外国受众把解读焦点放在凿与借上。这种翻译方法凭借译者对读者有可能被某一话语激活的相关知识联想的理解有效地使译文最大限度地接近原文初始的交际目的，避免因为话语双方没有相关社会文化认知的交集而造成交际效果不佳。在翻译的编码与解码过程中，译者必须受制于原作可供阐释的空间，同时也必须考虑到译文接受者的存在，方能进行合理的再创造（王平、杨蕴玉，2009）。译者在原作与译作中间、源语语境与译入语语境中间游走，在意义的协调与选择中寻找最佳平衡点，既不超出原文允许的阐释空间，又能使译入语读者最大限度地理解原文的核心内涵。

（三）译者在译文中运用的话语建构策略

在外宣翻译过程中，译者需要发挥主观能动作用，考量译文在译入语文化语境中的适用性，在译入语世界中找到语言与当地社会文化存在的内在关系。因此，译文的表达方式与翻译技巧作为一种话语建构策略在外宣翻译中起到融通中西的作用。例如：

（5）责任重于泰山，事业任重道远。（习近平，2014：5）

初稿：Our responsibility is weightier than Mount Tai, and our road ahead is a long one.

定稿：Our responsibility is weightier than mountains, our task arduous, and the road ahead long. (Xi Jinping, 2014：5)

原文中的“泰山”在初稿中忠实地翻译为 Mount Tai，而在定稿中则改为 mountains，在未加注释的情况下，我们就要考虑到外国读者是否能通过 Mount Tai 联想到责任之重大。在中文语境里，与泰山相关的一系列传统文化负载词容易为中国受众理解，如“稳如泰山”“重于泰山”“安若泰山”“人心齐泰山移”“鸿毛泰山”等。定稿中直接译为 mountains 可以建构出有关重量的认知与联想。“语言的理解就是根据具体的语境，激起大脑储存库中相关的记忆。”（韦忠生，2014）意识形态具有抽象性及概念隐喻的特征，如何将源语文本中的概念隐喻映射进译入语的文化语境中，建构出同等效果的象征意义，则是翻译工作者须着力探究的关键。

（6）我常说，理想信念是共产党人精神上的“钙”，理想信念坚定，骨头就硬，没有理想信念，或理想信念不坚定，精神上就会“缺钙”，就会得“软骨病”。（习近平，2014：414）

I have often said that ideals and convictions are the moral “marrow” of Communists. To be firm in our ideals and convictions will “harden our bones”, while an absence of ideals and convictions or wavering in our ideals and convictions will lead to fatal moral weakness. (Xi Jinping, 2014: 464)

原文中的“钙”是一个巧妙的隐喻，与“骨头就硬”对应，而后面的“缺钙”又与“软骨病”对应，可见骨头是这一隐喻的核心映射，在英文中，这一意向通过 marrow（骨髓）一词获得了恰如其分的隐喻意象。

译者在形塑译入语意识形态过程中采用适用于读者理解的话语建构策略，在原文与译文之间出色发挥桥梁和纽带的作用。在《习近平谈治国理政》一书的翻译过程中，考虑到英文读者对政论体著作目录的阅读习惯，译者将中文原文的陈述式主谓结构调整为名词短语（见表1），淡化了原文中形容词、副词的内宣语体特征，令核心词汇更加凸显在英语译文中，采用适应于译入语读者阅读习惯的话语表达方式，也是译者发挥主观能动作用的一种体现。

表 1 《习近平谈治国理政》中部分题目的原文与译文

中文目录（部分）	英文翻译
一、坚持和发展中国特色社会主义	Socialism with Chinese Characteristics
二、实现中华民族伟大复兴的中国梦	The Chinese Dream
三、全面深化改革	All-round and Deeper-level Reform
四、促进经济持续健康发展	Economic Development
五、建设法治中国	Rule of Law
六、建设社会主义文化强国	Culturally Advanced China
七、推进社会事业和社会管理改革发展	Social Undertakings
八、建设生态文明	Ecological Progress

以上翻译案例与 Fairclough 三维分析框架互相呼应，从翻译的意图、目的、内容、关系、语境等多个维度保证了外宣翻译这一跨文化交际的效果与信息传播的有效性。对文化语境的认知有利于建构话语意义，进一步影响译者在措辞、修辞、语体上跨越两种语言文化作出变通，来弥合意识形态差异对交际效果的影响。认知、语境与话语之间的三角关系牢固地使翻译传播的信息内容达到最佳的交际效果，这一点在《习近平谈治国理政》英译本的翻译过程中得到了充分的验证，体现出翻译与话语研究结合的新方向。

三、讨论

通过以上对《习近平谈治国理政》英译过程的考察，可以发现在外宣翻译过程中译者在对原文意义的解读、商讨以及对译文意义的建构三个方面都可以发挥主观能动作用。下面从理论的层面讨论译者发挥主观能动作用的学理基础。

Fairclough（2003：42）认为，话语预设了作者和读者之间的差异。以这个观点审视外宣翻译，可以发现译者的能动作用无处不在。在外宣翻译过程中，译者的能动作用首先体现在对原文涉及意识形态内容的识别与解读上，而这种识别与解读也在一定程度上反映出译者自身的意识形态特征。根据 van Dijk（1998：31）的研究，意识形态主要由三个要素构成：认知、社会及话语。在外宣翻译过程中，译者需要认识到所翻译的文本含有丰富的、与社会制度和文化环境密切相关的意识形态意义。译者对源语文本的认知与理解在很大程度上是对文本背后意识形态意义的认知和理解，也是对文本所蕴含的文化环境因素和历史知识的理解。这种解读“与代表社团利益的社会人的利益有关”（田海龙，2015），因而是动态的，在一定程度上构成翻译工作的重点和难点。译者的认知与翻译话语的产出中间存在着一个类似中间地带的社会元素，这令翻译工作超出了传统的文字和语法层面的操作，与社会建立起千丝万缕的联系。而建构这种联系既是译者发挥主观能动作用的空间，也是体现其意识形态和价值取向的场所。在这个意义上，外宣翻译要求每一个译者都要具有较高的政治素养和正确的意识形态立场。

译者对原文意识形态意义理解的动态特征预设了翻译过程也是一个对意义商讨和选择的过程。这里对意义的商讨和选择与决定交际成功的意义商讨和选择一样没有规则，只有可操作的原则，选择也不是机械地严格按照规则或固定地按照某一对应关系作出（田海龙、张迈曾，2007）。因此，翻译过程中的这种意义商讨和选择在很大程度上取决于译者的政治素养和意识形态立场，也取决于译者对原文语言的把握，后一点在译入语的表达方面尤显重要。译者不仅要正确理解原文，而且还要在表达层面正确选择词语。在外宣翻译过程中，译者要掌握两种语言，了解两种文化，而且还要能够提供符合一系列支配交际行为（即话语）产生和理解的言语社团行为准则的选项（Bell，2005：59）。在《习近平谈治国理政》英译本中，语境、历史及文化的三重认知标准充分体现于译文语言词汇的选择。若要实现外宣翻译的最佳效果，译者这一枢纽应当通过自身的选择与协调维系交际两端的信息平衡。这一过程与批评话语分析着力研究的语言与社会之间的辩证关系异曲同工。

意义的商讨和选择在表达层面可以体现出译者对词语的驾驭能力，而从更深层次来讲，这种选择实际上是译者对原文意识形态意义的一种再建构。“原文的使用意义或交际意义只有靠译者的解读、诠释才能展现出来，只有靠译者对原文文本的解构和对其中元素的重组才能产生实际的意义。”（胡庚申，2004）对于外宣翻译原文中的大量文化负载词，译者必须发挥主观能动性，将语言符号的能指准确阐释为译文中对应的所指。作为肩负讲好中国故事与中国文化走出去使命的外宣翻译，译文的使用意义与交际意义的重要性不言自明，而这要靠译者主动地、有意识地游走于两种文化语境之间，用自己的理解与表达赋予译文生命力。在这个意义上，译者本身的政治素养和意识形态立场就成为这种再建构的思想基础。

四、结语

考察译者在译本生成、传播和接受过程中可能发挥的主观能动作用，从译者对原文的解读、对意义的商讨和选择以及译文话语建构策略三个方面探讨了外宣翻译过程中译者的能动作用，将译者在翻译中的作用凸显出来。这一点之所以必要是因为长期以来翻译研究几乎把重点局限于语言层面的探讨，忽视了翻译主体的主观能动作用这一最积极的活动因素（许钧，2003）。本文对译者能动作用的讨论还凸显了外宣翻译过程中译者对意识形态意义解读和重构的重要性。由于文本的各个层次和各种结构都蕴含着意识形态意义（Fairclough，1992：74），可以认为原文本和译本的结构亦具有意识形态意义。而正如徐国柱（2008）指出的那样，虽然原文的写作过程是意识形态建构并发挥作用的重要阶段之一，但这一阶段却一直被翻译研究所忽视。外宣翻译的研究范畴如果能够超越语言文字，从翻译过程的三个层面抽丝剥茧地探究译者在跨越文化语境时所发挥的主观能动性，将会取得更多的收获。

本文对译者能动作用的研究表明，译者将个体的先验知识与译入语读者的先验知识进行模拟碰撞，推理翻译话语有可能对读者知识生成过程产生的激发作用，尽可能将理解误区降低到最小。外宣翻译应充分发挥译者在认知层面的主观能动性，积极地跨越两种文化语境，采用融通中外的话语建构策略，将中文的意识形态与文化负载信息向译入语受众进行最大程度的可理解性输入。而对译者主观能动作用的强调也在另一方面对从事外宣翻译的译者在政治素养和意识形态立场方面提出了更高的要求。

参考文献：

Fairclough, N. 1992. *Discourse and Social Change* [M]. Cambridge: Polity Press.

Fairclough, N. 2003. *Analysing Discourse: Textual Analysis for Social Research* [M]. London: Routledge.

Hatim, B. & I. Mason:《话语与译者》，王文斌译，北京：外语教学与研究出版社2005年版。

Bell, T.:《翻译与翻译过程》，秦洪武译，北京：外语教学与研究出版社2005年版。

vanDijk, T. A. 1998. *Ideology: A Multidisciplinary Approach* [M]. London: Sage Publications.

Xi, Jinping. 2014. *Xi Jinping: The Governance of China* [M]. Beijing: Foreign Languages Press.

方梦之:《译学辞典》，上海：上海外语教育出版社2004年版。

胡庚申:《从“译者主体”到“译者中心”》，《中国翻译》2004年第3期。

蒋芳婧，段东海:《基于“功能加忠诚”原则对2016年《政府工作报告》日译的考察》，《天津外国语大学学报》2016年第4期。

姜雅明，李梦雅:《中央文献俄译文本语句结构特征探析——以政府工作报告俄译本为例》，《天津外国语大学学报》2016年第3期。

廖益清:《批评视野中的语言研究——Fairclough批评话语分析理论述评》，《山东外语教学》1999年第2期。

陆丹云:《知识机制、心理语境和个体语域模型——认知性话语分析和系统功能语言学“个体化”研究的融合》，《外语研究》2013年第4期。

田海龙：《趋于质的研究的批评话语分析》，《外语与外语教学》2013 年第 4 期。

田海龙：《符号意义的赋予与解读——社会符号学视角》，《天津外国语大学学报》2015 年第 6 期。

田海龙：《作为社会实践的翻译——基于批评话语分析的理论思考与方法探索》，《外语研究》2017 年第 3 期。

田海龙，张迈曾：《语言选择的后现代特征》，《外语学刊》2007 年第 6 期。

佟兆俊：《从词汇选择谈英文新闻报道中的意识形态建构》，《世纪桥》2011 年第 23 期。

王铭玉，刘子夜：《词频分析与中俄政治文献翻译——以 2013—2014 年中国政府工作报告俄文版与俄罗斯国情咨文对比为个案》，《天津外国语大学学报》2016 年第 3 期。

韦忠生：《框架视域下隐喻的话语功能建构与翻译策略——基于美国财政悬崖报道的批评性分析》，《当代外语研究》2014 年第 4 期。

王平，杨蕴玉：《从认知语言学的翻译观看译者主体性的发挥》，《武汉工程大学学报》2009 年第 6 期。

肖德强：《习式话语中俗谚语的俄译问题》，《天津外国语大学学报》2017 年第 2 期。

修刚，米原千秋：《中日政治文献“同形词”的翻译——以 2015 年《政府工作报告》日译为例》，《天津外国语大学学报》2016 年第 4 期。

习近平：《习近平谈治国理政》，北京：外文出版社 2014 年版。

许钧：《“创造性叛逆”和翻译主体性的确立》，《中国翻译》2003 年第 1 期。

徐国柱：《翻译：意识形态的建构、解构、重建与解读》，《湖南大学学报》（社会科学版），2008 年第 2 期。

杨凤城：《关于“又红又专”问题的历史评价》，《中共党史研究》1997 年第 4 期。

尹佳：《从读者接受理论看外宣翻译中的读者关照——黄友义、徐明强访谈录》，《中国翻译》，2016 年第 5 期。

张健：《外宣翻译导论》，北京：国防工业出版社 2013 年版。

再情景化与政府工作报告英译研究*

陈　勇

（天津工业大学外国语学院；天津外国语大学中央文献翻译基地）

摘　要：翻译在将一种语言转换成另一种语言的同时，也将文本从原语境移植到新的语境，这种语境的变化对文本意义的生成带来了影响。以2017年政府工作报告的英译过程为参考，讨论翻译与再情景化之间的联系，提出一个翻译再情景化的分析模式。研究发现译者需要在忠实于原文与避免可能产生新意义这一对矛盾之间发挥一定的主观能动性。

关键词：政府工作报告；英译；再情景化；情景

一、引言

近年来国内翻译界对政府工作报告的外文翻译进行了深入的研究，如童孝华（2014）、姜雅明和李梦雅（2016）对翻译技巧的讨论、蒋芳

* 本文原载于《天津外国语大学学报》2017年第5期，本集收录时格式略有改动。

天津市哲学社会科学规划项目“评介学视阈下中央文献翻译的话语研究”（TJWW17－011）

致谢：本文在写作过程中得到导师田海龙教授的悉心指导，谨致谢忱！

婧（2014）对读者接受程度的调查。这方面的研究有的基于目的论/功能理论（如蒋芳婧、段东海，2016），有的基于语料库语言学（如王铭玉、刘子夜，2016），还有的研究涉及权力话语（如赵琦，2016）。如果认为政府工作报告翻译成外文是文本从一个语境移植到另一个语境的再情景化（van Leeuwen，2008）的过程，当翻译把文本从源语环境转移到目的语环境时，这种经过了语言转换之后的再情景化可能会导致新旧文本并不完全等值，甚至产生不同的意义。而且意义的生成还受语境的制约，这种语境不仅包括两个文本各自所处的时空环境，更包括各自读者所具有的认知环境（李运兴，2007）。源语读者和目的语读者在文化传统、思维方式、生活习惯、地理环境、语言等诸多方面都不相同，这些不同的认知环境也会使读者对文本产生不同的理解。这些因环境的变化导致的意义变异对以忠实为第一标准、以准确传达中国政治话语为第一要务的中央文献翻译提出了挑战，如何在保证准确传达原文意义的同时避免在目的语环境中产生误解呢？本文试图从再情景化的角度来分析政府工作报告的英译，用再情景化分析模式阐述它从汉语环境移植到英语环境的过程中意义发生变化的机制和过程，以及译者如何可以发挥主体性以尽力避免可能发生的误解。

二、再情景化理论

再情景化（recontextualization）最初是 Bernstein（1990：159）在研究教育话语时提出的，“教育话语并非具体的话语，而是一种规则，它将相关话语整合到一起，彼此之间形成某种关系，以便它们被选择性地加以传播和习得。它将话语从原来的实践和情景中移走，并依据一定的组序和聚焦的规则重建该话语。随之移走的还有它的社会基础和权力关系。这个过程把原本真实的实践改造成了虚拟或想象的实践。……这个再情景化规则选择性地挪用、重建、重新聚焦并关联其他话语，以形成自己的秩序。”教育话语的形成要经过三个步骤：生产知识、再情景化和再现知识，分别受知识的分配规则、再情景化规则和评价规则控制。再情景化处于生产知识和再现知识的中间阶段，协调二者的关系。教育话语是一种规则，由教学性话语和规约性话语组成。前者是指各种具体的知识和教学技能以及它们的传播规则，后者是指由社会秩序和道德形成的规则，前者镶嵌于后者之中，受后者控制。某个话语从原来的场域被移动到新的场域必然受到规约性话语的控制和改造，附着于其上的权力关系和意识形态也随着移动，新的话语已经不是原来的话语了。

随着语言学与社会学的结合日益紧密，语言学家们越来越关注语言中所蕴含的权力关系和意识形态，将再情景化也纳入研究视野。Fairclough（2003：32－33）把再情景化的概念扩展到了话语的社会实践，把再情景化看做再视角化（reperspectivization）。再现某个社会事件需以另一社会事件为背景，这就是再情景化。某一类社会事件在不同的社会领域、社会事件网络和作为社会实践网络组成要素的体裁中再现时，再现方式的差别是由再情景化规则（recontextualization principles）决定的。人们正是依据这些规则来再情景化社会事件的，社会事件的组成要素被这些规则过滤掉了（有的被删除，有的保留了，有的被凸显或微显）。他还列出了四种具体方式：删除或保留（presence）、抽象化程度（abstraction）、安排（arrangement）和添加（addition）。van Leeuwen（2008：55－73）将话语看做是社会实践的再情景化，并引用 Malinowski 的观点加以佐证。行动被两次再情景化，一次是用叙事语言进行再现，另一次是用“程式化和充满魔力的语言”建构新现实。他还阐述了社会行动再情景化的几种具体方式：行动和反应（action and reaction）、物质化的和版本号的行动（material and semiotic action）、客观化和描述化（objectivation and descriptivization）、去施动者化（deagentialization）、普遍化和抽象化（generalization and abstraction）、超定（overdetermination）。

还有学者将再情景化应用到翻译、写作、管理、法律、教育等领域。House（2006）以 Halliday 的情景语境（situational context）为理论基础，将再情景化概念运用到翻译研究领域。源语文本与目的语文本处于不同的语境中，在翻译的过程中应将源语文本再情景化，翻译就是再情景化。他将再情景化定义为将文本从原来的语境中移出置于一组新关系和新的文化期待中。依据这一定义，他把译者看做是翻译过程的核心，再情景化是通过译者的翻译过程实现的。Vergar 和 Curran（2014）分析了将新公共管理理念应用于教育情景的前提条件、方式和原因，并阐述了新公共管理在西班牙教育情景中的再情景化过程以及政策变异现象，进而发现了北欧与南欧在情景方面的相异之处。

三、翻译与再情景化

Malinowski（1923：325）认为，语言镶嵌于情景之中，即情景决定语言的意义。这样翻译便不只是两种语言在意义层面上的转换，还是两种情景之间的转换。一方面，作者在写作时心中会有目标读者，因而原文的信息编码带有一定的针对性和目的性。他所认定的目标读者是可以理解他的语言信息的，因为目标读者与他在相同的文化环境中进行交际，具有大体上相似的认知环境，作者可以准确地预测读者的认知能力，他的语言可以负载很多无需明确表达且不会造成交际障碍的语境信息。正是因为目标读者拥有理解这些语境信息的能力，作者的言语表达可以大于或小于认知世界，相反于或相异于认知世界，可以采取各种前景化的修辞手段来达到某种效果（周红民，2002）。此时的语言只是一种表征手段而已，即使省略了一些衔接手段（cohesive devices），读者也无需花费太多的认知努力就能在心里建立起连贯（coherence）。

另一方面，译文读者与原文作者和读者的语言、思维方式、文化传统、生活习惯、地理环境均不相同，必然会形成不同的认知环境。译者将原文文本经过语言转换之后，从原来的认知环境移植到新的认知环境，按照上述 Malinowski 情景决定语言意义的观点，情景的变化会导致文本意义的变化。这也从某种程度上印证了后现代文论家罗兰·巴特（2004：512）的意义观，即作者在作品创作完成之际就已经死亡，作品的意义并不取决于作者的意图，而是取决于读者的个人解读。读者之所以能因人而异解读出各不相同的文本意义，就是因为他们的认知环境不同。诚然原文读者在解读原文本时也可能产生不同的意义，但相对于目的语读者解读源语文本（即无中介跨文化交际）或解读译文（即有中介跨文化交际）时所产生的意义，差异性要小得多。因为原文读者与作者的集体认知环境大致相同，只是个人认知环境不同而已。而目的语读者与原文读者和作者之间不仅个人认知环境不同，集体认知环境更是不同。

原文从一种语言转换成另一种语言，所镶嵌于其中的情景（外部语境和认知环境）也会变成新的情景。翻译不是纯粹的语言层面的转换，而是更为广泛的、构成更为复杂的情景的转换。翻译就是对目的语语境的再建构，建构既符合原文本所处的情景，又符合目的语语用原则的新语境，以此实现跨语言、跨文化交际的目的。因此，从这个角度来看，翻译也是再情景化。政府工作报告作为一种具有中国特色的政治文本，它所在的中国语境与西方英语世界的语境迥然不同。尤其是在各自意识形态和政治制度的优越性不断被强调的背景下，政府工作报告的英译不仅是情景之间的转换，也是两种话语体系之间的交流。

四、翻译的再情景化模式

（一）话语视角下的跨文化交际再情景化模式

田海龙（2016）从话语的角度解读了跨文化交际的再情景化，认为跨文化交际在一定程度上是不同文化的话语体系之间的交流。话语体系包括使用的语言和使用语言所要遵守的社会规约两个层面。前者主要关

最高标准一方面是因为原文作者具有至高的权威和重大的影响力，另一方面是因为翻译的赞助人（patronage）是国家。Lefevere（2004：14－15）认为，来自翻译系统外部的赞助人对翻译的影响力不可低估，赞助人包括三个相互关联的要素：一是意识形态，操控着对文学形式和题材的选择；二是经济因素，为译者提供工作或职位作为谋生的手段；三是社会地位，接受赞助就意味着要融入赞助者的群体和接受他们的行为方式，显然这三个要素在此是完全适用的。

但新意义的产生是不可避免的，同时译文的忠实性又要得到保证。就翻译这一特殊的再情景化活动而言，笔者将田海龙教授提出的跨文化交际的再情景化模式应用到翻译研究当中，将分析步骤中的第五步变为：确定元话语在新情景中可能出现的新意义和译者的主体性，元话语在新情景中（主要是认知环境）中可能产生什么样的新意义，再情景化始作俑者为避免产生新的意义采取了什么行动。

五、政府工作报告英译的再情景化模式分析

（一）确定被移动的元话语

被移动的文本是李克强总理所作的政府工作报告，共约 1.8 万字。从明确表述的内容来看，随文本移动的意义主要包括对上一年政府工作的总结和本年度的工作计划。从隐含的内容来看，还包含了党和政府的治国理念、政权的组织形式、党和政府与人民的关系、各领域的具体政策、中国的传统文化和价值观、社会主义市场经济的基本制度等要素。在确定元话语时不能简单地认定意义的体现形式，而要考虑与这些表现形式密不可分的社会语境因素（田海龙，2016）。这些隐含的内容虽未在政府工作报告中明确指出，但它们是该报告的社会语境，也隐含在报告的字里行间。

（二）确定原始情景

元话语发生的时间是两会期间，即全国人民代表大会和中国人民政治协商会议，所处的场景是人民大会堂。李克强总理在发言席面对坐席上的全国人民代表大会的主席团、全体代表以及列席会议的全国政协代表作报告。元话语的制造者是总理，接受者是人大代表和政协委员。全国人民代表大会是中国的最高权力机关，总理是政府首脑，由前者任命并对前者负责，全国政协发挥政治协商、民主监督的作用。人大代表、政协委员在听取报告后进行分组讨论和审议，就政府工作报告提出自己的意见和建议，在稍后的人民代表大会会议上由主席团对报告进行审议，并形成意见反馈给政府。在元话语的接受者中还有通过电视和其他媒体收看直播的全国人民，是政府工作报告的最终接受者，因为人大代表是代表人民的。元话语的制造者与接受者之间是“报告—审议”的关系。单就作报告这一行为本身来看，交流渠道是单向的，但事后代表们可以提意见和建议，因而也可以说是双向的。从社会结构的角度来看，接受者的地位高于制造者。

（三）确定再情景化的始作俑者

确定始作俑者即确定是谁造成了再情景化过程的发生。就政府工作报告而言，再情景化过程应该包括两个阶段：产生译文和发布译文。于是始作俑者就包括两个具体的主体：译者和发布者。由于党和国家重要文献的译文按照惯例并不注明译者姓名或部门，笔者查阅相关资料后认为，政府工作报告主要由中央编译局文献翻译部组织翻译。其官方网站上介绍说：“中央文献翻译部是中共中央编译局的内设机构之一，其基本职能是将党和国家的重要文献译成多种外文。这些重要文献主要包括：中国共产党和国家领导人的著作；中国共产党全国代表大会的主要文件；全国人民代表大会和全国政治协商会议的主要文件；党和国家其他重要政策文件。”全国人大和全国政协会议的主要文件之一就是政府工作报告。译文完成后，我国的各大对外媒体便纷纷发布，或全文，或摘编。转载的媒体有中央编译局官方网站、新华社、《北京周报》《今日中国》《中国日报》《21 世纪报》《人民日报（海外版）》等。从隶属关系来看，中央编译局是中共中央直属机构，《北京周报》《今日中国》等杂志由外文局主办，《中国日报》由国务院新闻办主管，《人民日报（海外版）》由中共中央宣传部主管，新华社隶属于国务院。可见政府工作报告再情景化实际上是由中国共产党和中国政府推动的。

（四）确定新的情景

上述媒体发布的政府工作报告英译本的读者可能是国内的中国人（如英语学习者），也可能是英语国家的读者。本文只取后者作为研究对象，即译本在国外的再情景化。新情景不仅包括新话语接受者（即译文读者）所在的新时空以及始作俑者与接受者之间的关系，还包括译文读者的认知环境。首先，确定元话语所处的新时间和新空间。新情景发生在原始情景之后，即两会结束之后，国外读者浏览上述媒体的网站或阅读纸质书报等。被移植到英文网站或以纸质书报形式发表的政府工作报告英译本已经脱离了原始情景，变成了新话语，接受者不再是全国人大代表、全国政协委员乃至全国人民，而是外国人。始作俑者与接受者之间不再是“报告—审议”的关系，而是“报告—阅读”的关系，他们之间的交流渠道是单向的。因为外国人没有资格，也没有条件，甚至没有意愿，像人大代表那样提出意见和建议，二者并无法律上的关系，没有高低之分。其次，确定译文读者的认知环境。由于文化差异，相对于政府工作报告所预设或体现出的中国受众的认知环境，西方读者的认知环境必定是迥然不同的。以美国人为例，他们头脑中的认知环境可能包括两党轮流执政、三权分立、（主流的）基督教信仰、鼓励自由竞争的资本主义经济制度等要素。他们对于中国的认识往往受到西方主流媒体的影响，中国威胁论、中国崩溃论、中国在非洲推行新殖民主义、不平等、腐败等论调常常见诸主流媒体。“西方主流社会的读者仍然是《一九八四》这本书给他们留下的文化意识。”（黄友义，2015）

（五）确定元话语在新情境中可能出现的新意义和译者的主体性

这是再情景化分析模式的核心部分，包括两个层面：元话语在新情景中可能产生什么新意义，译者为避免产生新意义采取了什么行动。例如：

（1）**各位代表**，现在，我代表国务院报告工作……

外国读者由于并没有身处元话语的时空，不在两会现场，感受不到全国人大政治议程所体现出来的政权组织关系和政治蕴涵。由于他们的认知环境中没有相关要素，可能会拿美国总统的国情咨文来比附政府工作报告，以国情咨文的政治蕴涵来理解政府工作报告和总理与全国人大之间的关系，这样就会产生不同于政府工作报告本意的新意义。一些西方媒体在报道中国两会时总是贬低全国人大的作用，《经济学人》（*The Economist*）就多次将全国人大称为“橡皮图章”（rubber-stamp）。这些不实报道也会影响译文读者的认知环境。

要准确反映“各位代表”的原意，首先要确定总理与全国人大之间的关系。全国人大是我国的最高权力机关，总理由全国人大任命，向后者负责并汇报工作。政府工作报告是下级在对上级作报告，元话语的接受者和制造者之间是上下级的关系。若按照国情咨文里美国总统称呼议员常用的 fellow（senators），则会让人误以为总理是代表中的一员，进而他所要讲的内容也将以代表的身份呈现。而这句中的“我代表国务院报告工作”表明了他并不是代表中的一员，而是国务院的负责人。fellow 只能表示总理与代表之间关系的“近”，而不是下级对上级的“敬”。译者选择了 esteemed（deputies）一词，含有敬意，体现出了上下级关系，确定了全国人大作为最高权力机关的地位，有力地回击了外界的“全国人大是橡皮图章”的说法，把中国道理准确地传播出去。

（2）认真落实中央八项**规定**精神。

汉语的“规定”一词大致对应的英文词汇是 regulation。在英文读者的认知环境中，regulation 一般是长期有效的制度安排和行政法规，具有一定的法律效力。若直译，西方读者会以为我党具有立法的资格和权力，超越了一个政党的职责，越俎代庖行使职能。这就产生了新的读者意义，偏离了作者的本意。再情景化始作俑者为了避免这种情况，将其译为 decision，全句译为 We worked scrupulously to ensure compliance with the Party Central Committee's eight-point decision on improving Party and government conduct. 这样就清晰、准确地描述了政府工作报告的本意和我党的形象。这些规定并不是长效的制度安排，而是中共中央为治理当前不良现象作出的阶段性决定。在中国执政的共产党并没有法规制定权。

（3）2016 年工作回顾

将系统功能语言学（Halliday，1976：22）关于语境由语场、语式、语旨构成的论述投射到政府工作报告的语境，可以认为语场是国务院总理在两会上向全国人大代表和政协委员汇报工作，总理在说，代表与委员在听，汇报的主题大致是去年的工作总结和当年的工作计划。语式是经过认真准备了的正式公文语言，以口头演讲的方式呈现。语旨包括全国人大是最高权力机关，演讲者李克强是国务院总理，二者的社会角色关系是上下级或者“报告—审议”关系，语言角色关系是听者与说者。政府工作报告的语境就可以理解为口头汇报，篇章类型是演讲。

本例并非典型的口语化、演讲体的句子，译者将它译为 Let me begin with a review of our work in 2016. 在原文的基础上增译了 let me begin with，以显化或强化该句的人际意义和演讲体特征。综观 2017 年政府工作报告英译本，“2017 年工作整体部署”译为 Esteemed deputies，I now wish to discuss with you what the government will do in 2017.“2017 年重点

工作任务”译为I now wish to discuss with our major areas of work for 2017. 译文还将原文中表示顺序的阿拉伯数字译为更适合于演讲体裁的文字叙述，如first，second，third。可以看出译文并不忠实于原文本，而是忠实于原文本所在的语境。译者发挥了一定的主体性，对原文进行了适度的改写，将原文演讲的语境移植到新的语境，让目的语读者能像源语的交际参与者那样感受到演讲的氛围，达到等效。译者为了更忠实地体现原文的语境，放弃了文字上的等值，而更灵活地采用了语境上的等效。

六、结语

政府工作报告的翻译不仅是两种文字之间的转换，也是两种话语体系之间的交流。它的翻译不同于文学文本的翻译，不允许产生偏离于原意的新意义，即所谓的创造性叛逆（谢天振，2013：2）。政府工作报告的翻译必须尽力避免产生新意义，这是由其性质决定的。一方面，报告政府工作的是国务院总理，他所作的报告代表国家意志，具有很高的权威性；另一方面，译者所依托的中央编译局是政府的事业单位，第一要务是准确传达中国政府的声音，翻译的首要标准是忠实。由于翻译在一定程度上是个再情景化过程，译者又必须考虑如何避免目的语读者产生误解。译者是有发挥主体性的空间的，因为翻译本身也是译者的社会实践（田海龙，2017）。本文在这方面进行了初步的探讨，提出从再情景化的角度研究政府工作报告乃至中央文献对外翻译。这或许是一个值得进一步深化研究的新视角。

参考文献：

Bernstein，B. 1990. *The Structuring of Pedagogic Discourse* [M]. London：Routledge.

Catford，C. 1969. *A Linguistic Theory of Translation：An Essay in Applied Linguistics* [M]. London：Oxford University Press.

Fairclough, N. 2003. *Analyzing Discourse: Textual Analysis for Social Research* [M]. London: Routledge.

Gutt, A. 1991. *Translation and Relevance* [M]. Oxford: Basil Blackwell.

Halliday, M. A. K. 1976. *Cohesion in English* [M]. London: Longman

House, J. 2006. Text and Context in Translation [J]. *Journal of Pragmatics*, (3): 338 - 358.

Lefevere, A. 2004. *Translation, Rewriting and the Manipulation of Literary Fame* [M]. Shanghai: Shanghai Foreign Language Education Press.

Newmark, P. 2001. *A Textbook of Translation* [M]. Shanghai: Shanghai Foreign Language Education Press.

Nida, E. A. 2001. *Language and Culture—Context in Translating* [M]. Shanghai: Shanghai Foreign Language Education Press.

Malinowski, B. 1923. The Problem of Meaning in Primitive Languages [A]. In C. Ogden & I. Richards (eds.) *The Meaning of Meaning* [C]. New York: Routledge.

vanLeeuwen, T. 2008. *Discourse and Practice: New Tools for Critical Discourse Analysis* [M]. Oxford: Oxford University Press.

Verger, A. & M. Curran. 2014. New Public Management as a Global Education Policy: Its Adoption and Recontextualization in a Southern European Setting [J]. *Critical Studies in Education*, (3): 253 - 271.

程镇球：《政治文章的翻译要讲政治》，《中国翻译》2003 年第 3 期。

黄友义：《中国站到了国际舞台中央，我们如何翻译》，《中国翻译》2015 年第 5 期。

蒋芳婧：《受众接受视角下的中央文献日译策略——基于《2013 年政府工作报告》日译本受众访谈调查》，《天津外国语大学学报》2014 年第 5 期。

蒋芳婧，段东海：《基于“功能加忠诚”原则对 2016 年《政府工作报告》日译的考察》，《天津外国语大学学报》2016 年第 4 期。

姜雅明，李梦雅：《中央文献俄译文本语句结构特征探析——以政府工作报告俄译本为例》，《天津外国语大学学报》2016 年第 3 期。

李运兴：《论翻译语境》，《中国翻译》2007 年第 2 期。

罗兰·巴特：《作者之死［A］. 赵毅衡：符号学文学论文集》，天津：百花文艺出版社 2004 年版。

罗新璋：《翻译论集》，北京：商务印书馆 2009 年版。

田海龙：《跨文化交际的话语解读：再情景化模式》，《福州大学学报》（哲学社会科学版），2016 年第 2 期。

田海龙：《作为社会实践的翻译——基于批评话语分析的理论思考与方法探索》，《外语研究》2017 年第 3 期。

童孝华：《翻译的主体意识——2014 年政府工作报告翻译心得》，《中国翻译》2014 年第 4 期。

王铭玉，刘子夜：《词频分析与中俄政治文献翻译——以 2013—2014 年中国政府工作报告俄文版与俄罗斯国情咨文对比为个案》，《天津外国语大学学报》2016 年第 3 期。

王弄笙：《十六大报告汉英翻译的几点思考》，《中国翻译》2004 年第 1 期。

谢天振：《译介学》，南京：译林出版社 2013 年版。

赵芃，田海龙：《再情景化新解：元话语视角》，《天津外国语大学学报》2013 年第 4 期。

赵琦：《权力话语理论视域下政论文英译策略——以 2014 年政府工作报告中双引号词语为例》，《广西师范大学学报》（哲学社会科学版），2016 年第 4 期。

周红民：《认知语境与翻译》，《外语与外语教学》2002 年第 11 期。

后　记

《中央文献外译研究：理论与实践》是一部集体劳动的成果。

首先要感谢收录的28篇论文的作者。不论是德高望重的老专家，还是年富力强的学术新星，都对我们的编辑工作给予了最大的支持。他们不仅同意其研究成果被收录进来，而且还在提供论文文本方面给予帮助。所有这些帮助使得该文集得以顺利出版。在此我们表示衷心的感谢。

我们还要感谢这些论文的原出版单位和期刊编辑部。感谢他们同意这些成果收录在这本文集中，以使更多的读者更方便地读到它们。

该文集的出版得到天津市高等学校科技成果转化奖励项目专项经费资助，特此感谢。在该文集的编辑过程中，我的博士研究生陈勇、修刚教授的博士生李钰婧在联系作者、转换论文格式、以及文字编辑等方面作了大量的工作。相信这对他（她）们的学术锻炼和成长有所帮助。

该文集的编辑和出版得益于天津外国语大学“党和国家重要文献对外翻译研究”人才培养项目。在近几年的教学和博士生培养过程中，我们在中央文献对外翻译研究方面不断思考，不断探索，萌发了编辑这样一本文集的想法。这不仅是教学的需要，也是对这方面研究的推进和进一步发展。

中央文献对外翻译研究的成果浩瀚无边，我们读到的只是一小部分。在我们读到的成果中这 28 篇论文又是很小的一部分。虽然它们体现出我们的一些编辑思路，代表着中央文献对外翻译研究的新水平，但也必须承认，由于篇幅所限，我们无法将很多我们非常喜欢的成果包括进来。好在读者都认可“文无第一、武无第二”的常理，会体察到我们在这方面的遗憾。在这里，我们也期望今后会有更好的中央文献外译研究的文集编辑出版。

田海龙

2018 年 9 月 10 日

图书在版编目（CIP）数据

中央文献外译研究：理论与实践／修刚，田海龙编著.—北京：北京航空航天大学出版社，2018.9

ISBN 978-7-5124-2823-2

Ⅰ.①中… Ⅱ.①修… ②田… Ⅲ.①文献－翻译－文集 Ⅳ.①H059－53

中国版本图书馆 CIP 数据核字（2018）第 219067 号

中央文献外译研究：理论与实践

作　　者：修　刚　田海龙
出 版 人：刘小龙
出版统筹：邓永标
责任编辑：曲建文　舒　心
责任印制：秦　赟
出版发行：北京航空航天大学出版社
地　　址：北京市海淀区学院路 37 号（100191）
电　　话：（010）82327034（总编室）　（010）82317023（编辑室）
（010）82317024（发行部）　（010）82316936（邮购电话）
网　　址：//www.buaapress.com.cn
读者信箱：bhpress@263.net
印　　刷：涿州市新华印刷有限公司
开　　本：787 毫米×1092 毫米　1/16
印　　张：23.75
字　　数：330 千字
版　　次：2018 年 9 月第 1 版
印　　次：2018 年 9 月第 1 次印刷
定　　价：78.00 元

若本书有倒页、脱页、缺页等印装质量问题，请与本社发行部联系调换
联系电话：010－82317024